開放資料大商機

當大數據全部免費！
創新、創業、投資、行銷關鍵新趨勢

OPEN DATA NOW

The Secret to Hot Startups,
Smart Investing,
Savvy Marketing, and Fast Innovation

喬爾·古林 Joel Gurin ｜ 著　李芳齡 ｜ 譯

Contents

推薦序
開放是原則，不開放是例外

行政院副院長　張善政

　　近年來，各國在推動電子化政府時多專注於電子治理的構面，強調善用資通訊來協助政府的治理。而電子治理的核心理念，就是透明（Transparency）、參與（Participation）、當責（Accountability），以及效能（Effectiveness）等四個面向。其中透明是開放政府的基石，而政府資料的開放更是促進政府透明治理的重要基礎。我國現在已訂定政府資訊公開法來保障民眾「知」的權利；透過資料開放，則可以更進一步提供民眾「用」的權利，這是我們在推動政府透明上的一大進程。行政院為加強運用資通訊科技強化網路溝通及優化施政，已將「開放資料」、「大數據」與「群眾外包」列為當前三大重要施政項目，期望在未來的一年內，對開放資料的推動取得重大的進展及成果。

我國推動政府資料已超過兩年以上的時間，不管是中央行政機關或地方政府，都認知到資料開放是必然的趨勢，目前已有超過 6,000 筆的資料集列示於政府資料開放平台（data.gov. tw）。在推動過程中，我們發現資料的開放不是技術問題，而是政府機關組織文化和公務員心態的翻轉。在推動政府資料開放之初，我們以建立政府機關開放文化為首要工作，請各級政府機關將所擁有的資料在去除個資和機密的疑慮後，開放出來供民間使用。除了可增進政府治理及運作的透明外，更重要的是促進民間的創意，讓有想法的年輕人和業界都能有機會，經由使用政府的資料，結合創新的想法，開發出更符合大眾需求的服務，同時也可促進國內產業的創新商機。尤其配合行動化資通訊設備的普及，讓社會大眾都可以便利地使用各項創新服務，享受高品質和便利的生活。

　　經過這兩年的推動，政府機關已將「開放是原則，不開放是例外」的想法內化為機關文化的一環，對於所擁有的資料也都逐步主動釋出。而在釋出資料的同時，機關的人員也想知道民間如何利用政府已開放的資料，提供新服務型態。喬爾・古林先生的《開放資料大商機》提供了開放資料運用的極佳展示，從美國政府資料開放所促成的產業和服務提出詳細的說明，有助於政府部門和民間了解資料的潛力，不僅可提供政府機關認同將資料開放後的再利用，也可以讓我國的年輕人和民間企業有很好的參考案例、產生更豐富的創新想法，進而逐步的落實資料經濟。

　　資料的開放可以引領更多的創意發想，促進國內業界在資料應用蓬勃發展，從資料科學到資料新聞學，乃至資料經濟到資料治理，都可以看到國內在這些領域的快速發展。此外，國內最大的優勢，就是網路社群旺盛的活力和積極參與的意願，透過社群人員的熱心投入，加速了政府資料快速的釋出，以及提升資料的品質，這是政府和民間協同合作的良好典範，也是群眾智慧（crowd-sourcing）的具體展現。

　　我國已是高度資訊化的社會，對於資訊不對等造成的數位落差，是政府必須重視的課題。而資料開放的另一個意涵，即在於提供民眾一個平等存取政府資訊的環境，讓有資料需求的人都可以自由的存取、使用或再利用。因此政府在推動開放資料時，必須注意儘量避免以技術或法規的因素，限制了民眾平等使用的權利，以保障民眾公平的數位機會。

　　然而，並不是任何政府資料都可以無限制的釋出。必須要注意，涉及機密、影響國家安全和民眾隱私等這類資料，是不能釋出的。尤其我國訂定個人資料保護法，明確定義個人隱私被保護的範疇，不能讓民眾個人隱私受到損害，這些在推動資料開放時都必須審慎考量。如何避免經由分析大量去識別化的資料來辨識個人、損及民眾的權益，也是各國所面臨的課題之一。喬爾・古林先生在本書中，針對個人隱私的議題提出了重要的看法，同時也就目前各國探討的「資料新政」概念提出評論。資料新政強調個人對自身資料的自主性，個人可基於自我的選擇和利益的衡量，來決定個人資料的釋出和利用。這和國

內目前正在推動的「我的資料」（MyData）之概念，頗有契合之處。

　　資料的開放、民眾的參與、群眾的智慧，是現代政府透明治理的重要核心理念；其中，開放資料是先進國家促進政府透明和民眾參與的重要基礎。植基於過去兩年的成果，以及各級政府機關的努力，讓資料釋出的質和量都有顯著的改善。期望在未來一年中，各級政府機關都能在「開放是原則，不開放是例外；不收費為原則，收費為例外」的精神下，更快速的將民眾需要的資料，以更便利的方式釋出。也期盼看到更多專業領域的團體和民間網路社群的合作，將資料以更視覺化、更友善、更易取得的方式呈現，降低長久以來資訊不對等的情形。同時，政府也希望能和民間密切合作，藉由群眾的智慧和對話，讓資料可以從知到用，從好用到善用，進而提升生活的品質和便利性。

　　喬爾·古林先生具有豐富的經驗和敏銳的觀察，在書中引用許多案例，說明資料開放的實質效益和產業帶動的效果。相信經由中文版的出版，可以讓更多人對這個主題有更進一步的了解，對於促進我國開放資料的推動必有相當的助益。

推薦序

活用開放資料，洞察機先！

台灣奧美行銷公司董事總經理
政治、輔仁、世新大學兼任講師／助理教授　張志浩

　　在數位匯流的衝擊下，大數據（Big Data）在過去幾年已成為顯學。言必稱大數據，否則就好像跟不上時代、落伍了一般。大數據之概念方興未艾，最近又經常聽到開放資料（Open Data）這個名詞。只是大數據的概念都還沒消化完全，連運用都沾不上邊；開放資料，又讓人有了資訊恐慌症。

　　其實，這些名詞都不是新鮮字，只是不同時代、不同名詞及大小的差異而已。

　　大數據，就是資料庫。在數位時代，因數位資訊的累積又快又多，故稱之為「大數據」。開放資料，則是可以免費查詢過往存在的公有資料，如行政院的人口統計資料、氣候水文資料，或者非營利組織公布的研究調查資料等。如今，這些資料

快速成長、項目擴大、資料暴增且數位化，形成所謂的「開放資料」，只是仍缺乏一個完整的整合、管理單位或者運用機制。了解的人懂得運用，不熟悉的人就完全不知何謂開放資料；甚至在個資法的推廣下，似乎運用任何資料都有違法之虞。

具體而言，大數據與開放資料都是資訊運用的來源。大數據來自媒體、企業作為營利運用；而開放資料則較多來自非營利單位，供人免費運用，作為營利或非營利使用均可，甚至可擴大至造福人類之公益運用。

無謂是哪一類資料，其實都應該了解，其背後的概念皆是鼓勵個人、組織及企業，運用人類數位行為所留下的軌跡進行分析、找出數位洞察，以作為後續行銷、研發、創新等工作的依據。

但最重要的概念是，並非只有擁有龐大數位數據的企業、組織或政府，才能進行數據整合及分析。其實，任何人都可以從身旁的小數據中，洞察機先。

數據並非只求「大」或「多」。大數據或開放資料，是鼓勵人們或企業，運用周邊的資料進行彙整分析——它是運用的概念，而非大小的概念。不論多大或多小，都可以進行數據分析，這才是數據的真諦。所以，有能力的數據分析師是市場上新興的行業，而且奇貨可居。因為累積資料容易，懂得分析、洞察，才是難事。

舉例來說，龐大的數據可以找出科技、經濟、環保的洞察，以建構國家、城市發展的策略。媒體、網路、社群數據，可以

　　協助發展傳播、行銷策略。只要有數據，不論大小、不論開放與否，懂得運用，就能創造商機、造福社會甚至全人類。

　　本書提供國外最新概念，闡述如何運用開放資料來發掘洞察，作為運用的基礎。除了美國已有系統地統合、分工及運用開放資料，我曾在中國參加一場座談，席間亦感覺此概念在對岸的中央單位已有明確的策略與方向。希望《開放資料大商機》這本書的出版，能讓台灣的政府公部門及企業了解全球數據的發展走向及趨勢，盡快制定完整的開放資料發展策略供各界使用。如此，才能讓人民真正有感、有福了！

OPEN
DATA

推薦序

更透明、更開放、更多參與

PanSci 泛科學總編輯　鄭國威

　　我們常看到一些「推諉不知情」（plausible deniability）的案例，例如某國總統對於其之前擔任首都市長時批准的超大型 BOT 案表示一無所知、都是分層執行；或是食安問題爆發後，某食品企業大亨對於供應鏈的不良偷工減料行為表示震怒、痛心，決定提告，但也堅持不賠償消費者。

　　其實在戲劇、小說中，也常出現這樣的經典對話：

　　　「你知道我們現在的對話並沒有發生過，對吧？」
　　　「你說什麼？我根本沒有見過你。」

　　是的，我們的政治運作並不透明。先姑且不論那些暗盤交易或黑箱密談，即使是一般性的日常運作，都有太多不透明之

處。資料或許就在那，但是不夠開放，這代表我們絕大多數人可能不知道有這份資料、不知道用什麼手段取得、或取得成本很高，或資料格式跟更新的速率限制了處理的效率，以至於一樣無效。

我們的企業也一樣。在諸多食安事件之後，許多人試圖抵制這些大型企業，才發現他們早就掌握了生活中的每個面向，從食品到醫療、從通路到地產、從運輸到能源……都緊握在手。但，對於提供他們食品原料的那些公司，他們則非常努力地讓自己一無所知，於是他們也堅稱自己是受害者……是我們這些貪小便宜的消費者害他們的。

但「開放資料」是包青天還是福爾摩斯嗎？其實都不是。開放資料讓習於不透明運作的組織得以變身，絕非打擊。正如本書作者古林再三強調的，開放資料浪潮是絕佳的創業良機，也是政府和企業重新拾回人民信賴的契機，而非「你有我無」的競爭。

建構在 GPS 圖資跟天氣資訊上的產業，已經是數百億美元的生意；而從消費者行為跟資料上探勘出來的廣告跟網路業，支持著千億美元等級的科技新創；科學研究的開放，更加速了新技術跟新藥物的開發，許多政府機關得以大幅降低無效率的採購跟浪費……而這些都只是開始而已。

我在 2012 年 5 月的《數位時代》雜誌專欄上曾討論過「開放資料的迷思」，當時政府開始大力推動開放資料，但卻朝著「加值運用」的角度去想，所以不斷繞著故宮文史和健保資料

庫兩個看起來可以直接賣錢的標的在談，或是小家子氣地將接取交通資訊 API 當作收費項目，實在搞錯方向。我認為，開放資料確實可以賺錢，但絕非直接販賣公共資料資產牟利。與其說賺錢，不如說開放資料可以幫助政府，也幫助人民監督政府更有效率地花錢，並且從資料中挖掘、重組、混搭出更具價值的創新。例如，面臨少子化，除了辦催生口號比賽或加碼補助之外，若政府用「正確方式」釋出幼兒園的設備跟人力資料，搭配地理位置以及人口密度、地方平均所得、地價跟房價……政府就能自這些資料中快速對比，找出解決問題的施政方向之外，一般人也能從中判斷哪些地方適合育幼，更可激勵創業者利用資料做出具高度商業價值的應用。

此外，因為行動正在吞噬一切、App 經濟當紅，加上許多國外開放資料的成功應用是以 App 形式呈現，導致這兩個無關的概念，在台灣被莫名其妙地扯在一起。然而，開放資料要考慮「數位包容」，理應以能讓最多人，尤其是弱勢者近用為目標；App 只是一種形式，不該是全部。政府若委託廠商製作 App，或是暗示廠商自願回饋，反而扼殺外部開發者的機會，加值不成反減值。正確的做法，應該是維持高品質且即時更新的開放資料庫、提供免費接取的 API，然後適當給予開發者名譽上的鼓勵。好現象是，三年多以來，這樣的情形已大幅減少；從中央到地方政府，跟民間開放資料推動人士的協作也越來越多，好案例不斷出現。雖然和本書中羅列搜集的諸多案例相較之下，或許還不足，但我認為已經在正確的軌道上。

　　本書作者將其對於開放資料的通透理解清楚地呈現，我相信任何對此議題感興趣的人，包括政府、企業、創業者、資料科學家、非政府組織、科研人士……讀完本書，都會感到收穫極大。我讀完之後，也回想起過去多年來與同事一起努力的計畫，若能結合開放資料，肯定能產生更大的效益。像是胖卡與聯合勸募合作的 NPO 數位輔導計畫，就是協助小型 NPO 組織將營運資料重新整理，找出更高效率的作業方式。莫拉克災情資訊中心，也是透過爬嘆浪跟推特等社群網站，找到應該但尚未被處理的求救或災難訊息。如今主要推動的多個垂直媒體，都努力在生產優質內容跟營運社群的同時，也整理各產業的資料，例如搜集台灣科普資源、台灣創業公司資訊、台灣影視音產業表演者社群帳號……等等，這些資料其實都可以用開放資料的方式釋出，我想這是我會立即推動的。

　　本書中提到結合開放資料的「選擇引擎」，則啟迪我更多想像。據我所知，醫療界、教育界、創業界……很多界，都很討厭「評鑑」這件事，認為勞師動眾、但都是表面工夫，而且扭曲了重要的議程。這些評鑑的共通點是政府的要求，那更好的評鑑方式是什麼？可不可以用開放資料加上群眾意見的方式來做呢？更好的評鑑這件事本身，是否就是商業機會呢？就像是美食之於愛評網、Yelp，或電影之於 IMDB 或爛番茄。儘管一些朋友對我這個構想覺得窒礙難行，甚至怕不理性的聲音會搞砸評鑑；但看了本書之後，我認為實在值得推進，我相信各個如今陷入窘境的產業跟用戶之間，也會有更多良性交流。

最後，我想開放資料的氛圍要能延續，有個很重要的關鍵，就是要更多人一起動手。本書中提到，美國的 Challenge.gov 是個創造參與的好方法。而在台灣，眼前就有一個最好的機會——苗栗縣政府的六百多億負債。我們除了批評政客跟生氣以外，有沒有辦法利用開放資料，用務實可行且創新的方式檢討、解決一部分債務呢？我建議政府可以跟民間一起來場駭客松，同時把更多縣府資料開放。不管怎樣，在這過程中我們都會更清楚一些事情，如何？

OPEN
DATA

序言──我的資料世界之旅

我的職涯有幸經歷私人企業、消費者全力擁護行動,以及政府部門。本書反映這三個立場的觀點。

我很幸運，能夠擁有多采多姿且滿意的職涯。從科學線記者開始，之後當過書籍作家和雜誌編輯，在《消費者報告》（*Consumer Reports*）期刊擔任編務總監及執行副總裁多年，後來在華府的聯邦機構擔任主管，期間也在出版及非營利事業組織兼任管理職。不過，最令我著迷和鼓舞的工作，要屬過去三年在開放資料領域的涉獵和耕耘。

我從 2010 年秋天開始涉足開放資料領域。在執掌美國聯邦通信委員會（Federal Communications Commission）消費者與政府事務局（Consumer and Government Affairs Bureau）之前，我已經進入聯邦政府工作近一年，聯邦通信委員會主席吉納喬夫斯基（Julius Genachowski）想把消費者問題列為優先要務之一，我在消費者研究領域有堅實背景，因而獲得該委員會延攬。接掌消費者與政府事務局局長後，便著手處理一個棘手的消費者問題：如何從眼花撩亂的手機資費方案中，幫助人們挑選出最適合的方案？

為研究這個課題，我開始和一位在金融服務、保健，以及其他領域處理過類似消費者問題的同事討論。後來，我接觸當時任職白宮科技政策辦公室（Office of Science and Technology Policy）的丹尼・高洛夫（Danny Goroff），他建議應該有人在白宮籌組一個研究此議題的專門小組。最後我成為白宮專責智能信息披露小組（White House Task Force on Smart Disclosure）召集人，擔任共同召集人的則是任職財政部的蘇菲・瑞斯曼（Sophie Raseman），我們共同研究如何讓消費者

能夠使用政府擁有的產品與服務相關開放資料，做出更明智的消費選擇。

　　經由這個專門小組，我結識了歐巴馬政府的「開放政府倡議」（Open Government Initiative）領導人貝絲‧諾維克（Beth Noveck）。在協助她推動幾項計畫後，我加入她的團隊，成為紐約大學治理研究實驗室（Governance Lab）的高級顧問。我們簡稱為「GovLab」的這個單位，專門研究與發展透過技術、資料和通力合作的新治理方法，開放資料是我們的核心工作之一。

　　此工作使我結識許多創業家、企業領導者、研究人員、學者、新聞工作者，以及其他正在發展新方法以了解和使用開放資料的人士，我也接觸到倡議「資料解放」的科技運動新血。我因此發現了一個蓬勃成長中的開放資料資源新世界，提供足以在企業界、政府機構和社會中創造大變革的材料。

　　我的職涯有幸經歷私人企業、消費者權力擁護行動，以及政府部門，本書反映這三個立場的觀點。企業界是本書的主要讀者群，我希望本書能幫助他們的公司成長，對顧客做更有效的行銷、尋找新的投資機會，以及建立新事業。我也希望本書能對規範與促進企業發展的政府機構、敦促與推動企業界和政府更加誠實的運動人士，以及想使用公開資料來改善生活的消費者有所幫助。

OPEN
DATA

前言——舉世最大的免費資源

開放資料有助於創立更多新企業，可幫助既有企業拓展更多業務⋯⋯，促使更多創業家推出我們甚至未想像到的產品與服務。

——美國總統歐巴馬，2013 年 5 月 9 日

想像你突然取得一龐大新資源。此資源可被用來創立提供更佳保健產品／服務、提供深廣投資工具、更有效率地供應能源、改善運輸，或是透過行動器材應用程式及網路來提供廣泛消費服務的公司。此資源可幫助既有公司更加了解顧客的看法、提早辨察市場趨勢、選擇最佳的事業夥伴，以及避開風險最大的事業夥伴。此資源能大大加速科學研究的發展。雖然，需要投入資金和心力來開發這些機會，但這資源本身是免費的。

這資源是開放資料（Open Data）。開放資料的概念很簡單：來自政府或其他源頭的公開資料，供人人取用於個人或商業用途。你若曾經在網路上訂機票，使用智慧型手機上的全球定位系統（GPS），或是觀看氣象頻道（Weather Channel），你就使用過開放資料。運用不斷進步的資料分析方法，這免費的公開資料也可被用來創立新事業、解決困難的策略問題，以及提供新商業情報等。

今天的開放資料革命正快速引領我們邁入新領域，在電腦運算能力愈來愈強大、儲存系統愈趨便宜，以及數位資訊呈現指數型成長之下，龐大的資料庫如今有史以來首度公開，它們把開放資料提升至全新程度，並在過程中改變我們的世界。

開放資料漸漸變成全球各地企業領導者的成功祕訣。投資人使用它來分析各家公司的風險與報酬，以尋找最佳投資機會。公司業主使用它來了解其品牌聲譽的微妙線索，以研擬資料導向的行銷策略。創業家使用有關天氣、住宅、交通的開放資料，

創立更多提供新服務的事業以造福大眾。這些新創業募集數千萬美元的資本，創造高於資本許多倍的價值。

麥肯錫管理顧問集團（McKinsey & Company）在 2013 年 10 月發布一項有關全球開放資料價值的研究報告，此報告估計，透過教育、能源、健康等領域的開放資料，每年可釋出 3 兆美元的經濟潛力。這是截至目前為止對開放資料價值的最大估計，也許涵蓋範圍太廣，例如，它包含了使用開放資料來改善教育，進而提高人們的收入能力。但不論如何，麥肯錫的這份最新報告顯示了不斷增長中的開放資料商業利益，以及其令人振奮的潛力。

在此同時，開放資料也在私人企業以外產生深遠影響，進而影響商業環境。政府領導人釋出更多開放資料，以提高大眾對政府的信任度，並促進商業創新；醫藥界研究人員使用開放資料，以加速尋找疾病的治療方法；新聞工作者使用開放資料來挖掘與揭露從洗錢到醫療保險等領域的問題，讓更多的企業營運情形曝光。

過去三年，我擔任聯邦通信委員會消費者與政府事務局局長、白宮專責智能信息披露小組召集人，目前在紐約大學治理研究實驗室擔任高級顧問，這些工作使我接觸到開放資料運動領導人士。我也結識使用開放資料來創立企業，在保健、財金、教育和能源等領域推動進步的創業家，以及致力於釋出種種新資料以供商業及其他用途的美國和英國政府高級官員、決策者、學者和非營利事業組織領導人。本書反映他們的願景、洞察、

知識與建議。

　　開放資料的世界變化快速，沒有任何一本探討此主題的書籍能夠跟得上最新發展情勢。我設立了「OpenDataNow.com」網站來追蹤最新發展、辯論和機會。該網站有部落格、應用程式，以及新聞連結，期望可成為為不斷壯大的開放資料社群提供服務的中心。希望讀者能多多瀏覽這個網站，提出意見並做出貢獻。

　　本書意圖幫助讀者探究「開放資料」這個資源提供的可能性和機會。書末也提供一份詞彙表，對於想要涉獵此領域的讀者應該有所幫助。

　　不論你是創意人、既有企業的主管、投資人、小企業業主，或是任職公共部門或非營利事業組織，開放資料都能提供新機會，改變你的工作方式。本書是你的指南，幫助你了解這個新現象，應付其所帶來的挑戰，並善加利用它的力量。

PART
1

開放資料的力量

第 1 章

大如網路的機會

和網路一樣，開放資料將成為推動美國、英國，
以及其他國家的新商業和經濟成長的一股重要動
力。

2 012 年 11 月，我出席開放資料研究機構（Open Data Institute，簡稱 ODI）舉行的研討會。這個位於倫敦的新設機構，乃是英國政府投入 1,000 萬英鎊設立的一個公私合作組織。

我和二十多位來自企業界、政府部門、非營利事業組織的同仁一起出席此會議，會議主題是開放資料——釋出大量資料供大眾使用的新運動。在這個 11 月的星期一，我們出席的是由麥克阿瑟基金會（MacArthur Foundation）出資贊助的連續會議第二場，我們是白宮的與會代表，其他與會者包括來自以下單位的代表：英國首相辦公室；英國內閣辦公室及商業發展部；世界銀行；一家英國大型零售業者；兩家高科技顧問公司；一家知名科技出版公司；大學的法律系、電腦系、人工智慧系、物理系、認知神經學系；基金會；以及推動企業透明化、民間參與、環保商業實務等運動的非營利事業組織。

ODI 執行長蓋文・史塔克斯（Gavin Starks）也與會歡迎我們，他是一位創業家，在維珍集團（Virgin Group）、Google、英國政府、聯合國兒童慈善基金會（UNICEF）等機構從事網際網路發展工作二十多年。會議一開始，史塔克斯強力闡述開放資料將創造的影響程度不下於網際網路（World Wide Web）的發明。

他說：「對我而言，開放資料就像 1994 年時的網路，當時，我致力說服人們相信電子郵件是個好東西，鼓吹大家設立網站。當時，人人都對其潛力很感興趣，但沒有人知道它會是什麼面

貌;但過去二十年,我們已經目睹大量創新、創意及顛覆。現在,我們不知道開放資料將引領出什麼,但我們知道那將是革命性的改變,將會出現一些新的企業經營方式,現有的企業經營方式將有所改變。學習如何推動和利用開放資料,是我們所有人面臨的一項挑戰,但我現在看到的開放資料潛力,就跟我們早年看到的網路潛力一樣。」

這不是首次有人把一項新的科技發展拿來與網路的問世相比,但是,開放資料運動的領導者有資格如此宣稱。ODI 的總裁暨共同創辦人為提姆‧柏納李(Sir Tim Berners-Lee),他在歐洲核子研究組織(CERN)任職時發明了全球資訊網;ODI 的董事會主席暨共同創辦人奈傑‧夏波(Sir Nigel Shadbolt)是網路學和人工智慧學先驅,並且對英國政府的開放資料政策研議與制定有重大貢獻。這些遠見卓識人士如今在美國、英國,以及其他國家發展與推動開放資料。

開放資料的最佳定義為:可取得的公開資料,讓人們、公司,以及組織可用以創立新事業、分析型態與趨勢、做出資料導向決策,以及解決複雜問題。開放資料與大數據(Big Data)非常不同,但兩者有所重疊。開放資料是有使命的資料,其目的是提供開放、免費、透明的資料,運用這些資料可以改變企業經營、政府運作、管理種種交易的方式。正如同 ODI 研討會的與會者一樣,開放資料運動的推動者亦來自各領域:企業界、科技界、政府、學術界、非營利事業組織、保健、教育界、環境科學。

　　開放資料運動始於民主化目標，其理念是政府應該將之蒐集到的資料開放給付錢讓政府蒐集這些資料的納稅人。不過，除了社會性益處，開放資料也創造了龐大的新商機，這是本書探討的焦點。別忘了，網際網路一開始是政府出資的計畫：在蘇聯發射第一顆進入地球軌道的人造衛星史普尼克（Sputnik）後，艾森豪總統推動美國國防高級研究計畫署（Advanced Research Projects Agency）建立的阿帕網（ARPANet），這項政府研究計畫後來演進成現今最重要、最強大的經濟推動力之一。同樣地，政府釋出開放資料的行動如今正創造出一個龐大的經濟資源，以及管理此龐大資源的基礎建設。

　　促使美國及英國政府制定開放資料政策的動因，乃是刺激經濟成長和創造就業。歐巴馬總統在 2013 年 5 月宣布「開放資料政策」（Open Data Policy）時即已明確指出，此政策的首要議程是商業性質，根據此政策，美國政府將以高可用度形式釋出空前數量的聯邦資料。值得一提的是，歐巴馬並不是在白宮玫瑰園舉行的記者會上宣布此政策，而是在造訪德州奧斯汀（Austin）的一個科技中心時宣布，他承諾，政府的開放資料將促成我們甚至還未能想像到的各種新創業。

　　此「開放資料政策」係參酌英國開放知識基金會（Open Knowledge Foundation）、美國的陽光基金會（Sunlight Foundation），以及其他機構的研議而制定的，其中包含詳盡說明政府資料釋出成為開放資料的標準。本書將更進一步，我所指的開放資料包含來自政府以及其他源頭的資料。

在本書中，我所謂的「開放資料」泛指來自任何源頭、以開放形式提供任何人取用，且符合一些特定條件的資料。這些條件包括：所有開放資料必須授權可供再利用；以電腦容易讀取的形式釋出（唯在這方面有不同等級的「開放」程度）；開放資料應該免費或取用成本極低。

開放資料包括：聯邦政府、州政府，以及地方政府的資料；研究人員釋出的資料；公司釋出的營運相關資料；一般人撰寫的使用者評價和透過社交網站發出的訊息；可以透過 Google 搜尋或從網站取得的各種資料。藉由使用這些開放資料，可以促成下述種種益處：

- 創業者利用開放資料來創立新事業，創造可觀營收。美國國家海洋暨大氣總署（National Oceanic and Atmospheric Administration）自一九七〇年代起釋出的開放資料，以及近年釋出的全球定位系統資料促成新產業的出現，每年創造龐大生意，使用開放健康資料的新事業業績可能很快也堪與之匹敵。同時，開放資料在能源、財經、教育，以及其他領域創造的商機也持續成長。

- 政府為企業發展提供新的中央化資料資源中心。例如，歐巴馬政府設立的「Data.gov」網站開放數十萬個政府資料庫，供所有人免費使用。英國也已經設立「Data.gov.uk」，其他國家則是使用美國提供

的「Data.gov in a box」平台來建立自己的開放資料中心。

- 既有公司使用開放資料來發展新的行銷策略，能更正確地評估競爭者及事業夥伴，建立其品牌價值。名為「情緒意見分析」（sentiment analysis）的新技術從推特（Twitter）、部落格、動態消息（news feeds），以及其他公開資源蒐集資訊，再使用文本分析（text analysis），將這些資訊轉化成開放資料，把巨量的大眾意見和意向轉化成可量化的商業洞察。

- 投資人使用開放資料來尋找最佳前景的公司作為投資對象，同時避開高風險的公司。透過資料導向網站，投資人可以快速取得大小企業的深入資訊。透過提供線上工具和資料視覺化的網站，開放資料為投資人提供從新創企業到全球各地公開上市公司的新洞察。

- 企業的營運相關資訊變得更透明化，這對企業本身有益。從政府規定的企業資訊揭露，到企業本身自願發布的報告，企業如今提供愈來愈多關於自身的環境、社會，以及公司治理實務等開放資料。藉由釋出這些資料，公司可以吸引新投資、提高人才招募成效，以及改善其企業形象。

- 科學家和研究人員加速研究和獲得新發現。在自然

科學和生物醫學領域，研究人員採取不同於以往的保密作風，提早且公開分享他們的資料，好讓網路上的專家及業餘者社群能使用這些資料進行進一步研究，幫助產生新突破。就連向來極重視保密的藥品研發界也已開始開放更多資料。

- 網站幫助消費者使用開放資料，做出更好、更明智的產品與服務選擇。新企業發展線上及行動「選擇引擎」，為消費者提供他們在做出複雜、重要決策時所需要的資料。這些新企業幫助消費者取得詳細、互動式的開放資料，好做出最有利的健康醫療、抵押貸款、信用卡、大學教育等等選擇。

開放資料 vs. 大數據：兩者相關，但非常不同

過去幾年，大數據是資訊科學領域被討論最多的發展之一，開放資料和大數據並不相同，切莫混淆二者。大數據涉及處理非常大的資料集，以辨識出資料中的型態與關連性。之所以能夠做到這點，靠的是不斷增強的電腦運算能力和愈來愈便宜的資料儲存系統天天產生、累積，以及分析巨量資料。它使用的是我們日常生活中留下的「資料排氣」（data exhaust），例如行車時，手機的 GPS 系統回報我們的所在位置；信用卡購買紀錄顯示我們在何處購買了什麼；我們在 Google 網站上進行的搜

尋被追蹤記錄下來；家中的智慧型電錶記錄我們的能源使用情況。這些全都是餵入大數據研磨廠的備研磨穀物。

大數據和開放資料都具有重要的商業用途，但它們的理念、目標和實行非常不同。舉例而言，大公司可能使用大數據來分析顧客資料庫，瞄準對個別顧客的行銷；另一方面，則使用開放資料作為市場情報和建立品牌的用途。政府可能以國安名義，使用大數據來追蹤人民；另一方面，則使用開放資料來和人民接軌，促進參與式民主。近期出版的《大數據》（*Big Data*）一書只用兩頁半篇幅討論開放資料，由此可見，這兩者是不同的東西。

大數據的資料來源大致上是被動的，且通常是不公開地保存。大數據通常來自被動產生資料的源頭，這些資料的產生沒有目的，沒有方向，甚至不知道正在產生資料。使用大數據的公司和組織通常基於商業或安全理由，私下保存資料，不予公開，這包括大型零售業者擁有顧客購買習慣的資料；醫院擁有病患的資料；銀行握有信用卡持卡人的資料；或是政府機構蒐集的手機通訊資料。

2013 年秋天撰寫本書之際，我發現我每次提到「data」（資料）這個字，總是引發人們討論美國國安局，以及它的稜鏡計畫（PRISM Program，譯註：網路監控計畫）。我們目前仍在試圖了解國安局到底蒐集了哪些資料、多少資料，以及為何蒐集這些資料，但稜鏡計畫的曝光已經引發全美激烈爭論資料隱私，這是好事（請參見第 11 章更多討論）。稜鏡計畫是大數據

令人不安的一個典型例子：它是龐大資料的蒐集，資料的被蒐集者並未參與，甚至不知道他們的資料被蒐集，直到不久前，這些資料構成的大數據被私下持有，大眾並不知情。這與開放資料的理念背道而馳，事實上，就連「為國安目的而開放資料」的概念也是一個矛盾修辭。

與大多數的大數據相反，開放資料是公開且有目的的，這是刻意釋出的資料，任何人皆可取得、分析、並以他所想要的方式使用。〔我不把愛德華‧史諾登（Edward Snowden）披露祕密文件的行為視為開放資料；真正的資料開放應該是由具有權力釋出資料者為之，而非由盜取資料者為之。〕開放資料的釋出通常是本於特定目的，例如想藉此促進研發；激發新事業的創立；改善大眾健康與安全，或是達成其他目的。

話雖如此，大數據和開放資料有重疊之處，當它們重疊時，效果可能非常強大。一些政府機構已經開放巨量的資料，創造出顯著經濟效益。最常見的例子是全國天氣資料和 GPS 資料的釋出，全國普查資料和美國證管會蒐集的資料也是開放大數據的例子。此外，非政府部門的研究工作產生的大量資料（尤其是生物醫學領域）如今也被公開分享，以加速科學發現。

開放資料一方面和大數據有關連，另一方面則和開放政府運動（Open Government movement）有關。開放政府運動包括讓人民參與治理的通力合作策略，以及政府釋出開放資料給大眾。本書的〈附錄：定義資料類別〉更詳盡分析大數據、開放政府運動，以及開放資料這三者之間的關連性，並以維恩圖

（Venn diagram）呈現它們的交集。

開放商機

雖然，一般廣為認同大數據和開放資料將是重要的商業資源，但無人確切知道其價值有多大。評估開放資料的總價值是很不容易的事。一方面，許多使用開放資料的公司年資還太短，衡量成功與否尚嫌過早；另一方面，許多既有公司使用政府開放資料作為工作時的眾多資源之一，很難估算開放資料對事業做出了多少貢獻。

我目前在紐約大學 GovLab 指導的「開放資料 500」（Open Data 500）研究計畫，將為經濟學家和其他研究人員提供一個新的資訊庫，以幫助評估開放資料的價值。這項由騎士基金會（Knight Foundation）贊助的研究計畫，率先全面性調查那些使用政府釋出的健康、財金、教育、能源，以及其他領域資料的美國公司，我們辨識出五百家這類公司，以問卷方式調查它們如何使用政府開放資料，以及它們認為政府機構可以如何使資料變得更實用。我們計畫在 2014 年初把調查結果公布於網站上，供研究人員下載使用。新創公司可以利用這個網站填寫我們的問卷調查；開放資料社群人士可以向我們建議未來的研究主題與方向。

為辨識開放資料領域的不同類別公司，我和同事首先檢視

已經完成的其他研究。倫敦的 ODI 自 2012 年起，便和德勤顧問公司（Deloitte Touche Tohmatsu）合作研究開放資料的經濟潛力，德勤研究總監哈維·路易士（Harvey Lewis）領導的一系列研究，將開放資料領域的企業區分為五大類：

- **供應商（suppliers）**：這類公司以易於使用的形式發布它們的資料作為開放資料；它們供應的資料不收費（若收費，就不是開放資料了），它們只是藉由釋出資料來提高顧客忠誠度，提升本身的商譽。
- **匯總者（aggregators）**：這類公司蒐集開放資料並加以分析，對外收費提供它們的分析洞察，或是以其他方式運用這些資料來營利。
- **軟體開發商（developers）**：它們使用開放資料這項免費資源，用以設計、建立，並銷售網路、平板電腦或智慧型手機的應用程式。
- **改進者（enrichers）**：多半是大型既有企業，它們使用開放資料來改進現有產品與服務，例如使用人口結構資料以更加了解顧客。
- **輔助者（enablers）**：收費幫助其他公司更善於利用開放資料。

我覺得這些分類很實用，另外也提出我自己的兩個簡單分類。

　　第一類，我稱之為「開放資料增益事業」（Better Business Through Open Data），亦即使用開放資料來改進保健、能源、教育、財金、運輸，以及與消費者有關的許多其他層面。（德勤團隊的研究指出：「許多產業獲益最大的，是那些和消費者有直接關係的政府開放資料，消費者導向事業可能獲得最大的經濟效益。」）在許多這類領域，開放資料可能變成人們日常生活中的無縫部分，致使多數人未注意到它的存在。病患仍然去看醫生，但現在，他們將獲得更好、更明智的醫療服務。家戶仍然用電，但現在，他們將使用開放資料來幫助管理能源使用。消費者將可使用資料充沛的網站來評估及選擇信用卡和金融服務，一如他們目前使用網站來訂機位那般容易。各種日常活動將看起來大致如同往常，但變得更好，因為消費者導向的公司將使用開放資料來改進服務。

　　第二類商機是我所謂的「單純開放資料事業」（Open Data Pure Play），指的是若沒有開放資料，根本不會存在的公司或產業，包括藉由分析天氣資料來改革農業的新創公司；使用開放資料來預測保健業、金融市場或其他領域的公司；管理及行銷政府資料的公司；使用取自社群媒體的龐大資料來分析得出市場洞察的公司。

　　和網路一樣，開放資料將成為推動美國、英國，以及其他國家的新商業和經濟成長的一股重要動力，它將會創造新的就業機會，促成創造龐大營收的新創企業和新產業。本書探討開放資料帶來的廣泛商機，以及未來將形塑開放資料使用方式的

種種因素。

關於本書：開放資料帶來的四大前景

本書引用數十家公司的例子（我親自訪談其中許多公司），探討開放資料的商業應用。第一部敘述**開放資料為企業及其客戶帶來的四大前景：潛在的熱門創業；精明投資的工具與服務；聰明行銷策略；新形式的快速創新。**

第2章到第4章探討使用開放資料而發展快速的新創公司。第2章介紹那些使用美國及其他國家政府釋出的龐大資料來創造事業及營收的公司，包括以新方式使用 GPS 資料的公司；使用政府釋出的健康資料的新熱潮；倫敦 ODI 的創業育成中心，以及致力於農業革命以提高全球各地農民收入的氣候公司（The Climate Corporation，最近以 10 億美元身價被收購）。

第3章探討智能信息披露（smart disclosure）選擇引擎，這個類別的新創公司幫助消費者在保健、金融服務、運輸等複雜領域作更有情報根據的明智選擇。包括旅遊搜尋引擎 Kayak 和提供房地產服務的 Zillow 在內，目前已有多家著名公司提供智能信息披露服務，但這個領域仍有成長空間，尤其是在美國。在英國，能源、信用卡，以及保險領域已有幾家大公司提供智能信息披露服務，估計目前約有兩千四百萬人每個月使用這些比價網站；若以總人口作為比例換算基準，這相當於在美國每

個月有一億名顧客，是個龐大的潛力市場。

　　第 4 章討論以「管理資料洪水」為業的新創公司，並介紹幾家幫助其他民眾或企業使用政府開放資料的新舊公司。雖然，有幾家大公司早已提供政府資料服務多年，但更多開放資料的釋出能帶來新商機，也促成新創公司的設立。其中之一是最近在「TechCrunch Disrupt 紐約大賽」中擊敗三十多個競爭者，贏得「最熱門新創公司」冠軍的開放資料深度搜尋服務網站「Enigma.io」，這相當於在科技界的〈美國偶像〉（American Idol）競賽中勝出，由此可見開放資料蘊藏的市場潛力。

　　第 5 章及第 6 章探討開放資料如何促成提供精明投資工具與服務的新公司誕生，既為創業家提供商機，也造福投資人。第 5 章討論資料導向投資，說明開放資料和新分析方法為投資人提供有助益的工具和洞察。一家名為「Capital Cube」（資本立方）的公司開發分析全球四萬多家公開上市公司的軟體，天天更新這些公司的資料，把數字資料自動轉化為目前交易狀況的說明，並提供工具，用以比較不同產業不同公司的風險與報酬前景。在英國，線上資料庫公司 Duedil〔為「due diligence」（盡職調查）的縮寫〕提供中小型企業的資料，旨在幫助這些企業吸引投資人的興趣和挹注資金。在愈來愈多國家的證交所採用「可延伸商業報告語言」（Extensible Business Reporting Language，簡稱 XBRL）之下，投資人將能取得更多以高度可再利用形式呈現的上市公司開放資料。

　　第 6 章探討開放資料促使綠色投資從一個理想目標快速變

成主流投資策略。愈來愈多投資人尋找注重環保永續、並且有資料可茲為證的公司作為投資對象。注重永續的企業不僅對社會和環境有益，也往往成為優良企業治理和低營運風險的楷模。許多標準普爾 500 公司如今使用全球報告倡議組織（Global Reporting Initiative）制定的永續指標來報告它們的實務；彭博公司（Bloomberg）已經開始為其用戶提供企業的永續資料，使用這項資料的用戶平均一年增加近 50%。

第 7 及第 8 章討論開放資料如何為聰明行銷提供新機會。第 7 章說明聲譽資料如何影響企業品牌，探討一般民眾如何在生活中創造強而有力的開放資料。人們在網路上張貼的抱怨、體驗感想和意見構成聲譽資料，供舉世觀看。聰明的公司現正學習探勘這些資料，予以了解，並對其做出回應，同時使用它們來打造線上行銷以建立或強化品牌。新創公司 PublikDemand 為消費者提供申訴平台，其創辦人闡釋企業可以如何把消費者申訴轉化為優勢。他們倡議一種名為「社群媒體客服」（social customer service）的方法，公司可藉由公開對民眾的申訴做出回應，以改善聲譽。

第 8 章討論情緒意見分析行銷學，這是一種把大量消費者意見轉化成量化商業情報的尖端技術。現在有無數網站邀請消費者撰寫對於旅館、餐廳等任何產品或服務的評價，還有數不清的消費者自行張貼評論產品或服務的訊息或部落格文章，這些全都可以綜合和分析成為開放資料，形成所有網路使用者的集體意識資料集。情緒意見分析從社群媒體取得資料，聚焦在

帶有正面或負面情緒的字眼。在本章，情緒意見分析專家賽斯‧葛萊米斯（Seth Grimes）說明企業可以如何把這項技術應用於新事業和市場情報。

第9章和第10章探討開放資料帶來的第四類前景：用於快速創新。第9章介紹新形式的群眾外包（crowdsourcing，簡稱眾包）如何使用開放資料來幫助研究型公司找出解決方案，敘述學術性「公民科學」（citizen science，譯註：民眾參與科學研究）計畫號召近百萬名志願者協助分析與精煉各種科學資料，為私人企業提供一個可能的模型。這一章也檢視 TopCoder、Kaggle、意諾新（InnoCentive）等公司如何使用獎賞和競賽，來招募專家幫助解決艱難的資料問題。

第10章探討開放資料如何助長開放式創新——一種全新的科學研究方法，科學家和研究人員提早且公開分享他們的資料，以促進許多研究實驗室通力合作。在開放式創新模式下，以往被保密的資料，如今被拿出來公開分享，這種模式和科學研究及藥品發展領域盛行的文化背道而馳，但這種模式的成效非常卓著，或許值得作為一種新的事業模式。從生物醫學新創公司到製藥業巨人葛蘭素史克藥廠（GlaxoSmithKline），不少公司現在使用開放式創新，顯著提高生產力。

展望：商業環境改變

從本書第一部的十章內容，可顯示開放資料蘊藏的顯著潛

力，並且為想要利用它的公司提供建議。不過，利用開放資料的公司也必須留意未來將形塑開放資料使用方式的社會、法律，以及政治因素；本書第二部將探討必須關注的最重要趨勢。

第 11 章說明，隱私疑慮可能改變各種個人資料的蒐集、開放，以及使用規範，尤其在國安局的稜鏡計畫曝光後，此議題引發更大關注。個人資料可以透過特別方式變成公開資料：在新科技下，個人可以為了特定目的，有選擇性地、安全讓他們的個人資料變成開放資料。「Personal.com」和「Reputation.com」等公司相信，由個人控管的個人資料市場，將在開啟新商機的同時也保護個人隱私。

第 12 章敘述金融管制當局、行動團體、新聞工作者等如何使用開放資料，來促使商界和政府的運作變得更透明化。在透明的新社會中，企業必須遵守一些新規範，才可能成功。本章也討論一些資料導向組織如何使其業務變得更透明化。

第 13 章探討歐美及其他國家的國家層級、州層級，以及地方層級政府推動開放資料的情形，美國已經制定可能創造歷史性影響的「開放資料政策」，英國政府、歐盟和 G8 國家也做出類似的開放資料行動，這些改變可望使政府開放資料變成全球各地企業可用於促進創新和成長的一項資源。

第 14 章總結本書的最重要啟示，並展望未來。

開放資料的來源及用途很多，但開放資料運動的起始點，乃是促使政府資料變得更開放且更實用。龐大的美國聯邦政府

資料，現在才剛開始變成大眾可免費取得的資源。下一章將探討政府開放資料蘊藏的經濟潛力，以及開始利用此資源的公司。

第 2 章

熱門創業──用政府資料賺錢

政府開放資料的商業潛力才剛開始浮現，其所助
長的新一波創業熱潮正要興起。

政府開放資料有助於增進大眾知識，賦能人民，並促進商業創新。事實上，近年來，促進商業創新是美國聯邦政府開放資料行動背後的一個主要動因，美國政府很可能變成舉世最大的免費開放資料來源。政府開放資料的商業潛力才剛開始浮現，其所助長的新一波創業熱潮也剛開始興起。

歐巴馬政府制定的「開放資料政策」是開放政府運動（參見第 13 章）的其中一環，在這項 2013 年 5 月宣布的政策下，政府將開放更多資料供大眾取用。此政策以多年來歷任政府的決策為基礎，美國政府在一九七〇年代釋出氣候資料作為開放資料，約十年後又決定釋出 GPS 資料。今天，美國政府的天氣資料每年創造超過 300 億美元的商業價值，其中包含使天氣預測更準確的價值，以及這些資料被用於氣候相關保險所創造的價值。一項產業研究估計，GPS 資料每年創造約 900 億美元的商業價值，實際數字可能遠遠更高。

歐巴馬任命的美國首任聯邦資訊長維威卡·孔德拉（Vivek Kundra）曾在研討會上例舉政府地理資料、氣候資料，以及 GPS 資料創造的商業價值：「Zillow 價值超過 10 億美元，氣象頻道在 2008 年出售的價格約 35 億美元，佳明航電（Garmin，譯註：台灣子公司名為台灣國際航電）市值 72 億 4 千萬美元，這些全都是使用原始政府資料來創立的公司。」

有些公司使用政府資料來開創全新的服務，例如創立於 2006 年的磐聚網（Panjiva）使用政府資料建立國際貿易平台。該公司使用政府的進出口量、買方與賣方的財務和信譽評等開

放資料，建立更堅實、更透明化，以及更有效率的國際貿易網路。

　　州政府和地方政府的開放資料也為創業者提供機會。舉例來說，一些城市已經釋出運輸資料，軟體開發商可以使用這些開放資料來為通勤者設計應用程式。波士頓、洛杉磯、舊金山、多倫多，以及華盛頓特區等城市的通勤族可以使用 NetBus.app 來查看公車何時會到站，藉以決定是否該在站牌候車，抑或還有時間可去買杯咖啡。

　　這其中似乎有個矛盾：若開放資料是免費的，為何有人能用它來創立營利事業呢？答案是：在從資訊汲取價值的過程中，開放資料是起始點，並非終點。一般來說，政府聚焦於使外界更能取得資料本身，而不是利用資料來發展可供民眾直接使用的應用產品或服務。私人企業可藉由取得開放資料，來打造好產品或服務，進而創造價值。

　　從每年的新創企業和新問世的商業應用程式。就可以看出政府開放資料蘊藏的創新潛力，就連已經開放了數十年的天氣和 GPS 資料集，現在仍繼續激發出新創意和新公司。

　　舉世最著名的資料導向公司 Google，使用 GPS 資料集和其他的政府開放資料，打造出愈來愈多的應用程式。Google Maps 和 Google Earth，是結合 Google 本身擁有的資料和政府開放資料打造出來的應用程式，它們本身也變成開放資料源頭——據 Google 統計，目前有超過一百萬個網站和應用程式使用取自 Google Maps 的開放資料。

Google 使用 GPS 資料和其他資料打造出的終極應用很可能是無人駕駛車，預期將在 2020 年之前問世。除了為 Google 賺錢，無人駕駛車使用的技術也提供顯著的大眾益處。一位分析師指出，這項技術將可減少車禍數量，為駕駛人節省大量時間和塞車導致的燃料成本，估計在美國一年可創造 2 千億美元或更高的總經濟價值。Google 無人駕駛車的導航系統使用汽車透過感應器和相機蒐集的資料，結合 Google 本身的地圖資料，而 Google 的地圖資料靠的就是政府釋出的 GPS 資料。

GPS 和地理位置資料如今被用來打造出一些最受歡迎、最有創意的智慧型手機應用程式，例如：

- Foursquare 以「追蹤朋友」應用程式起家，讓你知道你的朋友目前人在何處。該公司現在已經開發出新功能，讓你回顧你的以往體驗，或是取得你的朋友推薦他們去過的餐廳。

- 優步（Uber）叫車服務能讓你知道目前所在地附近有哪些車輛可提供服務，如同該公司創辦人所言：「一個按鍵就能取得搭載服務」。

- Waze 導航使用來自其他駕駛人的即時路況資料，提供持續改進資訊的導航服務。Inrix 為智慧型手機和企業客戶（如汽車製造商）提供改進的導航服務，該公司仰賴的合作夥伴之一是 I-95 州際公路路廊聯盟（I-95 Corridor Coalition），身為在 I-95 州際公

路塞車太多次的紐約客，我很高興有這麼一個組織存在。

- 當你正在一個商店裡考慮購買某個產品時，你可以使用 RedLaser 應用程式掃描該產品的條碼，它會立即告訴你此商品在附近商店的售價。根據這個網站的統計，該應用程式的下載人次已達兩千七百萬。

- Instagram 和 Flickr 能讓你把地圖資料加入你張貼的相片上；Vine 短片應用程式也提供相同功能；Evernote 則讓你可以追蹤當你撰寫筆記時，你身在何處。

當雷根總統在 1983 年宣布，當時發展中的 GPS 系統不僅供軍方使用，也將供民間使用時（後來，柯林頓總統實踐了這個承諾），沒有人能想到未來會出現這些發展。雷根總統做出此宣布的當時，第一款真正的行動電話才剛問世（體積像手電筒那麼大），有螢幕的手機（但沒有電腦運算能力）要十年後才會出現。這正是重點：政府開放資料的價值在長期，這是一項創新者可以使用數十載的永久性公開資源，隨著新技術的出現，創新者將發展出運用此資源的新點子，新公司也將應運而生。

比 GPS 資料更早開放的天氣資料至今仍繼續提供驚人的益處。天氣查詢網站地下氣象台（Weather Underground）持續加入新資料，為新的平板電子器材提供服務，最新的遞迴技術讓

你能夠切換地圖，顯示天氣警報、火災、雷達和網路攝影機影像。新創公司 Sormpulse 以 B2B 服務模式提供進階氣象預測服務，該公司的網站上載明其服務旨在：「為包括能源業、運輸業、國防、保健業、零售業等在內的廣泛產業降低天氣風險」。不過，最受矚目的天氣資料新應用，乃是應用十年前尚未出現的先進資料分析方法來分析天氣型態，可能為農業帶來革命。

在為撰寫本書進行研究時，我有機會訪談以新方式利用政府開放資料的許多公司和組織。為探究創新範圍，我拜訪一家以新方式使用天氣資料的公司；出席使用健康開放資料的創新者研討會；以及了解一個英國政府出資的創業育成中心，如何推動使用開放資料的新創業。

氣候公司：從保險業務邁向新的綠色革命

2013 年春，我和氣候公司的共同創辦人暨執行長大衛·弗萊柏（David Friedberg）會面。這家位於舊金山的公司創設於2006 年，如今已成長至擁有一百五十多名員工，包括三十名派駐全美各地的員工，以及新設立的西雅圖辦事處的二十五名員工。我和弗萊柏會面的不久前，該公司獲得 5 千萬美元的創投資金；六個月後的 2013 年 10 月，孟山都（Monsanto）以近10 億美元收購此公司，媒體稱之為：「收購金額最高的新紀元資料分析公司之一」。

氣候公司原名「WeatherBill」，原始業務是銷售一種更好的天氣意外保險，後來發展成幫助世界各地農夫適應氣候變遷、提高收成，變成綠色革命的一環。這是開放資料創業精神的一個好例子，顯示當聰慧、有創意的人們不斷深入探索政府資料所透露的資訊時，可能會得出什麼意想不到的發展。

　　弗萊柏是典型的技客，主修天體物理學，在創辦氣候公司之前任職 Google。他和同事發現，他們可以在不擁有獨家資料之下建立一個成功的資料導向公司，這家公司使用的龐大資料是任何人都可以免費取得的資料（只有一些例外），但氣候公司用以分析這些資料技巧，創造出獨特的價值。

　　弗萊柏指出，該公司的起步源於一個簡單洞察——天氣影響眾多企業每年的獲利。「當下雪量不足時，滑雪場就得關閉；下雨時，高爾夫球場便無法營運；下雪量太大時，市政府得剷除道路積雪；下起毛毛雨時，街角的檸檬汁小攤得收攤，」他告訴我：「我們的事業概念是，若我們能夠模擬天氣，就能讓企業量身打造在特定氣候事件導致財務損失時自動理賠的保單。」

　　該公司開始耕耘全美各地兩百個氣象站的資料。想購買天氣意外險保單的企業可以上該公司網站，挑選一個附近的氣象站，購買此氣象站預測下惡劣天氣的意外保險，該公司將分析此氣象站的歷史天氣資料，預測可能的天氣，為此企業客戶撰寫合適的保單。

　　「歷經時日，我們發現，這個模式的最佳市場是農業，」

弗萊柏說：「美國的農夫每年創造約 5 千億美元營收，年營利約 1 千億美元，也就是說，農業的平均利潤是 20% 左右。現在，農業收入的一大變數是天氣，因為除草劑、殺菌劑、殺蟲劑等技術大致上已把其他風險消除了。天氣會對農業收成造成巨大影響，農民可能血本無歸，天氣的稍稍變化將導致他們的獲利損失龐大，而聯邦作物保險為農民提供的保障明顯不足。」

氣候公司開始把注意力轉移至農民身上的同時，該公司發現，來自全美各地兩百個氣象站的資料不夠準確，無法為地方農場做出天氣預測，於是，他們擴大至兩千個氣象站，但仍然不夠。「若你是個農夫，離你最近的氣象站在位於 30 哩外的一處山上，我們如何能夠得知你所在地的每日實際雨量和氣溫呢？」弗萊柏說。於是，他們使用所謂的「最小土地管理單位」（Common Land Unit）資料，這種資料顯示全美所有農場的地點、形狀和面積。雖然這是免費的公開資料，卻是多次動用〈資訊自由法〉（Freedom of Information Act），以及和史丹福大學及其他研究機構通力合作，才促使美國農業部釋出資料（氣候公司現在仍然經常試圖取得更新資料）。

接著，該公司使用政府資料，以更準確評估所有農場的天氣情況。弗萊特指出，如今，使用都卜勒氣象雷達，可以測量一個農場一天內的降雨量，準確度達百分之一英吋。該公司也從美國地質調查局取得地形圖和土壤類型資料，這些是根據實地土壤調查和衛星空照而得的資料，衛星照片呈現的是邊長 10公尺正方形土地（大約是一個市郊住宅庭院面積）的準確相片。

弗萊柏說：「農夫未必關心降雨量，他們真正需要關心的是他們的農場有多少水。」而這取決於降雨量和土壤類型。

弗萊柏表示，若是在十年前，幾乎不可能做到他們現今所做的事。他說，把各種資料結合起來：「我們現在可以對農場做出遠遠更好的估計，我們看到衛星攝影技術的巨大進步，你可以免費取得和處理那些影像。我現在可以使用農場的紅外線衛星圖，來估計農夫在哪一天種植作物，以及目前到了哪一個成長階段。」

弗萊柏及其事業夥伴認知到，他們從事的不只是賣保險的業務而已，他們已經邁入改善全球農業的事業領域了。他們繼續改進模型，加入作物收成資料，更準確地估計天氣狀況和農業收成之間的關連性。該公司發展出一項名為「Climate.com」的服務，向該公司購買保險的客戶可以免費使用，其他人則是可付費使用。弗萊柏解釋：「我們會天天告訴你，你今天可以去哪片農地耕耘，哪片農地今天該噴灑和栽種，哪片農地正在成長階段，應該施肥，哪片農地應該再等五天才栽種。」他們的目標是能夠幫助農夫提高獲利力 20% 至 30%，這對脆弱、容易受到天氣影響的產業而言可是巨大的提升。

接下來或許會出現綠色革命 2.0。美國政府的衛星資料並非僅限於本土，而是涵蓋整個地球。氣候公司現正希望把業務擴展至國際，可能先從澳洲開始，澳洲擁有相關的資料。弗萊柏說：「最終，中非的農民可以開始透過 iPhone 或簡訊服務取得 Climate.com 提供的服務，讓他們得知每天的最適耕作活動。」

　　這聽起來似乎像個難解之謎：美國政府投入龐大資金取得
資料，但實用這些資料的卻是一家私人公司。其實，這正是開
放資料運動的諸多擁護者認為應該的事，「我強烈相信，必須
有資本主義誘因，才能實現這些，」弗萊柏說：「在政府部門，
你的目標是不要失敗，因此你的目標是不要冒險。你必須在政
府部門之外使用資本主義經濟模式，這種模式要你：『冒險，
獲取更多報酬』。」但是，沒有政府的支援，將不會出現這些
創新，弗萊柏的結語是：「我是政府應該提供基礎建設服務的
強烈信仰者。」

　　最後這點很重要。透過開放資料這個基礎建設服務，政府
可以為資料導向企業提供基礎，刺激創新，GPS 和天氣資料的
開放已經證明這點，健康資料的開放也開始出現此效益。

開放健康資料狂歡會

　　使用政府開放資料的下一個熱潮，可能出現在健康和保健
領域。麥肯錫的一項研究報告估計，美國的健康大數據潛在價
值約 3 千億至 4 千 5 百億美元，這些資料當中有一些是私人企
業的資料，例如醫院和病患的紀錄，但大部分是聯邦醫療保險
（Medicare）費用、藥品成效與副作用，以及其他層面的保健
和公共衛生開放資料。

　　2013 年 6 月，我出席在華盛頓特區舉行的第四屆健康資料

狂歡會，會議主題是探討釋出健康資料的潛在效益，我從現場即時發文播報會議內容。這每年舉行一次的會議是全球最大規模的開放資料盛會之一，我在 2011 年參加過，那屆是在美國國家衛生研究院（National Institutes of Heath）的會堂舉行。現在，我置身飯店會議室，與會者多達兩千人，因為滿座，其中一百多人只能站在會議室後方。

2010 年舉行的第一屆健康資料狂歡會在衛生與公眾服務部（Department of Health and Human Services）舉行，與會者約四十五人，目的是希望能夠善加利用政府的健康資料。到了 2013 年，會議規模壯大四、五十倍，很多要角與會，「產業與會，創投業也與會」，一名全程報導此活動的記者寫道。健康資料無疑是門大生意，聯邦政府正嘗試幫助實現其商業潛力。

健康資料狂歡會是由現任聯邦科技長朴陶德（Todd Park，譯註：美國出生的韓裔，此名為音譯）在擔任衛生與公眾服務部科技長時催生的。有感於政府釋出天氣資料促成一整個產業的誕生，他認為健康資料也具有相同潛力，尤其是，約八成的網際網路成年使用者從線上取得健康資訊，這個領域的開放資料商業潛力應該更加龐大。

朴陶德成為歐巴馬政府中能見度最高、最熱心的開放資料行動發言人，他大力倡議開放資料行動，宣傳「資料解放」（data liberation）。除了創立健康資料狂歡會，朴陶德現在也把資料狂歡會推廣至能源、教育，以及其他領域，鼓勵私人企業在完全不增加納稅人成本下善加利用政府資料。

　　誠如一位開放政府運動人士所言，資料狂歡會（Datapalooza）可以完全照字義定義為：「完全釋放的資料狂歡派對」（all-out crazy party of data），這的確是對這類行動的最佳描繪。在2013年的第四屆健康資料狂歡會中，朴陶德讚賞政府部門的專家現在致力於快速釋出更多資料，他告訴與會者：「我們將興起開放政府資料，並讓包括在座諸位有才華的創新者和創業家在內的大眾更容易使用的熱潮，在此同時也嚴密保護隱私。這不是我們的資料，而是你們的資料，是你們身為納稅人付錢讓政府取得的資料。我們認為應該以容易使用、機器可讀取的形式還給你們，讓你們用這些資料來創造大規模的新應用、新服務、新突破、新事業、就業機會，以及廣受推崇的新東西。」（「機器可讀取」是開放資料的一個核心概念，意指以電腦可處理的形式來提供資料。）朴陶德繼續說：「你們將永久改善美國的保健業，你們將拯救無數生命，改善無數生命……，我想不出美國的創新者還有什麼比這更重要的工作。」

　　健康資料龐大且多樣化，2013年的第四屆健康資料狂歡會中展示了使用政府開放資料，以及來自醫院、診所和病患紀錄等保密、非開放資料所獲致的成果。但我發現有幾家公司使用真正的開放資料，獲得了新洞察，並建立它們的事業。

　　有些是這個領域的老兵，現在以新方式使用開放資料。在展示廳，我和舊金山阿基米德公司（Archimedes Inc.）的與會代表交談，這個投入二十多年發展運算法和預測性醫療保

健模型的事業創始於 1993 年，原屬於凱撒醫療機構（Kaiser Permanente）體系，2006 年分支出來成為一家獨立公司。阿基米德公司使用來自聯邦醫療保險與醫療補助服務中心（Centers for Medicare & Medicaid Services，簡稱 CMS）、臨床試驗資料庫，以及國家健康與營養調查（National Health and Nutrition Survey）等單位的資料，發展出模擬健康狀態和醫療措施效果的模型，幫助病患及醫療人員選擇更適合病患、更有成效的醫療措施。英派克國際公司（Impaq International，營利事業）和美國全國意見研究中心（National Opinion Research Center，非營利事業）也使用政府開放資料，來分析保健政策與計畫的潛在影響。

我也和醫療保健服務應用程式開發公司 iTriage 的代表人員交談，這家五年歷史的健康資料導向公司是歐巴馬政府很喜歡引用的一個例子。由兩位急診室醫師共同創辦的 iTriage，能讓你使用網站或智慧型手機輸入症狀，快速獲得你需要哪一種醫療的建議，並且列出附近可提供醫療服務的機構名單。在第四屆健康資料狂歡會的展示攤上，該公司播放一位男士的感謝影片：某天半夜，他在一個外地城市的旅館房間因為胸痛醒來，智慧型手機上的 iTriage 應用程式引導他到最近的急診室，醫生緊急處置他的心臟病，救了他的性命。iTriage 仰賴來自聯邦醫療保險與醫療補助服務中心設立的「全國醫務人員識別號碼登記系統」（National Provider Identifier Registry）開放資料，快速找出能夠為其使用者提供立即醫療服務的醫生、醫院，以及

其他醫務人員。iTriage 已被安泰集團（Aetna）收購，如今是該公司的個人化 CarePass 應用程式的一部分。

健康資料狂歡會的展示攤還有一家名為 MedWatcher 的新創公司，它提供的服務將對個人健康和大眾健康產生重要貢獻。MedWatcher 是美國食品藥物管理局（FDA）的委外商，致力於提高 FDA 的資料價值。FDA 長久以來設有一個「傷害事故」資料庫，記錄各種醫療器材傷害事故及藥物副作用報告，但很少人對此資料庫做出貢獻，或是注意到此資料庫發出的警訊。MedWatcher 開發的應用程式讓人們可以透過手機連結此資料庫，病患可以取得他們正在使用的藥物的警訊，也可以直接向 FDA 報告他們使用藥物時發生的任何問題。日積月累之下，MedWatcher 可以顯著增進我們對藥物安全性的知識，也使我們對藥物安全性的改善做出貢獻。

iTriage 和 MedWatcher 這類公司幫助病患掌控自己的醫療，另一家新創公司 Aidin 則是意圖改善醫療保健體系本身的品管。Aidin 的創辦人是一名年輕的資料分析師，他的祖母在康復中心受到非常糟糕的照護，他告訴全國公共廣播電台：「由於醫護人員對她過度用藥，導致她產生幻覺一星期，使我的祖母和我的家人飽受精神創傷。」該公司使用有關醫護機構品質的政府開放資料（其中包括病患對醫護機構的評價），並且把這些資料整合到醫院的系統裡，幫助醫院和病患做更好的出院準備規劃，避免發生這類康復照顧不當的情形。

開放資料創業育成中心

先是開放天氣和 GPS 資料，現在則是開放健康資料，美國政府已經定義其開放資料行動中的責任為蒐集資料，並以容易使用的形式釋出資料。英國政府則更進一步，在英國首相指示之下，英國政府出資孵育開放資料新創公司，此模式已由倫敦的 ODI 展開試驗，獲得不錯的開始。

第 1 章曾提到，我在 2012 年 11 月出席 ODI 舉行的研討會（順便一提的是，那次會議使我產生撰寫本書的念頭），五個月後，我再次造訪 ODI，想看看它的目標進展如何。我知道 ODI 有宏大議程，其董事會主席夏波告訴我：「ODI 致力於提高資料品質、刺激需求、建立生態圈、增進能力，以及宣傳成功的故事。」

該機構從一項旨在建立正確心態的計畫起步，「其實，我們是在試圖催生開放資料文化」，執行長史塔克斯告訴我。ODI 創立後，立即邀請各界貢獻可以表達「資料文化」的藝術作品，結果獲得來自二十多個國家的一百件作品，九件作品入選。2013 年 4 月的這次造訪，我看到了這些作品的展示，帶給 ODI 一股技客時尚（geek chic）氛圍。

我個人偏愛的作品是有點顛覆性的概念藝術，展示於 ODI 的廚房區，作品名稱為「自動販賣機」：裡頭陳列洋芋片的自動販賣機。這作品毫不起眼，但走近看，你會注意到已有多袋洋芋片掉落至下方取物槽。這台自動販賣機連結至一台平板電

視，螢幕不停地播放 BBC 新聞。牆上張貼的作品說明指出，文本分析軟體控制這台機器，軟體會不停掃描 BBC 新聞標題，搜尋和經濟衰退相關的字詞，每當搜尋到新聞出現這種字詞時，電腦就會下指令讓自動販賣機掉下一包洋芋片，參觀者可以免費拿取。為何下方取物槽有這麼多袋洋芋片呢？「因為過去幾天有很多關於預算的新聞。」一名工作人員告訴我。

這件藝術創作很有趣，但傳達的觀點很嚴肅：開放資料具有連結種種人類活動，以及我們的世界和生活所有層面的潛力。ODI 執行長史塔克斯再次將之與網際網路類比：「有人認為，網際網路、電子郵件，以及網路本身是因應社群愈趨支離破碎的全球變遷而做出的社會反應。我對開放資料也抱持類似的觀點，它是因應地方性、全國性，以及全球性體系問題而做出的社會反應。若我們邁入以資料導向決策來應付社會貧富不均、環境永續，以及經濟成長等問題的時代，我們需要開放資料來幫助做這些決策。」

ODI 提供空間、技術援助，以及環境，來幫助那些在創造商業價值的同時也造福社會的新創公司。我在 2013 年 4 月造訪該機構時，ODI 的「孵育器」裡有五家新創公司。我和其中四家公司的創辦人交談，這些交談內容反映了開放資料的種種新應用（2013 年秋天，我和史塔克斯敘舊時，他告訴我，ODI 孵育的公司數目已經增加一倍了）。

Mastodon C：當開放資料與大數據交會時。我首先和大數

據分析公司 Mastodon C 的共同創辦人暨執行長法蘭辛·貝內（Francine Bennett）交談。這家公司專門使用雲端運算，以更有效率地分析大數據，並且比其他競爭者留下更少的碳足跡。Mastodon C 目前聚焦於使用來自英國國家保健服務（National Health Service，簡稱 NHS）的開放資料大數據，該公司剛完成一項由政府出資的計畫，分析全英國開立處方箋型態的差異性，找出非專利藥效果同樣好、但醫師在沒有明顯理由下開立昂貴專利藥品處方的情形。若這項分析能幫助 NHS 改變一些醫師開立處方箋的方式，每年將可節省超過 10 億英鎊。

Locatable：**幫你分析該往何處找房子。**接著，我和瓦山·蘇布拉曼尼恩（Vasanth Subramanian）及大衛·普萊姆（David Prime）交談，他們是 Locatable 公司三位共同創辦人當中的兩位，他們都是四、五年前踏出大學校門的物理系畢業生，決定聯手應用其科學訓練來幫助人們解決一個基本問題：我該居住何處？他們建立一個網站，顯示從不同地點前往倫敦所需花費的通勤時間，再加入可從政府開放資料取得的人口結構、房租、犯罪率、學校，以及其他統計資料。在完成此書撰寫時，我得知 Locatable 的初步事業模式並未成功，不過，經過轉變調整後重新研擬創業策略，該公司現在正發展一個耕耘房地產市場的新方法。

OpenCorporates：**追蹤數千家公司。**克里斯·塔格（Chris Taggart）是 OpenCorporates 的共同創辦人暨執行長，他從事的企業透明化運動和我在 GovLab 的工作有關。塔格曾經是個

成功的雜誌出版商，和 ODI 孵育器裡的其他公司創辦人相比，年紀稍大些。他形容 OpenCorporates 是全球最大的公司開放資料庫：「自創立後兩年內，我們的資料庫從三個地區的三百萬家公司，增加到現在約七十二個管轄區的五千三百萬家公司。」這個資料庫持續擴增，等到你閱讀此書時，這些數目將會更高。塔格估計約有兩億五千萬至五億家公司可加入此資料庫，唯確切數目無人能知。OpenCorporates 現在已經發展出一種可以透視複雜公司結構的強力方法，請參見本書第 12 章討論。

Honest Buildings：商用不動產界的 LinkedIn。最後，我和 Honest Buildings 公司的歐洲區副董事尼克·卡茲（Nick Katz）交談，這是 ODI 孵育器裡唯一的一家美國公司。卡茲引述《富比世》（*Forbes*）形容，這家公司就像「建築商的 LinkedIn」，他說：「想像 LinkedIn 上的個人簡介，再想像一棟建築物的簡介。建築師和建設公司可以在這個平台上展示自己的作品，連結彼此。他們可以放入包括相片和文字說明在內的大量資料，他們全都可以被超連結標記（hypertagged），就像推特一樣。我們正在建造這種從未有人做過的搜尋功能。」在 Honest Buildings 網站上，建商可以為一工程找到最好的建築師事務所或工程公司，閱讀它們以往的作品，並了解它們的聲譽。

這些新創公司及世界各地的新創企業，正在展示如何以創新的方式，利用開放資料來發展各種事業。大型企業也看出了

開放資料的潛力，例如維珍媒體（Virgin Media）和ODI合作，使用其資料進行創新。還有其他數十家公司已經加入成為ODI的企業會員，更加善用它們的資料。

實現商業潛力

　　包括競賽、程式設計師駭客松（hackathon，譯註：或譯黑客松，是 hack 加 marathon 的組合字）、宣傳活動等在內，許多政府開放運動聚焦於把政府資料用於開發網路或智慧型手機的應用程式，這些雖然很有價值，但「應用程式經濟」（app economy）可能不是最有錢景的新事業。一項研究在 2013 年 7 月發布其調查結果指出，90% 的應用程式是免費提供，靠廣告收入來支撐。iPhone 應用程式的平均售價為 19 美分，iPad 應用程式的售價較高，安卓系統（Android）應用程式的售價更低。

　　想使用政府資料來發展堅實事業者，首先應該好好了解這些資料。美國的中央化政府資料中心「Data.gov」向來不易使用，裡頭有太多資料集，卻沒有足夠的過濾和組織。不過，在本書撰寫之際，「Data.gov」正在進行重新設計，應該會使它變成更易使用、更有價值的資源。（在英國，「Data.gov.uk」扮演相同角色。）這個網站上也有一些社群針對感興趣的領域——包括商業、能源、健康、法律、製造業等等，進行資料集的匯整。聯邦政府機構也在發展應用程式介面（APIs），以使它們的資料更容易被取得和使用。

　　美國政府目前贊助許多研討會、活動和挑戰，以鼓勵使用聯邦資料，以下是一些最好的資訊源頭：

- 白宮部落格：www.whitehouse.gov/blog。
- 白宮科技政策辦公室部落格：www.whitehouse.gov/administration/eop/ostp/blog。
- 「開放政府倡議」部落格：www.whitehouse.gov/open/blog。
- 報導聯邦政府科技議題的線上刊物聯邦獨家新聞（FedScoop）：fedscoop.com。
- 連結政府與科技界的《資訊週》（*InformationWeek*）媒體網站政府專欄：www.informationweek.com/government.asp。
- 「Challenge.gov」網站上張貼的各種聯邦挑戰資料。

針對保健領域，衛生與公眾服務部提供了一些資料取得管道，以及如何使用這些資料的訣竅：

- 在「健康資料倡議」（Heath Data Initiative）下，衛生與公眾服務部和美國國家科學院醫學研究所（Institute of Medicine）合作設立網站「HealthData.gov」，開放許多資料集供創業者、研究人員，以及政策決策者使用。
- 聯邦醫療保險與醫療補助服務中心（簡稱 CMS）的網站「CMS.gov」，以機器可讀取形式發布各種美國保健資料。

- 「Medicare.gov」網站提供針對醫師、其他醫務人員、醫院、護理之家、居家照護機構、洗腎中心等品質比較資訊，對消費者有所幫助，也有助於促進資訊商業應用。
- 健康資料聯盟（Heath Data Consortium）是政府、非營利事業組織，以及私人企業組織之間的通力合作結盟，致力於促進健康資料的可得性及創新利用，以改進民眾健康和保健服務。你可以上「www.healthdataconsortium.org」網站了解它們的工作。

還有兩個資訊源頭可幫助尋求使用政府開放資料來發展新應用和創立新事業者。其一是美國政府建置於軟體開發網站 GitHub 上的「開放資料專案」（Project Open Data：project-open-data.github.io），幫助軟體開發者了解並使用聯邦開放資料的資源。其二是應用程式開發者聯盟（Application Developers Alliance：appdevelopersalliance.org），支持應用程式開發者使用開放資料，並為他們代言。

最後提供一些策略，能幫助任何想從政府開放資料中尋找商業價值者：

追蹤政府機構在開放資料行動方面的資訊

美國的新「開放資料政策」（參見第 13 章）下令聯邦機構

不僅得以易於使用的形式開放資料，也必須公布清單顯示它們擁有什麼資料集。因此，外界可以去查看這些清單，尋找創新機會，然後要求相關機構開放資料。

敦促政府機構提供你所需的資料

以下提供一個具有啟示性的軼事：最早直接使用政府資料的新創公司之一，是為雇主、退休基金經理人，以及個別投資人提供 401（k）退休計畫評比的 Brightscope, Inc.，該公司共同創辦人麥克‧阿佛列德（Mike Alfred）和萊恩‧阿佛列德（Ryan Alfred）兄弟知道，他們可以使用勞工部從 Form 5500 蒐集到的資料來發展此服務，因為退休金計畫必須使用此申報書申報其退休基金財務狀況、投資，以及營運狀況。兩兄弟援引〈資訊自由法〉，請求勞工部提供此資料，申請了五十多次，勞工部才終於開始提供成箱的紙張形式資料。兩兄弟最終幫助說服勞工部開始在網路上蒐集和發布 Form 5500 資料，使 Brightscope, Inc. 和其他想使用此資料者更容易取得。

這個故事提供清楚啟示：若你洞察某個政府機構資料的某個用途，請持續敦促，直到你取得所想要的資料。有了新的「開放資料政策」，現在應該比阿佛列德兄弟當年更容易取得政府資料了，除非是涉及重大隱私或機密問題，那就另當別論。

使用政府資料作為商業情報

在龐大數量的政府開放資料釋出後，企業將可使用這些資料來幫助分析其事業和競爭者的事業。包括人口結構、保健成本、薪資與勞工問題等等資料，將可和公司本身擁有的資料結合起來，為企業提供新洞察。懂得如何使用此資源，將有助於公司的事業策略與規劃。

第 3 章

消費者網站
——智能信息披露選擇引擎

在現今消費者必須做出的購買決策如此繁雜之下，再加上有這麼多開放資料可茲利用，創業家有大量機會可建立既能幫助消費者，又能賺錢的選擇引擎。

現今的產品與服務對想要謹慎購物的消費者構成挑戰。在往昔，明智消費指的是懂得如何選購一部車，抗拒天花亂墜的推銷，避開不安全的產品。今天，消費者必須考慮更複雜的選項與條件，才能買得聰明。舉例而言，若你把手機、服務、限制，以及費率的所有組合算在內，光是一家手機公司，可能就為顧客提供超過一千種選擇。挑選抵押貸款、信用卡、大學教育、能源方案或健康保險的供應者，同樣令人心煩意亂。

在過去，許多公司占消費者困惑不解的便宜，鼓勵人們購買昂貴的服務，令消費者無從找出最符合個人需求的選擇。現在，名為「智能信息披露」的新型開放資料，能幫助消費者航行於這些令人困惑的市場，也為創業提供新商機。

智能信息披露指的是結合政府資料、公司的產品與服務資訊，以及有關消費者本身需求的資料，幫助消費者做出個人化購買決策。由於很少人是資料庫專家，多數人將透過一個中介者──「選擇引擎」（choice engine）的幫忙。選擇引擎會結合上述資料，幫助人們過濾出對他們而言最重要的資訊，就像旅遊網站幫助人們挑選航空公司和預訂旅館。這些選擇引擎能夠過濾篩選出符合個人的境況、預算，以及優先考量的選擇。從美國的旅遊和理財網站，到英國的大規模比價網站，現在有愈來愈多公司把選擇引擎發展成成功的事業。

欲了解消費者對選擇引擎的需求，以及滿足這些需求的商機，想像你要從明尼亞波利市（Minneapolis）飛到田納西州孟菲斯（Memphis），沒有 Kayak、旅程網（Orbitz）、智遊天

下網（Expedia）之類的網站幫你選擇航班。你的第一個念頭可能是打電話給旅行社，不過，假設在此例中，旅行社全都罷工了。通常，你有一位助理幫你處理這些事，但假設他剛好因為患了流行性感冒而請假。

你會如何訂機位呢？你必須打電話給多家航空公司，寫下各種選擇的時間與價格，查詢哪些航空公司有從明尼亞波利飛出至另一地轉機到孟菲斯的航班，試著找出中途轉機停留時間不超過三小時的行程，詢問它們使用什麼機型（因為你討厭通勤空機），最後，打電話預訂你想要的班機時卻發現，就在你進行上述種種查詢工作的這段時間，機位價格已經上漲了50%。若有合適的網站，做此決策只需花十五分鐘，但若沒有網站協助，你花上大半天做出決策後，也不能把握自己是否找到了最佳選擇。

任何必須規劃旅行的人都會認為這是老舊過時、反消費者，且相當惱人的折磨。但實際上，人們每天在做更重要的決策時，歷經的正是這種過程。財金服務、手機資費方案、高等教育選擇、健康保險，以及其他許多服務，全都呈現令人眼花撩亂到不知所措的選擇。沒有一個簡單方法可以進行評比，因為每一個人的最佳選擇取決於個人的境況、預算和優先考量。

智能信息披露就是使用來自政府及其他來源的開放資料，以及有效率地運用這些資料的選擇引擎，幫助人們解決這類問題。智能信息披露對消費者有明顯益處，也呈現商機——為每一個重要、複雜的消費者決策提供選擇引擎。現在，選擇引擎

市場已開放給那些能夠找出新方法、遞送有價值的個人化資料給民眾的創業者。

另一方面，每一家消費者導向的公司，都有機會為顧客提供更多有關產品與服務選項的資料，擁抱此趨勢的公司將可贏得新顧客，提高顧客忠誠度。

來自白宮的命令

在擔任美國聯邦通信委員會消費者與政府事務局局長時，我被任命為白宮專責智能信息披露小組召集人，另一位共同召集人是任職財政部的蘇菲・瑞斯曼。為研究政府機構可以如何幫助推動這種消費者賦權，這個專門小組在一年多期間召開無數次會議，和來自二十多個政府機構及四十多家企業的專家討論。

我們的團隊提出「智能信息披露」這個名詞，並為它下定義：適時釋出標準化、機器可讀取格式的複雜資訊，使消費者能做出有情報根據的明智決策。

我們的智能信息披露推動工作，主要受到《推出你的影響力》（*Nudge*）一書提倡的「RECAP」概念啟示：記錄（Record）、評估（Evaluate），以及比較各種選擇的價格（Compare Alternative Prices）。這本影響歐巴馬政府的行為經濟學家和治理者的著作，係由芝加哥大學經濟學家理查・賽

勒（Richard Thaler）和現任哈佛大學法學院教授凱斯·桑思坦（Cass Sunstein）合著，桑思坦是歐巴馬總統第一任任內的資訊與監管事務辦公室（Office of Information and Regulatory Affairs）主任。

「RECAP」概念主張公司應該以簡單的年度摘要報告，讓顧客知道他們為各種服務（例如無線語音信箱、簡訊、資料等等）支付了多少費用，用以評估他們所想要的服務方案。賽勒和桑思坦以手機資費方案為例，不是沒有道理的。紐約大學法學院教授歐倫·巴吉爾（Oren Bar-Gill）的研究發現，三分之二的美國消費者選擇了不符所需的手機資費方案，導致消費者一年總計多花了 130 億美元不必要的費用。

《推出你的影響力》兩位作者對智能信息披露行動提供相當大的支持：桑思坦撰寫歐巴馬政府備忘錄，敦促各聯邦機構採用智能信息披露；賽勒和威爾·塔克（Will Tucker，譯註：非營利事業組織 Ideas42 副總裁）合撰第一篇詳盡探討智能信息披露主題的文章〈資訊透明，你變聰明〉（*Smarter Information, Smarter Consumers*）。在這篇刊登於 2013 年 1 ／2 月號《哈佛商業評論》的文章中，賽勒和塔克不僅闡釋智能信息披露將產生的影響，也說明此概念將促成選擇引擎廣為問世。

「對企業而言，（智能信息披露和選擇引擎）可能構成威脅，也可能帶來龐大機會，」他們寫道：「當資訊揭露使市場變得更有效率之後，那些向來透過欺騙和模糊，或只是利用消

費者的懶惰來贏得市占率的廠商可能會失去生意，而以合理價格提供高價值產品的廠商將會興隆。」他們的結論是：「選擇引擎的興盛將不只是促成更聰慧的購物者，也將使市場變得更有效率，創造更多的新事業，並且改進政府對人民的服務，影響至鉅。」

桑思坦在其探討新的政府監管模式的新著《更簡單：政府的未來》（*Simpler: The Future of Government*）中，也樂觀展望智能信息披露：「智能信息披露的概念不僅在美國，也在世界各地引發熱烈迴響……。在智能信息披露下，消費者將很容易且安全地取得自己的保健、能源、財務和教育資料；智能信息披露也將為許多正在發展新應用程式及服務的創業者，以及新創公司提供新機會。以往複雜而難以找到的資訊，將變得簡單且可以快速取得。」

利用個人資料促進個人化決策

如同「RECAP」模式的含義，把一家公司的產品與服務的相關資料和個別消費者的資料結合起來時，智能信息披露將能產生最大效益。智能信息披露包含提供有關消費者本身的資料——例如醫療紀錄、手機通話費，或能源使用型態，使他們能夠選擇適合本身需要的產品與服務。這是特殊含義的開放資料：握有這類個人資料的公司或政府機構，會把資料僅僅提供

給資料對應的個人，而且是以安全、保護隱私的方式提供，這些組織必須非常謹慎，確保個人資料不被任何他人看到。

許多人可能對於以數位形式釋出個人資料感到不安、猶疑，其實，若能以保護隱私、安全的方式保存個人資料，把這些資料釋還給個人是智能信息披露最具效益的層面之一。

在聯邦政府，個人資料的管理已經變成一個按下正確「按鈕」的課題。該趨勢始於美國退伍軍人事務部（U.S. Department of Veterans Affairs）啟動「藍色按鈕」（Blue Button）計畫，讓退伍軍人在電腦螢幕上點選一個藍色按鈕，即可下載個人的醫療歷史紀錄。退伍軍人事務部認為，藉由讓退伍軍人能追蹤自己的生命徵象、檢查結果、家族健康史，以及對他們和醫生有用的資料，可讓他們對自己的健康做出更好的掌控與照料。該機構在 2010 年 10 月於全美啟動「藍色按鈕」，期望至少有幾千名退伍軍人會認為開放資料是有益的。但迴響超乎預期，在 2012 年秋天之前，已有一百萬名退伍軍人使用過藍色按鈕。

私人企業也採用同樣的手法，且證實對廣大患者很有效益。在 2013 年撰寫此文時，已有不少公司包括聯合健康保險（UnitedHealth Group）、安泰，以及凱撒醫療機構提供給他們的會員使用。目前已有超過 8 千萬名美國人可透過「藍色按鈕」獲取自身的醫療紀錄。

聯邦科技長朴陶德倡導「我的資料」（MyData）行動，敦促更多計畫師法「藍色按鈕」。以整個發展情況來看，唯一

的限制顯然是各個政府機構能選擇的按鈕顏色種類有限。能源部和環保署共同推出「綠色按鈕」（Green Button），這是一套和產業界共同研議制定的規範，為消費者提供有關他們的能源使用情形的及時資料。取得這些資料後，消費者可以使用新網站和應用程式，以做出更節省成本、更環保的能源選擇。「綠色按鈕」自 2012 年 1 月正式從西部幾州啟動，迄今已有一千六百多萬個家戶使用，還有數千萬個家戶即將跟進。教育領域目前也在發展一個類似的計畫，打算讓學生和家長容易取得學校紀錄及學習資源。

在英國，政府的智能信息披露議程始於個人資料。在政府推動的「Midata 計畫」之下，已有多家能源公司同意讓顧客取得他們的能源使用情形電子資料，也為顧客提供更好的能源收費資訊。最近，特易購連鎖超市（Tesco）已經開始根據英國消費者本身的購物紀錄，為他們提供更好的協助：加入特易購忠誠方案的購物者可以掃描他們的購物收據，立即得知是否能在當地別家超市獲得更低價格；若得知相同產品在別家超市售價更低，顧客可以向特易購退貨。

一些最成功的商業選擇引擎會把個人資料和其他資訊結合起來，幫助消費者找出最適選擇。加州的新創事業 Credit Karma 為你提供你的信用評分，並根據你的信用狀況，提供個人化的信用卡選擇。這使得個人資料變成消費者的工具，也變成廠商的一項行銷工具。Credit Karma 在網站上宣稱：「傳統的信用行銷做法是，廠商在你（消費者）不知情之下購買

及販售你個人的資訊，然後拿著產品與服務來追求你。Credit Karma 不同，我們要把力量和選擇還給你。」截至目前為止，這家創立於 2007 年的公司表現得很不錯，在本書撰寫之際，它剛取得新一回合的 3 千萬美元創投資金。另一家創立於 2010 年的類似公司 Credit Sesame，則是使用政府的人口結構資料，幫助用戶評估信用評分。

選擇引擎事業

在現今消費者必須做出的購買決策如此繁雜之下，再加上有這麼多開放資料可茲利用，創業家有大量機會可建立既能幫助消費者、又能賺錢的選擇引擎。白宮專責智能信息披露小組辨識出選擇引擎的四大類事業模式：

- **個人付費取得服務**：消費者、企業用戶或其他個人顧客可以付錢取得選擇引擎提供的服務。
- **機構客戶付費取得服務**：大型機構如電力公司、代為管理員工福利的公司等，付費請選擇引擎為它們提供服務。
- **收費提供開發潛在顧客服務**：選擇引擎為企業（例如航空公司、旅館、信用卡公司等等）提供推薦服務，這些企業每獲得一個新顧客，就支付一筆佣金

給選擇引擎。

●**非營利事業**：基金會贊助選擇引擎做有益於大眾之事，例如教育或健康領域。

在專責智能信息披露小組的籌劃及協助下，白宮和國家檔案館於 2012 年 3 月共同主辦第一次智能信息披露高峰會，邀請一些選擇引擎公司出席並分享經驗，包括幫助消費者在保健、財金、能源、教育、電信、購車等領域做出更佳選擇的公司。伴隨智能信息披露概念的盛行，愈來愈多的創新事業、網站，以及應用程式應運而生，下文介紹其中幾個最活躍的領域。

保健

如第 2 章所述，在朴陶德擔任衛生與公眾服務部科技長時的大力催生下，消費者如今可以取得有關保健和健康保險的開放資料，民眾可以從幾個相關的政府網站直接取得這些資訊。在此同時，一些新創公司使用聯邦政府、州政府，以及其他政府的開放資料，幫助消費者做出更明智的保健選擇。

FAIRHealth 網站是一個使用智能信息披露來幫助控管保健成本的例子。這個非營利組織創立於 2009 年，資金來自紐約州檢察官辦公室，以及保險業針對保險公司的理賠舞弊爭議案達成和解時獲得的賠償金。FAIRHealth 蒐集來自民營醫療保險機構和其他涉及理賠事宜單位的醫療保險理賠資料（為保護隱私，

會移除可能顯露個人身分的病患資訊），凡提供資料的民營醫療保險機構，可獲得執照費折扣，以鼓勵它們開放所持有的資料。截至 2012 年，FAIRHealth 的資料庫裡已有來自全美各地的 130 億則理賠案例資料，全部以郵遞區號編碼，使該網站得以為消費者提供獨特工具，用以預測他們的醫療費用、挑選保險產品、與保險業者議價，以及決定要不要購買民營醫療保險機構的保單。在此同時，這個資料庫也成為試圖降低美國保健支出的研究人員和產業分析師的一個寶貴資源。

也有其他商業性質網站提供智能信息披露，以幫助人們尋找好品質的保健服務，並控管他們的保健成本。蛋糕健康網（CakeHealth）幫助你整理你的所有醫療帳單，讓你知道你支付了哪些費用，並且幫你找出最符合需求的健康保險。HealthGrades 和 ZocDoc 根據醫生科別專長、地點、醫生接受的保險方案種類，以及病患對此醫生的評價等，幫你快速找到及預約醫生。

大保險公司現在也提供類似服務，這或許是最重要的發展。例如，聯合健康保險為其兩千多萬名保戶提供「我的保健成本估算機」（myHealthcare Cost Estimator）。這個線上工具結合品質評估，以及醫療服務提供者或醫療照護機構的實際收費資料。這是讓病患和保險公司雙贏的一種做法。

雖然，截至目前的焦點多半集中於聯邦保健資料，州級的保健資料也愈來愈開放。舉例而言，科羅拉多州在 2012 年秋天開放其「所有醫療保險機構理賠資料庫」，以幫助消費者降

低保健支出。該計畫主管菲爾‧凱林（Phil Kalin）向全國公共廣播電台表示：「病患可以上網查看一項醫療項目將花多少錢，並比較各家醫院和醫生的收費……。我們檢視各種原始資料後發現，例如核磁共振造影（MRI）檢查費用有 450 美元的低價格，也有高達 3,500 美元的高價格，但品質並沒有明顯差異。其他州也有類似的資料庫（全國公共廣播電台統計在當時也有十多個）顯示，最低價格和最高價格差了一倍，但結果其實並無明顯差異。」

個人理財

美國財政部設立一個財務相關的聯邦資料線上中心。財政部附設部落格裡也介紹了一些使用此資料發展出來的應用，這其中除了 Mint.com 聚焦於個人理財和提供基本建議的典型理財網站之外，還有其他類別服務的應用。例如 GetRaised.com 使用勞工統計局的資料，幫助人們研判他們的薪資是否過低，並計算他們可以向雇主要求多少加薪。GetRaised 聲稱，使用該網站評估後、向雇主提出加薪要求的女性當中，有三分之二成功獲得加薪，平均加薪 6,700 美元。HelloWallet 使用勞工部和聯邦儲備銀行的統計資料，為人們提供他們和同儕的財務狀況比較，藉以激勵人們節省。BillGuard 使用消費者金融保護局（Consumer Financial Protection Bureau）新設的信用卡申訴資料庫，幫助消費者找出及更正信用卡和轉帳卡（金融卡）被額

外收費、錯誤收費或盜刷情事。

　　當消費者可以取得更多自己的資料時，應該會有更多的理財工具問世。消費者不僅能從取得政府握有的個人財務資料（例如國稅局保存的稅務表）獲益，他們往來的金融機構也握有個人財金資料，若能取得更多這些資料，也對他們有益。在 2010 年的金融改革中，美國國會賦予消費者可以要求取得他們個人財金資訊的權利，除了少數例外情形。新法明訂，金融機構必須以消費者可以使用的電子形式提供資訊，並讓消費者金融保護局有權制定資訊的標準。開放此資料不僅對消費者有益，也創造發展新消費者服務的商機。

不動產

　　有些網站使用開放資料和工具來幫助消費者找房子，評估住區的步行環境、教育、犯罪率等環境條件。它們的資訊來自聯邦政府資料、州政府及地方政府資料（例如產權登記），以及其他來源。

　　歐巴馬總統於 2013 年 8 月在 Zillow 安排的現場訪談中，回答全美各地民眾提出的住屋問題，一方面強調他的政府致力於讓人們買得起房子，另一方面則是強調他的開放資料議程的重要性。白宮部落格上張貼的一篇文章指出：「Zillow 部分得力於政府開放資料，包括來自勞工統計局、聯邦住宅金融局（Federal Housing Finance Agency），以及人口普查局（Census

Bureau）的免費開放資料。Zillow 使用這些資料集來提供種種服務，例如幫助一特定區域的購屋者了解，什麼時候買會比租這棟房子更符合財務利益。」這篇文章也肯定其他的不動產網站，包括 Realtor.com、Estately、Trulia、Redfin。

基本上，Zillow 是購屋者的選擇引擎，也是商業性利用開放資料的一個成功例子。在歐巴馬總統於 2013 年 5 月宣布開放資料政策後，Zillow 在其部落格裡強調開放資料的重要性：「我們使用開放的不動產資訊來建立 Zillow 這個事業。在過去，你只能花大量時間在積滿灰塵的產權登記局處或法院鑽研書面文件，現在，消費者可以很容易取得這些資料，而且免費。自 2006 年啟動此網站至今，我們很高興看到，自從我們幫助釋出這些資料後，全美熱烈討論，不動產市場已經改變了。我們認為，人們根據這些大量的資訊，做出了更明智的決策。」這對 Zillow 而言也是個好策略，好生意：該公司創立於 2005 年，2011 年公開上市時，營收 6 千 6 百多萬美元，2013 年時的公司市值約 23 億美元。

教育

對歐巴馬政府而言，為大眾提供負擔得起的教育，其重要性等同於讓人們買得起自宅。歐巴馬總統在 2013 年 1 月發表的國情咨文中，宣布設立一個新的智能信息披露網站，幫助全美對學費恐懼不安的家長們，他承諾：「明天，我的政府將會

推出一個新的『大學記分卡』（College Scorecard）網站，讓家長和學生能夠使用一項簡單標準來比較各所大學，這項標準是：哪一所大學讓你獲得最高的投資報酬率。」

「大學記分卡」網站提供的不是以往準備上大學的學生及其家長取得的那種資訊，這個新設的聯邦網站聚焦於實際成本。眾所周知，實際成本可能不同於學校在招生廣告中所說的學費，就如同你購買一部新車時實際支付的價格可能不同於標價。這個網站上的計算機讓準備上大學的學生輸入他們本身的資訊，查出去年像他們這樣的學生在扣除獎助學金之後，支付多少錢讀各所大學。

此網站的設立係根基於 2011 年開始實施的一項國會要求：所有大學必須提供一個「淨價計算機」，幫助學生了解實際需要支付多少錢。美國大學委員會（College Board）、普林斯頓評論（Princeton Review）、《美國新聞與世界報導》（*U.S. News & World Report*）的網站現在全都提供如何計算淨價的資訊，在大學學費不斷上漲，以及大眾持續要求提高成本透明度之下，這類網站可為學生和家長提供更實用的智能信息披露。（歐巴馬總統在 2013 年 8 月宣布計劃更進一步幫助學生和家長評估大學成本。他提議根據包含學費、畢業成績、學生貸款及畢業後所得在內的多個項目來評比學校，同時把這些評比資訊提供給準備申請大學的學生，並且根據每所學校的評比來決定聯邦補助經費。不過，這項計畫必須獲得國會通過，至今尚未有所進展。）

「GreatSchools」教育網站的成功，可證明消費者對教育性質選擇引擎的高度需求。這個非營利性質的網站係由一位和藹可親、熱心的教師比爾·傑克森（Bill Jackson）在十五年前創立的。畢業於耶魯大學機械工程系的傑克森在一九八〇年代於美國和中國擔任教師，一九九〇年代受網路熱潮吸引而前往矽谷發展，很快便認知到自己可以把對教育的熱忱和技術知識結合起來，創立一個幫助家長做出教育選擇的網站。

現在，家中有 K-12 學生的美國家庭，有超過四成使用「GreatSchools.org」網站。這個網站根據來自官方評量和民間機構意見的資料，提供「GreateSchools score」：根據政府資料對學校做出一到十分的評分；根據家長、學生，以及學校教職員的評價做出一至五顆星的評分。這個組織和美國教育部密切合作，美國教育部負責創新與改進事務的助理副部長詹姆斯·薛爾頓（James Shelton）表示，這種類型的組織目前只有GreatSchools。該網站約 1 千萬美元的營運預算中，大部分來自基金會和捐獻，另有約三成靠廣告、授權，以及其他收入。

能源

前文提到的「綠色按鈕」實驗相當成功，在聯邦政府的領導和產業界的參與下，「綠色按鈕」已經制定出電力公司可用來為顧客提供開放資料的標準。標準化促進創新，Wattzon、PlotWatt、FirstFuel 等新創公司使用「綠色按鈕」資料，為消

費者和企業提供個人化工具，幫助他們節省能源。

「綠色按鈕」以容易分析的形式提供你的能源資料，Opower Inc. 這家公司則是更進一步，把你的能源資料拿來和社區鄰居相較。這個創意的智能信息披露方法相當成功。這家創立於 2007 年的公司（創始之初使用的是另一個名稱）如今已經成長至擁有四百多名員工，總部設於維吉尼亞州阿靈頓市，目前在舊金山、倫敦、新加坡、日本設有辦事處。

我在 2013 年 3 月訪談該公司的策略與行銷副總歐吉‧卡瓦佐維克（Ogi Kavazovic），他說：「我們想解決的是還未能成為主流的節能問題，看看目前已有的種種節能方案，每年的消費者參與率只有 1% 左右。」Opower 從行為研究領域發現，「想推動節能，與其告訴人們節能可以省多少錢，還不如告訴他們其他同儕的表現如何，激勵作用更大。」卡瓦佐維克解釋。

卡瓦佐維克指出，那些無所不在的藍色資源回收筒，讓家戶感受到社會規範的力量。資源回收筒具有鼓勵人們做資源回收的作用，因為人人都能看到鄰居是否確實使用。Opower 使用相同原理，讓你可以看到鄰居的能源使用量，就像你可以看到他們的資源回收筒一樣，藉此激發你的節能意識。Opower 提供工具幫助分析你的能源使用情形，找出節能途徑。

Opower 和電力公司合作，這些電力公司每年支付 Opower 一筆授權費，其中許多電力公司在該州近乎是電力獨占事業，州政府管制委員會要求它們必須推出節能方案，以防止它們占消費者的便宜。不過，Opower 也和州政府並未做出此強制的

電力公司合作，這些電力公司把 Opower 提供的服務納入顧客
服務項目之一。

截至 2013 年 10 月，Opower 已經為美國家戶節省了超
過 30 億度（千瓦／小時）電力。美國環境保護基金
（Environmental Defense Fund）在 2011 年發布的一項研究報
告指出，使用 Opower 服務的家戶平均減少能源用量 1.8%，成
效明顯優於其他節能方案。若美國每個家戶都使用 Opower 服
務，消費者一年可節省 30 億美元。

寬頻服務

由美國聯邦通信委員會和美國國家電信暨資訊管理局
（National Telecommunications and Information Administra-
tion）共同發展出來的全國寬頻圖（National Broadband Map）
顯示美國每一個街坊社區各種寬頻服務的速度與性能，這是我
任職聯邦通信委員會期間發展出來的，屬於智能信息披露的一
種形式，旨在幫助消費者選擇他們所屬地區內最好的寬頻服務。
全國寬頻圖的繪製仰賴網際網路服務供應商提供資料，而由聯
邦通信委員會和其他合作者測試，這些供應商聲稱的寬頻速度
與性能是否屬實。

在我執掌聯邦通信委員會消費者與政府事務局局長時，消
費者與政府事務局和聯邦通信委員會的工程與技術處邀請產業
界代表及技術顧問共同測試全國各地的寬頻速度，並於 2011 年

發布〈評估美國寬頻〉（Measuring Broadband America）報告，放在網路上作為一份開放資料。多數供應商都對測試結果相當滿意，但有線電視系統商 Cablevision，其尖峰時段寬頻性能測試表現，比在廣告中聲稱的差。

接下來發生的情形，可茲證明智能信息披露改變市場的潛力。測試報告出來後，另一家網路服務供應商開始大肆宣傳它的服務優於 Cablevision，迫使 Cablevision 改善服務品質。之後，我們再次測試，結果顯示 Cablevision 的寬頻性能的確改善了。我們公布結果，Cablevision 立刻打廣告宣傳。在這過程中，蒙益的是 Cablevision 的用戶。〈評估美國寬頻〉如今已成為聯邦通信委員會的每年例行計畫。

另一項持續性測試計畫則是邀請消費者進行一個簡單測試：評量他們的網際網路服務，同時也幫助監督全球網際網路的性能。由網路測試平台（Measurement Lab，簡稱 M-Lab）主持的這些測試，自 2009 年起至今已執行超過兩億次。M-Lab 在其網站上自稱：「一群研究者、產業和公共利益夥伴結合起來，致力於為全球網路系統提供一個開放、可驗證的測試生態系統。」它在全球各地建置伺服器網絡，用以執行由學者設計的網路測試。當網際網路使用者在筆記型電腦或智慧型手機上進行測試時，M-Lab 便蒐集他們的測試資料。這些蒐集到的開放資料供所有人觀看及使用，M-Lab 的方法也屬於任何人可取用的開放資料。

M-Lab 創立於 2009 年，源起於網際網路推手暨 Google

的網際網路福音傳播長溫特·瑟夫（Vint Cerf）召集一群專家，共同討論該如何蒐集有關網路性能的科學資料。經過幾天的辯論，這群研究人員和政策決策者決定由普林斯頓大學的 PlanetLab 組織、新美國研究基金會（New America Foundation）、幾個學術與研究機構，以及 Google 共同創立 M-Lab 平台。

　　我在 2013 年秋詢問瑟夫 M-Lab 的進展如何，他告訴我：「非常令人滿意，已經累積了八百兆位元（terabytes）的資料，開放給任何想參與此計畫的人進行分析。我們有地理敏感性測試工具，可以分析世界各地區的網路性能型態，有些還能細部分析至特定城市的網路性能。我們的目的是要創造一個可以開放取得測試結果，以進行評估和分析的環境。」瑟夫表示：「M-Lab 資料能幫助人們了解網路的性能，讓技術社群能推斷可以採取什麼方法來改善網路性能。」這計畫與 Google 的使命相符：透過開放、高性能網際網路，匯整全球資訊，供大眾使用，使人人受惠。

　　M-Lab 資料可茲檢視企業和政府如何影響網際網路性能。這些資料可以顯示各家網際網路服務供應商的服務差異，幫助消費者研判哪一個供應商最符合他們的需求。在政治方面，一項使用 M-Lab 資料所做的研究發現，伊朗政府在真正敏感期間，降低網路速度、致使人們幾乎無法使用網際網路。一支法國的研究團隊使用 M-Lab 資料繪製出網路中立性（network neutrality）全球地圖，顯示在哪些國家網際網路一視同仁地服

務各種流量，哪些國家可能對特定內容供應商給予特殊優先權。（譯註：網路中立性係指每個人使用網路上的資訊、網頁、應用程式及各種網路連結時，皆不應受到電信業者或政府的歧視性待遇或限制。）總的來說，M-Lab 已成了保持我們最重要的全球通訊工具，有效且不偏不倚地運作的一個重要資源。

一站購足與狐獴行銷

雖然，目前已有許多以智能信息披露為基礎而創立的消費者資訊型企業，但其商業潛力尚未充分實現。人們在挑選信用卡、行動電話資費方案或各種保險時，他們並不會直接採用選擇引擎（至少，美國的情形是如此）。一個可能的原因是，儘管這麼做能幫他們節省很多錢，但人們並不會特別去思考這些事，或是不常改換這些產品與服務。其他種類的智能信息披露型服務則較容易銷售，例如，經常旅行的人可能每月一或多次上網訂班機及旅館；當出現新狀況或問題時，人們尋求新的醫療專業者；想買房子或計劃上大學者在做出決策之前，會一再上網查詢資訊。

為吸引消費者，可考慮設立一個提供多類別選擇的網站。BillShrink 網站就是一例。該網站一開始的服務是為行動電話資費方案提供選擇引擎，後來擴增至為選擇信用卡、電視服務、儲蓄計畫、便宜的加油站等等提供工具。BillShrink 大舉投資於

為其選擇引擎建置資料，從企業網站上蒐集資料，為消費者傳入的帳單做分析。不過，共同創辦人暨執行長施瓦克‧薩雅佛魯（Schwark Satyavolu）表示，儘管有好名聲且吸引消費者，BillShrink 未能繼續以獨立公司生存，其母公司易名為 TruAxis 後，在 2012 年 9 月賣給萬事達卡（MasterCard）。萬事達卡使用其資料和平台，為消費者顧客提供更好的消費體驗，也為商家客戶提升銷售效率和顧客忠誠度。

薩雅佛魯表示，BillShrink 網站的事業有兩個問題。其一，該公司要觸及處於購買決策時間點上的消費者，成本太高了。其二，BillShrink 的用戶當中，只有 10% 在其網站上獲得免費的對帳比價服務後，會進一步點選該網站推薦的更划算商家商品／服務做出實際購買，而這部分才是 BillShrink 的收入來源（抽成）。

不過，在英國，幾個全方位選擇引擎網站已經獲致大規模市場的成功，它們全都涵蓋相似範圍的服務：保險、天然氣與電力方案、行動電話、寬頻、信用卡、貸款。《衛報》（The Guardian）在 2010 年 1 月 15 日刊登的一篇報導中估計，約兩千四百萬名英國人每個月使用比價網站，占總人口近四成（比價並非智能信息披露帶來的唯一商機，但它是一個核心商機）。若以總人口數比例來推估商機潛力，這相當於在美國每個月有一億人使用線上選擇引擎。很難確切知道為何 MoneySupermarket.com、Confused.com、CoCompare.com 等英國網站會如此成功，不過，另一個較新的英國網站

「CompareTheMarket.com」的成功原因似乎是聰明行銷。

　　CompareTheMarket 的代言動物，是一隻名為「亞歷山大奧洛夫」（Aleksandr Orlov）的狐獴（meerkat，發音和 market 相近，明白了嗎？）。這隻英國狐獴的成功，恐怕令美國的蓋可壁虎（GEICO Gecko，譯註：GEICO 保險公司的代言動物，GEICO 全名為 Government Employees Insurance Company，是一家私人公司）嫉妒不已。2009 年在電視廣告中亮相後，這隻帶有俄羅斯口音的狐獴暴紅，衍生出各種相關商品如填充玩具、吸引成人的童書，以及其他的狐獴角色。《衛報》的報導指出：「奧洛夫玩具在哈洛德百貨公司（Harrods）售價高達 19.95 英鎊，龐大的需求促使阿法耶茲（Mohamed Al Fayed，當時的哈洛德百貨公司老闆）把全部存貨贈送給兒童慈善機構。」亞歷山大奧洛夫狐獴的口頭禪是「簡單！」，這或許可顯示消費者行為的一個簡單事實：多數人並不認為選購信用卡或保險是輕鬆有趣之事，能夠把這些事變得輕鬆有趣的企業將會具有競爭優勢。

　　不過，這些英國選擇引擎的故事其實並不簡單。2013 年 8 月號的英國《Which?》雜誌（等同於英國版的《消費者報告》）調查分析十個比價網站，發現消費者對它們並不滿意，最好的網站獲得不到 50% 的顧客滿意度。同樣令人困惑不安的是，該雜誌做了一個測試，發現同一個消費者拿相同的汽車保險，在其中幾個網站進行相同搜尋標準的比較，結果這些網站提供的推薦差異甚大，其中兩個網站只提供 10% 的汽車保險公司的報

價。

　　這些發現引發一個質疑：美國和英國的選擇引擎在玩操弄手法嗎？這並不令人意外，各家選擇引擎網站雖採行幾種不同的事業模式，但幾乎都會為企業客戶開發潛在顧客。亦即當消費者確實選擇它們推薦的商家時，商家便付費給它們，因此，它們很可能會把選擇引擎架構成推薦那些支付較高成交佣金或廣告費的商家。選擇引擎可能淪為其本身成功的受害者：愈多人使用，就可能有愈多的消費者開始懷疑它們的動機。

實現商業潛力

　　智能信息披露具有可觀商業潛力，可作為商業選擇引擎的基礎，也可作為服務供應商本身提供的一項工具，有興趣開拓此商業潛力者，可以從白宮網站上發布的專責智能信息披露小組研究報告開始鑽研。聯邦網站「Data.gov」也有一個智能信息披露社群（Consumer.data.gov），內有相關的資料集、應用程式和其他資源。

　　位於紐約的非營利事業組織 Ideas42 利用行為經濟學的知識，來做種種有關消費者決策的計畫，為世上最棘手的社會問題設計創新的解決方案，被描繪為「行為設計與顧問公司」。該公司參與白宮和國家檔案館於 2012 年 3 月共同舉辦的第一次智能信息披露高峰會，也從事智能信息披露領域的一些研究工作，其網址是 www.ideas42.org。

　　智能信息披露的理念產生許多洞察與機會，可供各種類別的商業加以使用。

為顧客提供他們本身的資料，以提高顧客忠誠度

　　愈來愈多證據顯示，讓人們能夠取得他們本身的資料（例如健康紀錄、能源使用情形、購物史），既能滿足消費者的需求，又可提高他們的忠誠度。和 Opower 合作，為消費者提供他們本身能源使用情形資料的電力公司當中，有 20% 至 30%

位於德州之類的競爭能源市場，這些地區的州政府並不要求電力公司提供節能方案，這些公司之所以仍然決定和 Opower 合作，係因為它們研判為顧客提供這些資料有益於事業。

「它們做過調查研究，發現節能的顧客的滿意度更高，」Opower 的策略與行銷副總卡瓦佐維克表示：「留住顧客的價值遠超過節能可能造成它們損失的三十幾元、四十幾元、五十幾元或一百元收入。這對顧客和電力公司而言是雙贏，顧客面對的是一家嘗試幫助他們減少能源浪費和降低電費的電力公司，他們自然以忠誠度回報。」

英國 ODI 董事會主席夏波在其公司也看到類似的例子，他以電信市場為例：「英國的電信市場有六大電信服務供應商，它們競爭得相當激烈。」夏波指出，這些公司長久以來擔心，把個人資料還給顧客很容易導致他們改換別家電信公司的服務，以尋求更優惠的資費方案。

「但是，它們已經注意到，電訊現在是一種管道，以往所謂的電話，如今已變成很多活動的一種管道，例如廣告、付款等等。它們看出顧客透過此管道進行大量活動，也認知到必須以全新方式看待顧客。它們有能力把顧客的資訊還給他們，並和消費者討論這些非常實用的資訊。」從這些資料可以看出顧客可能對什麼東西感興趣，這提供了交叉銷售的好機會。

在開放資料的世界，理想上，每一家消費者服務類型的公司應該讓顧客取得他們自己的交易史資料，例如手機通話紀錄或能源使用情形。私自保留顧客資料而不還給顧客，並無商業

利益可言；把顧客的資料釋還給他們，公司仍然可以分析這些資料以獲得行銷洞察。讓顧客取得他們本身的資料，公司可以促進與顧客的關係，提高顧客忠誠度，更何況，政府和消費者現在普遍認為，人們有權利取得他們本身的資料。

打造成功的選擇引擎

已有公司正在嘗試了解，如何以低成本打造既能吸引人們使用、又能賺錢的消費者選擇引擎，在愈來愈多人期待智能信息披露之下，選擇引擎的市場將持續成長。藉由聰明地運用開放資料，設計誘人的網站，以及巧妙的行銷方法，消費者選擇引擎將是有成功機會的事業領域。

商業選擇引擎應該使其事業模式更透明化，因為在愈來愈多選擇引擎問世之下，消費者將會懷疑它們是否別有所圖。選擇引擎若能清楚告知其營運模式，才能建立它們賴以維生的消費者信任感。

縱使在已經相當競爭的領域（例如旅遊建議），新的選擇引擎仍然可以藉由提供更好、更具吸引力的使用者體驗來成功競爭。Kayak 於 2005 年創立時，市場上已有智遊天下網（Expedia）、旅程網（Orbitz）、旅遊城（Travelocity）、意得網（Priceline）等強大競爭者，更糟的是，Google 和微軟也宣布即將開始提供旅遊資訊。Kayak 沒有獨特的資料可提供，它匯總來自其他旅遊網站的資料，而且，不同於這些旅遊網站

的是，它的收入來自廣告，不是為商家開發潛在顧客的抽成。
但 Kayak 設計了一個簡單、迷人風格的網站，有高度個人化的
篩選器，呈現明確資料，上述種種幫助該公司建立了忠誠顧客
群。Kayak 在 2012 年 7 月公開上市，幾個月後，意得網以 18
億美元將之收購。在公開上市後，Kayak 的共同創辦人保羅·
英格利許（Paul English）接受《財星》雜誌訪談時如此說明該
公司的策略：

> Kayak 做的事其實非常簡單，我們幫助人們找班機、
> 旅館和汽車，聚焦於做這些事，使我們打造出消費者很喜
> 愛的產品⋯⋯。我們認真投資於產品設計和發展，因為這
> 終究才是我們的資產⋯⋯，若你拿 Kayak 和其他公司相
> 較⋯⋯，你首先會注意到，我們四處監視搜尋有關顧客的
> 生活資料，例如顧客的最新反饋意見、來自推特的動態訊
> 息、我們的網站在每個國家每天獲得多少人次搜尋等等。
> 我們做的每件事都聚焦於顧客當下的動態。

造成消費者困惑是減分，促進消費者連結是加分

　　儘管沒有業者願意承認，但這是事實：許多消費者導向的
產業會使顧客困惑而選擇較昂貴、但不符他們實際需求的產品
或服務，或是讓顧客在不知情之下支付一些費用。在開放資料

的世界，這種藉由模糊與困惑顧客手段來牟利的手法已不再是可持久的事業模式，嫻熟網路的消費者已經習於使用進步的網站來幫助他們比較各種選擇。不論是購買機位或一條牛仔褲，許多消費者不再當冤大頭了。過不了多久，那些要求顧客詳細閱讀冗長服務條款，或是令人困惑不清的網頁的公司將顯得過時，甚至令顧客覺得可疑，似乎在隱藏什麼。

在開放資料世界，想要勝出的消費者導向企業必須清楚說明其產品與服務，並讓消費者容易找出最適選擇。前瞻思維的企業向來藉由提供對消費者友善的資訊而成功，舉例來說，連鎖超市巨人食品公司（Giant Food Inc.）在 1970 年聘請倡護消費者權益的伊瑟·彼得森（Esther Peterson）擔任消費者事務副總，協助該公司為其顧客發展單位價格與營養資訊，該公司的信條「你有權獲得充分資訊」變成其獨特的銷售主張和成長策略。今天，面對複雜繁多的產品與服務，消費者更有理由擁抱那些提供有用資訊的公司。

使用選擇引擎來幫助做出事業決策

企業並非只是服務供應商，它們本身也是服務的消費者。現在已有一些智能信息披露選擇引擎，幫助企業做出以最低價格滿足需求的選擇。下文介紹兩個專門服務企業客戶的智能信息披露選擇引擎（一個是保健領域，另一個是電信領域）。這兩個例子可茲說明，何以使用這類工具的企業將更可能脫穎而

出。

　　Castlight Health 是朴陶德在進入聯邦政府部門工作之前和布萊恩‧羅伯茲（Bryan Roberts）及喬凡尼‧柯雷拉（Giovanni Colella）共同於 2008 年創立的 B2B 資訊服務公司，迄今已為企業客戶降低約 10% 的保健成本。我在 2012 年中造訪該公司，並在 2013 年 8 月洽詢其行銷長彼得‧艾薩森（Peter Isaacson）有關該公司的最新發展。「Castlight Health 成長得非常快速，」艾薩森表示：「從 2012 年 1 月照顧約二十萬人，發展至今天的超過三百萬人。」

　　艾薩森總結這家公司的事業原理：「在保健成本不斷上漲之下，更多公司把增加的成本負擔轉移至員工身上，但是，醫療服務的價格差異甚大，而且，成本和品質之間並無必然關連性，這使得員工很難做出明智的保健決策。Castlight Health 提供成本與品質的透明化資訊，幫助公司降低保健支出，同時也改進保健服務品質。」該公司的做法，是為企業客戶的員工提供智能信息披露工具，它使用來自衛生與公眾服務部聯邦醫療保險與醫療補助服務中心的醫療照護品質及其他資料。該公司目前的客戶中有二十家名列《財星》五百大企業。

　　Castlight Health 協助企業客戶降低保健成本，Validas 則是幫助它們節省電話費。我在任職聯邦通信委員會時結識 Validas 的高階主管，這是一家幾乎完全聚焦於 B2B 電信解決方案的事業。Validas 在 2013 年 1 月提出一項免費的消費者服務「SaveLoveGive.com」，為消費者提供重要資訊，同時也能滿

足小型企業的需求。透過「SaveLoveGive.com」，消費者許可 Validas 取得他們的電話帳單資料，Validas 則對他們提供如何節省電話費的指引。該網站鼓勵消費者把錢省下來捐給慈善組織。這項服務推出半年後，已有超過十萬人加入，總計節省超過 500 萬美元的電話費，募得超過 11 萬美元的慈善捐款。

該網站總監狄倫‧布雷斯林-邦哈特（Dylan Breslin-Barnhart）在給我的電子郵件中寫道：「我們的 B2B 和 B2C 營運模式要點是：透過更加了解近乎即時的使用需求，來幫助選擇行動電話資費方案的決策流程，不論是有五個手機門號的家庭，有二十五個手機門號的企業，或是有五萬個手機門號的大公司。我們的企業客戶平均每個月每個門號節省 20 美元，也就是說，有二十五個手機門號的企業每年可節省約 6,000 美元，有一千個手機門號的中型企業一年可節省 24 萬美元。」本書撰寫之際，該公司正計畫透過「SaveLoveGive.com」，為有十至一百個手機門號的企業提供一個解決方案，規模更大的企業可以透過「Validas.com」網站取得服務。

第 4 章

管理資料洪水的新創公司

管理政府資料的需求為個人、創業家，以及既有
企業創造新商機。一些新創公司正在挑戰資料管
理領域的巨人，以更符合成本效益的方式提供資
料管理服務。

過去幾年，華府有一股新興運動，推動聯邦支出透明化。此運動的焦點是〈數位當責與透明法〉（簡稱 DATA Act）。這是一項重要的開放資料行動，將改進政府當責，以及改變我們追蹤國家財政支出的方式。此法案在參眾兩院獲得兩黨強力支持，贏得知名消費者權益運動人士拉爾夫‧納德（Ralph Nader）和反加稅先鋒葛洛佛‧諾奎斯特（Grover Norquist）支持，也獲得一個科技公司聯盟的強力支持，此聯盟就是為了推動通過此法案而成立的。

本書撰寫之際，這個由前國會幕僚哈德森‧赫利斯特（Hudson Hollister）發起的資料透明化聯盟（Data Transparency Coalition）共有十五家科技公司加入，他們支持〈數位當責與透明法〉，也支持更廣義的開放資料立法。民眾當然有很多政策理由支持〈數位當責與透明法〉（參見第 13 章更多說明），但為何科技公司會關切此法案？此乃基於開明的自利（enlightened self-interest）：擴大開放政府資料——開放政府支出資料、健康資料等等，將會帶動管理資料的需求。赫利斯特表示：

> 有些公司想打造遵從法規的「Turbo Tax」——讓受資助機構、包商、政府機關，或是州政府可自動執行與聯邦支出有關的所有報告的平台。當政府機關開始從受開放資料規範的公司蒐集資訊時，它們將會以可搜尋的電子資料取代以往的書面和純文字文件。通常，這意味的是，這些

公司可以使用軟體來呈送它們過去及現在以人工作業方式呈報的資訊，因此，一個新的開放資料軟體產業將應運而生，幫助它們做此事。

有些公司則是想建立平台，再發行這些資料並創造附加價值，靠廣告或訂閱賺取收入，Google 大概是這種事業模式的最佳例子。也有提供分析服務的公司，它們認知到公開、標準化的政府支出資料更有利於它們的分析工作。最後，還有提供各種基礎設備的公司，它們設計資料庫或雲端主機系統，可幫助前述系統以更低成本運作。

2013 年 5 月，赫利斯特及其聯盟在華盛頓特區舉行「資料公司展示日」（Data Demo Day），展示開放資料生態圈中的二十幾家公司，包括赫利斯特向我描述的所有類型：聚焦於遵從法規業務的公司，例如 WebFilings、當納利（RR Donnelley）；再發行資料的公司，例如 Govini、Spikes Cavell；從事資料分析工作的公司，例如 Informatica、環境系統研究公司（Esri，譯註：台灣代理稱為互動國際數位公司）、易安信（EMC）、IBM、甲骨文（Oracle）；提供基礎設備的公司，例如 Socrata。這些公司在展示說明會中指出，在可取得更多開放資料之下，它們能幫助政府偵查舞弊、監督包商和受資助機構、分析聯邦支出產生的成效及影響，以及分析政府的大數據，甚至可以預防未來再發生類似索林卓能源公司（Solyndra）之類的事件。（譯註：Solyndra 是位於加州的太

陽能生產設備製造公司，創立於 2005 年，被白宮視為新能源創新的模範，2009 年獲得美國能源部提供超過 5 億美元的聯邦貸款擔保，歐巴馬總統曾在 2010 年 5 月造訪該公司總部，但這家公司在 2011 年 9 月破產，此案引發美國國會及司法機關調查前述貸款。）

從「資料公司展示日」參展公司名單可以明顯看出幾點：管理政府資料是個潛力龐大的商機，開放資料將使這商機更加擴大；政府資料的管理需求種類繁多，能夠滿足這些需求的公司類型多，從家喻戶曉的大公司到只有科技界精英才有所耳聞的新創企業皆有。令人振奮的是，這些潛在商機快速成長，可供新創公司參考，例如我將在本章後文介紹的紐約新創公司開放資料深度搜尋服務網站「Enigma.io」。

何以開放資料有助於激發資料新創公司？

管理政府資料的大問題不乏大公司處理，若你不是很懂科技的人，你可能會想到那些在大機場購買大型醒目廣告牌的大公司，它們為企業的問題提供解決方案。包括思愛普（SAP，企業管理軟體、解決方案，以及服務領域的市場與技術領導廠商）、賽仕軟體（SAS，商業分析及商業軟體領導廠商）、環境系統研究公司（歷史悠久的地理系統資訊軟體公司），以及IBM 等等，這些公司為大企業和大型政府機構提供服務已有多

年。

　　不過，也有一些相當新的要角出現，例如由 PayPal 共同創辦人彼得・提爾（Peter Thiel）和幾位史丹福大學電腦學家於 2004 年共同創立的帕蘭特科技公司（Palantir Technologies）。有近十年歷史，不算是新創公司，但也不是歷史悠久的科技巨業，自創立以來，已經發展出多種具有影響力的產品與服務。該公司創立之初便獲得美國中情局（CIA）旗下 In-Q-Tel 創投公司 200 萬美元的投資，為美國情報系統和國防部打擊恐怖活動的計畫提供科技協助，和開放資料大相逕庭。但在此同時，帕蘭特也開發軟體分析有關政府支出的資料，偵查潛藏其中的舞弊。該公司的網站上也指出，它的另一項業務領域是透過資料分析來打擊人口販賣活動，出資贊助此計畫的是 Google 的慈善事業。

　　既然已有多家公司提供專家級的資料分析服務，何以開放資料領域還需要新創公司？原因是資料量巨大及種類繁多、資料管理的挑戰繁雜，以及資料集的範圍廣大，這些因素將為創新者開啟空間。誠如開放政府運動人士加拿大籍部落客大衛・伊夫斯（David Eaves）在其部落格文章中所言：

　　　　我真心期望（開放資料行動）將帶來大建樹，不過，我認為，開放資料真正的效益將是降低創造許多小勝利的成本，亦即創造無數的小效率。若思愛普和賽仕能解決五個大問題，為政府和企業節省數千萬美元，那麼，

Socrata、CRAN 資料平台（註：後文將詳加討論）和開放資料運動是要找出一千個較小的問題，可以創造兩萬美元至百萬美元的節省費用。……日積月累下來，這些較小的節省加總起來將非常可觀，但大概不會有單——筆巨大節省。我們將看到的是長尾型的節省，很多很多的小節省……，加總起來將是一筆很大的數目，但無人注意到。

　　在開放資料提供新機會的同時，聯邦政府也開始開放其發包流程，讓精實的創新科技公司更容易參與競爭，這是霍華・迪恩（Howard Dean）和歐巴馬競選總統時的科技策士克雷・強生（Clay Johnson）長期以來大力倡議、但姍姍來遲的一項變革。強生創立一家名稱具有挖苦含義的公司「The Department of Better Technology」（更好科技部門），主要業務是為政府機構提供技術服務，幫助簡化採購流程。其開放源碼軟體「Screendoor」可供市政府、州政府，以及聯邦政府使用。

　　強生首先對聯邦政府發包案的成本提出疑慮，繼而倡議政府發包流程應該更民主化。他指出，政府發包制度的障礙重重，對那些歷史悠久、懂得此制度、收費昂貴的廠商較有利。他舉出一個典型例子：一個聯邦網站花了 1 億 8 千 1 百萬美元建置，比一項繪出人腦的計畫費用高出 8,100 萬美元，而且，諷刺的是，這個網站是用來編錄政府發包案資料庫之用。

　　2013 年 10 月，出現了要求改革政府科技工程發包流程的更強烈議論，主要是起因於「Healthcare.gov」網站啟用後的災

難性失敗。這個花了近 5 億美元建置的網站，原本是要讓民眾在〈平價醫療法〉（Affordable Care Act，譯註：一般稱為美國全民健保）下很容易購買保險，但啟用後，絕大多數想參保的民眾卻無法註冊。雖然，網站中和使用者直接互動的部分是由衛生與公眾服務部（HHS）的團隊設計的，但運作整個系統的網站技術架構則是由政府長期合作的包商負責，他們顯然未做好工作。強生和其他人的評論指出，這個網站的失敗，例示必須改革聯邦政府的 IT 服務工程發包管理流程。

雖然，我們離改革政府發包作業流程還有很長的一段路要走，但一些新措施已經顯示，聯邦政府科技部門領導人了解此問題。白宮聘請強生擔任「總統創新夥伴計畫」（Presidential Innovation Fellows Program）成員一年，這個精英小組的任務是為開放政府研議新技術。強生及其他人合力打造出採購流程軟體「Screendoor」（原名 Procure.io），並發展出名為「RFP-EZ」的制度，讓小公司更容易競標規模較小的政府發包 IT 工程。在 RFP-EZ 制度下，競標價格比以往標準發包作業流程下的競標價格降低約 30%。白宮和小企業管理局（Small Business Administration）現在進一步發展此制度，將有助於為科技新創公司競標政府發包案開啟更寬廣的門徑。

政府使用的新資料技術也將為新創公司創造商機。美國證管會現在要求公司使用「可延伸商業報告語言」申報財務資料（參見下一章更詳細討論）。這引發了一些爭議，也對必須向證管會申報資料的公司構成挑戰，但也使得 WebFilings 這家公

司應運而生，幫助企業使用 XBRL 語言以遵從新規定。

現在，一些政府機構採用特別擅於處理複雜、多樣化資料集的新技術，這對於新創公司和新技術具有激勵作用。舉例而言，環保署、衛生與公眾服務部，以及政府印務局（Government Printing Office）已經開始使用名為「關聯數據」（Linked Data，又譯「鏈結資料」）的新資料管理技術。這種又名 Web 3.0 或語意網（Semantic Web）或資料網（Web of Data）的新技術，透過網路本身來管理資料之間的關係，讓每項資料有自己的網址。不同於傳統資料庫受限於既定的行與列，關聯數據結構形成連結網路，可以視需要而擴大。

關聯數據特別擅長分析來源不同、內含不同種類資訊的資料。英國政府開放資料中心「Data.gov.uk」就是使用關聯數據結構所建立的，從維基百科（Wikipedia）分支出來的資料庫百科（Dbpedia）也是使用關聯數據結構來管理龐大數量的資料。

聯邦政府之外

除了聯邦政府，開放資料也使資料管理公司獲得和地方政府合作的商機。開放資料有助於市政府的民主化：透過全民參與預算規劃運動，地方政府為居民提供財政資料，讓他們決定如何花用當地的部分預算。但是，許多市政府未能使其開放資料變得讓民眾易於使用，「它們使用老舊的軟體，它們的資料

並未以統一或易於讀取的方式儲存，」我造訪總部位於加州山景市的軟體公司 OpenGov 時，該公司的共同創辦人內特‧雷文（Nate Levine）說：「你要是檢視五個城市，就會發現它們的資料讀取、分析和分享機制非常不同。」

原名「Delphi Solutions」的 OpenGov 創立於 2012 年，動機是要解決這類問題。順便一提的是，該公司的共同創辦人喬伊‧隆斯戴爾（Joe Lonsdale）也是帕蘭特科技公司的共同創辦人。OpenGov 已經開發出一套易於使用的網路應用程式，可將預算表轉化成容易理解的圖表。該公司的共同創辦人暨執行長札卻里‧布克曼（Zachary Bookman）解釋：「在市議會的會議裡，你可以把這些圖表投射在大螢幕上。舉例而言，市政府官員可用這類圖表來展示說明多年來的市民緊急服務或警務預算趨勢。」帕羅奧圖市（Palo Alto）是 OpenGov 的第一個顧客。目前該公司有五十多個政府機構客戶，其中包括伊利諾州春田市（Springfield）、康乃狄克州紐海芬市（New Haven），以及加州許多城市在內的二十多個市政府。

由於每個城市的會計作業方式不同，OpenGov 仍然得用人工方式處理一些資料的格式化，但該公司目前正在發展可處理大規模應用的自動化技術。布克曼表示：「這將會促成變革性發展，市民可以取得財政資料，知道他們的政府在做什麼及如何運作；政府官員可以實際看到及使用他們的資料，提升工作效率；你也可以分析比較不同城市的預算支出，為政府的預算使用建立最佳實務。」

　　還有其他公司也耕耘州政府和地方政府的資料，例如全球知名的開放源碼資料入口平台 CKAN 為各級政府、企業，以及非營利事業組織提供免費軟體；總部位於西雅圖的 Socrata 已成為各級政府提供開放資料服務和解決方案的重要供應商。

　　Socrata 執行長暨總裁凱文・梅里特（Kevin Merritt）在給我的電子郵件中寫道：「Socrata 是有史以來第一家、也是唯一一家只從事幫助龐大而未被利用的政府資料開放及『消費者化』的公司。」該公司的目標是幫助市、郡、州，以及國家層級政府改進透明化、評量績效、使用資料來做決策，以及開放它們的資料，並增進這些開放資料的實用性。」

　　「Socrata 完全只聚焦於幫助政府開放資料，」梅里特寫道：「現在有八十多個政府仰賴 Socrata 開放資料入口網和績效管理解決方案……。它們開放愈多的政府資料集，就吸引愈多感興趣的民眾、軟體開發商，以及創業者來使用它們的資料……，這些顧客是開放資料運動的先驅。政府開放資料的最大的消費者是內部利害關係人。Socrata 的顧客已經發現，原本主要目的在於使外部利害關係人容易找到及使用資料的 Socrata 開放資料入口網，事實上也使得政府內部各部門之間的資料交流分享變得更容易，甚至也讓不公開的內部資料交流分享變得更容易。」這是個成功的事業策略，梅里特告訴我，Socrata 在一年內業務規模成長為超過三倍。

為開放資料解謎——Enigma.io

在開放資料領域，最富雄心的創業是幾家試圖成為政府開放資料大型中介者的新創公司，DataMarket 和 Import.io 等公司發展此方法已有一段時間。不過，在這個領域，最熱門的新創公司應該是 Enigma.io，它可能成為開放資料領域最受矚目的企業之一。

Enigma.io 的創立源起於兩位從事不同種類資料工作的朋友發現他們遭遇相同的問題。希謙·奧格西里（Hicham Oudghiri）是紐約的外匯交易員，馬可·達柯斯塔（Marc DaCosta）是在阿姆斯特丹研究氣候問題的學術人員，兩人的工作都需要運用照理說應該容易取得及使用的公開資料，但兩人都碰到困難。

他們辭去工作，開始共同研究如何解決所遭遇的資料問題，不久又加入第三名同事——後來成為這家新創公司執行長的傑洛米·布朗夫曼（Jeremy Bronfman）。布朗夫曼在資本市場工作多年，並創立一家能源探勘公司，他們想借助他的專長，建立事業。他們決定把這家公司取名為「Enigma.io」。一方面是向二次大戰期間發明破解密碼機器的電腦先驅艾倫·圖靈（Alan Turing）致敬，另一方面則是因為他們覺得太多公開資料如同謎一般令人難解，Enigma.io 要揭開其面紗。「我們的想法是要為公開資料建立像網際網路那樣的東西，使它們變得容易讀取和理解。」布朗夫曼表示。

2013 年 5 月，Enigma.io 在「TechCrunch Disrupt 紐約大賽」中擊敗三十多個其他競爭者，贏得「最熱門新創公司」冠軍，除了獲得 5 萬美元獎金，也使該公司聲名大漲。此競賽結果揭曉約三週後，我在曼哈頓和布朗夫曼碰面時，不少公司打電話給他，表示想與 Enigma.io 合作，還有幾個政府機構認為這家新創公司能幫助它們改進資料開放服務。

布朗夫曼告訴我，這家公司的事業策略，是把很有價值的開放資料變得更實用，首先從對企業或經濟活動重要的資料著手。這其中存在兩項挑戰，第一項挑戰是幫助他們的客戶解決資料可親度——這是許多人遭遇的問題：你知道你在尋找什麼資料，但你無法以便於使用的形式取得。第二項挑戰是所謂的「資料挖掘」（data discovery）——使你在搜尋一個感興趣的主題時，能夠發現你原本不知道你會需要的資料。

布朗夫曼解釋：「舉例來說，你是一位負責追蹤麥當勞的分析師。每當有一家麥當勞店新開張時，它必須向聯邦通信委員會申請設立得來速窗口對講機系統的執照。因此，藉由檢視聯邦通信委員會的發照資料，你就可以追蹤麥當勞開設新店的情況，但你可能不知道這一點。」

「我們全都慣於使用 Google 搜尋，所以，你使用的方法是：『我想知道有關麥當勞的所有資訊』，而不是：『我想查詢聯邦通信委員會的發照資料』。」布朗夫曼說。Enigma.io 的工作就是把你連結至你需要的資料，幫助你發現聯邦通信委員會有關速食事業的資料。他說：「我們想使人們只需搜尋他們有

興趣的主題，就可以和開放資料互動，不需要去查出資訊在何處。」

為建立 Enigma.io 事業，這支位於紐約、只有十幾人的團隊必須設法把種種格式的資料（包括儲存在 CD 中郵寄給他們的資料，也有從公司網站上蒐集而來的資料），全部轉化成一種易於使用的格式。他們必須讓人們能夠以很快的速度搜尋整個資料集，當 Enigma.io 取得的資料愈來愈多時，就愈加難以維持搜尋速度；截至 2013 年中，該公司已有十萬個資料集和超過兩百億筆資料點。但另一方面，歷經時日，納入新資料集的工作變得愈來愈容易，因為不論是什麼資料集，要解決的資料問題也就是那些種類了。

現在，Enigma.io 對其資料的收費持續降低。對避險基金客戶的收費較高；對學術界、非營利事業組織，或是政府機構的收費則較低。該公司希望最終能免費提供其更多資料和搜尋能力（若他們現在就這麼做，流量將導致他們的系統當機）。在此模式下，該公司靠提供資料而獲得的收入將會減少，必須更仰仗分析或其他進階服務來賺錢。

你可以把他們的使命定義為把公開資料（或是歐洲人所謂的「公共部門資訊」）轉化成開放資料。理論上，公開資料應該是人人皆可取得的資料，但實務上，尋找及使用公開資料可能有難度或費時花錢。這包括政府的資料集和來自企業的一些資料——例如耐吉公司公開其供應商名單，若欲變成開放資料，必須放入一個容易搜尋和讀取的系統裡，這是 Enigma.io 目前

在做的事；還得變成可以免費或低成本取得，這是 Enigma.io 希望最終能做到的境界。

Enigma.io 許多資料集的價值顯而易見，但有些資料集的價值含義則較隱晦，例如，我很好奇為何該公司提供飛機註冊資料。布朗夫曼解釋：「這是希謙和馬可的靈感，他們讀到某人在一篇文章中指出，在共和黨宣布莎拉·裴琳（Sarah Palin）為 2008 年副總統提名人幾天前，他就已經使用這資料集（飛機註冊資料）研判出來了。他拿著一張飛機註冊名單，去每一個共和黨最大捐款人的網站，看看這些捐款人與哪些公司有關，再檢視它們擁有的飛機，結果發現許多從未飛越超過芝加哥以北地區的飛機突然飛至瓦西拉（Wasilla，譯註：阿拉斯加州南部小城，裴琳的成長地）。」

「還有一個資料庫，我們目前只有幾州的資料，但這資料庫的使用量很大，那就是營業稅收據資料，」布朗夫曼說：「在每一個課徵營業稅的州，零售商每成交一筆生意就有一筆申報紀錄。每州的營業稅申報資料詳細程度不一，更新時間也不一，但我們可以告訴你德州每個地區每家餐廳或旅館的三月份營業稅。這些資料是總體經濟和個體經濟狀況的強力指標。」

儘管仍處於相當早期階段（譯註：Enigma.io 創立於 2012 年），該公司已經發展出相當堅實的資料資源和工具。布朗夫曼說明，你可以使用其服務來做以下這些事：

● 在安全的防火牆背後，把你自己的專有資料（例如

顧客名單）拿來和 Enigma.io 的公開資料結合起來。

● 在新資料中建立興趣事件通報機制。

● 使用 Enigma.io 的地理編碼資料，進行地區性質搜尋。

● 檢視某公司（例如波音公司）和哪些政府機構有生意契約，分析當政府支出減少時，可能對此公司造成什麼影響。

● 在文章或報導中連結至 Enigma.io。例如《華爾街日報》的報導中提到某家公司時，你可以點選該公司名稱，連結至 Enigma.io，以閱讀這家公司的遊說工作、競選捐獻或其他活動。

布朗夫曼說：「就如同有一個網際網路，我們認為最終將有一個公開資料的核心生態系統，我們希望這個核心會是我們。在這資料之上可以建立許多偉大的事業，若能提供正確的生態系統和工具，可以促成很棒的創新。」

實現商業潛力

　　管理政府資料的需求為個人、創業者,以及既有企業創造了新商機,一些新創公司正在挑戰資料管理領域的巨人,以更符合成本效益的方式提供資料管理服務。聯邦機構有一百多個,潛在商機甚大,再加上州政府和地方政府,商機潛力就更大了。

　　聯邦開放資料政策將下令聯邦機構釋出它們的資料,這將為資料管理公司及軟體開發商創造一個開放資料的新市場。對提供 IT 及資料管理服務的包商而言,新的聯邦採購制度「RFP-EZ」為其開啟承包聯邦機構工程的門徑。雖然,「RFP-EZ」只涵蓋金額在 15 萬美元以下的承包案,但至少應該能使競標比以往更加容易,成功得標的可能性也提高。

　　在政府方面,州政府和地方政府可以學習一些有成效的開放資料方案,例如全球知名的開放源碼資料入口平台 CKAN(ckan.org),以及 Socrata(www.socrata.com)。地方市政府可求助於珍妮佛·帕卡(Jennifer Pahlka)在 2009 年創設的「為美國編程」(Code for America)組織,這個常被稱為「技客和平部隊」(Peace Corps of Geeks)的非營利事業組織招募有才華的年輕程式設計師工作一年,幫助全美各地市政府透過科技來解決問題,詳細資訊請參見網站:www.codeforamerica.org。

　　針對考慮使用關聯數據解決方案的政府機構和其他組織,設於華盛頓特區的 3 Round Stones, Inc. 已經發展出一個關聯

數據軟體平台，該公司是使用關聯數據技術為政府及商業客戶提供服務的先驅之一，其網站（www.3roundstones.com）提供連結至其他資源，包括該公司技術長大衛・伍德（David Wood）撰寫的關聯數據主題書籍。全球資訊網協會（網址：www.w3.org）對使用關聯數據技術的語意網訂有標準及最佳實務。此外，任色列理工學院（Rensselaer Polytechnic Institute）的一支網路研究團隊「無束縛宇宙星」（Tetherless World Constellation）已把將近兩千個政府資料集變成關聯數據格式，你可以在「logd.tw.rpi.edu」網站找到它們。

最後，在最廣的層面，政府開放資料是全國性資料熱潮的一部分，資料熱潮帶動對新專家的需求。麥肯錫的一份研究報告估計，在現有數量的資料專家之外，美國還需要至少十五萬名資料領域科學人員。我們也需要軟體開發者、電腦繪圖師，以及其他知識與技巧的專家來幫助開放資料的處理、視覺化及使用，訓練及發展這類人才的機構未來將很熱門。

第 5 章

資料導向投資
——分析企業的新工具

小型企業面臨的一大挑戰是募集資本。因為規模小，投資人不想花時間和心力去評估它們的事業潛力，結果往往是，投資人錯失一些好投資機會，而有前景的小企業則是無法獲得需要的資本。現在有一些公司使用開放資料來填補此一資訊鴻溝，幫助小型企業主。

美國證管會蒐集了大約一萬家上市公司和數千個受規範機構的資料，這些資訊對投資人、企業和財金專業人員很重要，過去二十年，它們已經從難以取得的專家資料變成最重要的政府開放資料之一。

美國證管會資料的開放演進史，是開放資料運動中最經典的故事之一。這故事始於最早、且最有成效的政府資料開放運動人士之一卡爾‧馬拉穆德（Carl Malamud），他採取羞辱美國證管會的行動，促使該機構釋出資料，成為如今重要的公開財務資訊。這故事起始於 1993 年，當時，美國證管會有個名為 EDGAR 的資料庫（電子資料蒐集分析檢索系統），裡頭的資料來自公司向證管會申報的文件。任何人都可取得這寶貴資料，但每份文件得支付 15 美元，連結到該資料庫的每小時費用是 39 美元，列印一頁的價格大約是 1 美元。馬拉穆德和一些國會議員覺得太離譜，於是決定採取行動。

美國國家科學基金會、紐約大學，以及一些人捐錢贊助，再加上他自己出資一部分，馬拉穆德購買三百多萬份 EDGAR 的文件，放到網路上供免費取用兩年。在建立此公開資料的價值後，接下來，他要求證管會開放 EDGAR，並且關閉他的服務。在歷經短暫的試圖抗拒後，證管會同意，並且租用馬拉穆德的資料庫等設備來開放 EDGAR 的資料。

今天，美國證管會已經做出顯著改變，不僅不保護它的資料，還提供愈來愈多有關美國企業的開放資料。自 2012 年年中起，美國證管會要求在美國證交所掛牌、且符合特定會計

標準的八千多家公司必須使用「可延伸商業報告語言」（簡稱XBRL）提供它們的年報（10K）和季報（10Q）的某些部分。XBRL 電腦語言使用一種電子標籤，將大量標準化、可比較的公司財報績效數字與文字資訊關聯化，每家公司使用一萬一千個標籤來敘述其事業經營績效資訊，若有需要，還可以增加標籤。所有使用 XBRL 格式申報的資料，都是可供大眾使用的開放資料。

改用 XBRL 格式是一項涉及技術、政策，以及其他層面困難的重大轉變，但證管會負責推動此計畫的部門官員大衛·布拉茲柯夫斯基（David Blaszkowsky）解釋這麼做的效益：「所有使用此重要公開財務資訊的使用者，下至最小的公共利益監督團體或個別投資人，全都可以免費快速取得這些詳盡資料，而且是立即能夠在他們選用的試算表或分析工具中使用的格式。」

XBRL 是開放資料的一個好範例，但證管會實施此規範時，並非沒有遭遇阻力。公司的會計師抱怨此制度太複雜、太瑣細，且很難用，但辯護者認為，假以時日，公司就會習慣。哥倫比亞大學商學院在 2012 年 12 月發表的一份研究報告指出此制度的缺失，但同時也對批評者提出指正和建議。撰寫此報告的學者對於 XBRL 能否達到證管會所期望的成功境界，抱持保留的態度，不過，他們也建議：「申報者花這麼多的心力試圖摧毀證管會的 XBRL 規範，他們應該投注等量心力來改善本身的資料品質，使他們的資料更易於讀取和使用。」

冀望 XBRL 格式能使證管會的資料變得更快速且更容易讀取和分析，這可不是沒有道理的，包括澳洲、中國、法國、德國、印度、日本、荷蘭、英國在內等二十多個國家，如今都已採用 XBRL 格式的財報。在美國，銀行每季必須向美國聯邦存款保險公司（簡稱 FDIC）呈報「概況與收入整合報告」（Call Report），自從聯邦存款保險公司要求此報告自 2005 年起必須採用 XBRL 格式後，銀行明顯變得更準時申報，且報告也更準確，更易於製作。美國證管會最近在新推出的詐欺即時偵測系統中也使用 XBRL 格式。此外，也有愈來愈多的投資分析師和商業資料與分析公司使用 XBRL 格式資料。

美國證管會的諮詢委員會支持使用 XBRL 格式，並且要求讓大眾更快速取得更多實用形式的資料。這是在〈多德-法蘭克華爾街改革與消費者保護法〉（Dodd-Frank Act）要求下成立的二十一人的投資人諮詢委員會，為美國證管會提供來自投資界的意見。證管會在 2012 年中宣布，這個新成立的諮詢委員會委員包括幾家投資公司的高階主管、機構投資人委員會（Council of Institutional Investors）的執行董事、美國全國總工會（AFL-CIO）退休基金代表、加州教師退休基金（California Teachers' Retirement System）代表，以及加州公務員退休基金（California Public Employees' Retirement System）代表。

這個投資人諮詢委員會在 2013 年 7 月提出一份報告，要求證管會提供更多機器可讀取、易於使用的資料，報告開頭指出：「大量資料定期呈報給證管會，由於這些資訊目前大多無

法以機器讀取，因此難以取出、分析及比較……，現代科技能夠讓證管會蒐集與儲存的資料發揮更大價值。」這份報告支持使用 XBRL 及其他類似的格式，認為這將使投資人和管制當局更容易取用資訊、監督市場，並促進投資人參與治理流程。

用電腦運算來提供投資建議

包括共同基金和個別公司的資料在內，證管會的種種資料使得新型的數位投資顧問公司應運而生。這些網站使用開放資料，運用新的電腦運算能力，為一般投資人、理財專家等廣泛客戶提供精進的投資者工具。

SigFig 幫助個人投資者追蹤其投資資產組合，提供如何降低費用和提高投資報酬的建議。最近剛募得 1,500 萬美元新資金的 SigFig，是向證管會註冊的「註冊投資顧問」（registered investment advisor），但它的服務不同於一般的投資顧問服務業。它的服務是用電腦運算來處理資料，提供公正不偏的科學性投資資產組合建議。該網站的電腦系統分析結果可能建議你應該考慮別的投資基金，並且讓你比較跟你處於相同人生階段的其他人的投資組合分配。該公司不收理財諮詢費，它的收入來自轉載其投資分析報告的幾個網站，以及當其用戶實際選擇了它推薦的投資經紀商時的抽佣。

SigFig 本身的統計數字顯示，它目前用戶的投資資產總

額超過 500 億美元，用戶年齡層介於三十幾歲至五十幾歲，比傳統投資顧問公司的客戶年輕。其他新創公司如 Personal Capital、Motif Investing，也都是針對類似客群，提供更易於使用的投資理財服務。

Capital Cube 是另一種類型，瞄準的是更進階的投資者，但同時也保持高度實用性。這個必須註冊的網站使用證管會及其他來源的資料，分析全球四萬多家公開上市公司，其創辦人約翰・巴洛（John Ballow）表示，幾乎每一家上市公司都在該網站的追蹤分析之列。不同於傳統的投資者工具，Capital Cube 天天更新所有這些公司的資料，把數字資料自動轉化為敘事體說明，並提供分析工具和資料視覺化，幫助用戶評估風險和潛在報酬。該公司最近被分析洞見公司（Analytix Insight, Inc.）收購，巴洛目前是馬歇爾管理顧問公司（Marshall Place Associates）執行合夥人，不再涉及 Capital Cube 的營運。

我和巴洛持續聯絡了約一年，追蹤該公司的發展。Capital Cube 被收購前後，巴洛在電子郵件中非常有信心，認為該公司能提供獨特價值，「沒有一家公司能如此即時追蹤這麼多上市公司，無人能匹敵我們的股利和獲利品質分析。」他寫道。

Capital Cube 並未使用先進的 XBRL 格式，但該公司使用歷史悠久的第三方資料供應商提供資料，例如輝盛研究系統公司（FactSet Research Systems）、湯森路透集團（Thomson Reuters），以及標普資本智商公司（S&P Capital IQ）。巴洛表示：「我們上次檢視 XBRL 系統時，資料庫裡有太多缺口、

不一致的定義（亦即延伸）、涵蓋的資訊很有限。若XBRL的目標是讓一般投資人易於使用財務資料的話，我想，它還有很長的一段路要走。」他舉一個例子，XBRL系統裡對於「營收」沒有一致的定義，我也聽過其他人抱怨這點。巴洛表示，與其提供成千上萬的會計項目，不如致力於把資料做到高度標準化、一致、高品質，遠遠更有用。

第一家使用XBRL格式的知名投資網站是Calcbench，專門服務企業財務、會計稽核、投資研究，以及學術界專業人員，提供約九千家上市公司的深入詳盡資料。該網站如此說明：「Calcbench是最早充分利用政府新制定的XBRL資料格式標準的公司之一，這使我們得以空前地直接使用證管會的企業財務資料庫，提供更詳細、更快速、更有價值的資料。」該公司兩位創辦人承認，XBRL不容易使用，他們在網站上表示：「這格式可以創造非常有價值的資料，但極其複雜且難以解析。」他們的商機就是使這大量資料變得讓財金界易於使用。Calcbench也幫助改進證管會資料的品質：「使用先進的電腦運算技術來辨識及修正錯誤（截至目前為止已經做出近五十萬個修正），提高各家公司資料的可比較性。」

這些網站全都是使用硬資料（儘管其中部分資料可能有瑕疵）來分析公司，但還有另一種不同的技術被用來幫助投資人評估市場，此技術仰賴新興的情緒意見分析學（參見第8章更詳盡討論）。情緒意見分析使用文本分析法，從巨量的線上評論、推特動態訊息、部落格文章中萃取含義，洞察對人們、產

品／服務，以及公司的正、負面或中立「情緒」，一些分析師現在也使用此技術來預測金融市場走向。

我在 2013 年 5 月於紐約舉行的一場情緒意見分析研討會上得知他們的做法。此研討會的主講人之一是 KredStreet（後來已改名為 PsychSignal）的共同創辦人，該公司分析市場分析師的預測，得出對整體股市和個別股的綜合評價。另一位主講人是彭博公司的代表，他敘述他的團隊發展出一套能夠在交易日針對公司新聞即時做出影響性分析報告的系統，由於新聞可能在幾秒鐘內影響公司的股市行情，因此，他們的分析必須快速、自動化。

目前還無人確知，情緒意見分析法在洞察及掌握個別股價或整體股市趨勢方面的成效如何，這只是一種分析方法，若只使用此分析方法，可能導致很多糟糕的投資決策。不過，不論是投資股票、考慮一項更大的投資，或是和一家知名公司合作，的確可以把大眾情緒（大眾意向）視為商業問題及趨勢的一個指標。

你投資誰？

投資人在尋找感興趣的公司更深入的資訊時，多半會問一些基本問題：如何識別這家公司？它的老闆是誰？它擁有什麼？這些問題問起來簡單，卻不容易找到答案。對於那些不需要使

用財金或企業資料的人而言，獨特識別（亦即辨識一家公司或其他法人的一貫方式）的問題似乎是技術性、偏門的東西，但對那些需要使用到這些資料的人而言則是很重要的問題。這個問題令尋找公司資訊的人相當苦惱，也是許多組織目前試圖解決的一個問題。

現在，辨識公司的困難程度，就如同在沒有身份證號碼之下辨識個人。舉例而言，我在不同文件上出現的姓名有「Joel Lawreance Gurin」、「Joel L. Gurin」、「Joel Gurin」、「J. Gurin」；我也收過收件人為「Joel Gurion」、「Joel Guerin」、「Joel Gruin」等等的郵件。這不要緊，因為在必要時，我可以使用我的身份證號碼和信用卡卡號來驗明自己的身分。

公司就沒有這麼簡單的識別選擇。跟人一樣，外界對一家公司往往有多種使用名稱。人為錯誤以及企業界普遍存在令人困惑不清的股權結構，這些更加導致公司識別的困難。坊間有一些標準企業識別系統，最著名的是鄧白氏公司（Dun & Bradstreet）建立的鄧白氏環球編碼（DUNS Number），但這是昂貴的專有系統，只有付費者才能查看。

倫敦 ODI 育成中心孵育的新創企業 OpenCorporates 建立了一個全球企業資料庫，給予每個企業一個代替的識別，「這是最核心的資料集之一，」該公司執行長克里斯·塔格說。不同於鄧白氏環球編碼系統，OpenCorporates 的資料庫是開放資料。

　　還有其他幾個組織也嘗試建立一個新的、開放的企業識別系統，最受矚目的是金融穩定委員會（Financial Stability Board）和二十大工業國（G20）合作推動建立一個「法人機構識別碼」（Legal Entity Identifier）系統，主要聚焦於金融公司，唯目前外界相當懷疑此行動的成功可能性。不論如何，在未來幾年，我們很可能會有一個獨特的企業識別碼系統問世，為投資人提供有系統、實用且可靠的企業資料。

開放資料促進投資

　　小型企業面臨的一大挑戰是募集資本。因為它們規模小，投資人不想花時間和心力去評估它們的事業潛力，結果往往是，投資人錯失一些好投資機會，而有前景的小企業則是無法獲得需要的資本。現在有一些公司使用開放資料來填補這資訊鴻溝，幫助小型企業業主。

　　總部位於紐約的小型企業線上融資平台 On Deck Capital（譯註：已改名為 OnDeck），自 2007 年至今總計已為小型企業提供約 6 億美元的貸款。OnDeck 在其網站上解釋，傳統銀行的成本收益結構，使之無法花時間去評估小型企業貸款的申請者；為幫助小型企業，OnDeck 把貸款申請流程自動化。OnDeck 使用軟體來分析一家小型公司的營運績效資料（例如現金流量），再結合來自其他源頭的開放資料，包括此公司的

法律記錄、在商家評論網 Yelp 上的評價，以及此公司在其所屬產業及區域的公開資料等等。使用此系統，OnDeck 能夠在一天之內就核准最高達 25 萬美元的貸款。

在英國，新創公司 Duedil〔為「due diligence」（盡職調查）的縮寫，但發音如同「doodle」〕正在建立一個龐大的中小型企業資料庫和網站，為投資人提供英國及愛爾蘭中小型企業的深入分析，旨在幫助這些企業吸引投資人的興趣，也讓投資人更有信心投資於中小型企業。

2013 年 4 月，我前往 Duedil 拜訪。那時 Duedil 剛取得新一回合的資金挹注，打算擴大資料挖掘與探勘規模。

該公司執行長戴米安‧基梅爾曼（Damian Kimmelman）解釋他為何在 2011 年創立此公司：「我們的目的是要提高未上市公司的透明度，因為它們占整個經濟很高的比重，但有關它們的資料卻被封閉起來，封閉於企業內部，封閉於資料供應商手上，封閉於政府機構內，封閉於網路裡。我們認為，把這些封閉塔連結起來，可以為中小型企業創造很大的價值。」這個事業的背後理由既簡單且具有說服力：資料可以讓潛在事業夥伴和投資人對這些中小型企業產生足夠信心，幫助它們成長。「透明化滋生信任，信任是事業的基礎。」基梅爾曼說。

Duedil 評估過，透明化的潛在財務效益很高，「許多優秀健全的企業因為沒能和金融機構建立關係，或是因為缺乏金融機構審核貸款時所要求的透明化程度，因而未能取得融資，」該公司營運長賈斯汀‧費茲派翠克（Justin Fitzpatrick）說：「在

全歐洲，這融資缺口大約是 2,500 億美元。」這估計還未包含企業因為缺乏有效整合的資訊而損失的機會及生產力，「這資料可望成為這些企業的動力乘數。」費茲派翠克說。

Duedil 的資料庫內容大多來自開放資料，例如英國的公司註冊局（Companies House），但該公司也使用從一些專有資料源頭取得的資料，「我們喜愛所有種類的資料。」基梅爾曼說。跟其他開放資料導向公司一樣，Duedil 免費供應其資料庫資料，其收入來源是資料分析服務和其他功能。除了分析資料，該公司也成為讓中小型企業提供自身資訊、尋找潛在事業夥伴、發展生意基礎的一個平台，對這些企業而言，資料是通往通力合作的一個門徑。

基梅爾曼來自紐約，費茲派翠克來自波士頓，你大概會好奇，為何這兩個美國人決定在倫敦創業？基梅爾曼告訴我，他們的資料庫只聚焦於英國和愛爾蘭的中小型企業，那是因為他們無法取得美國中小型企業的資料。出人意外地，美國的企業所有權公開資料竟然比許多其他的已開發國家來得少，尤其是德拉瓦州州政府限制外界取得在該州註冊的企業資料，欲取得這些資料，收費頗高。這是開放資料的一個缺口，助長洗錢活動，也使商業分析師和執法單位的工作變得困難。在國際對此問題愈來愈關注之下，或許有望解決此問題。

非營利事業也是法人組織

　　倡議改進投資資料的行動大多聚焦於大型跨國企業，但開放資料運動也對非營利事業法人組織施加愈來愈大的壓力。政府和公司對這類組織的投資程度不若它們對營利事業的投資，但是，對非營利事業做出捐獻者期望透過這類組織推動的工作能產生投資報酬，非營利事業組織有義務證明它們善加使用獲得的捐款，證明其組織管理得當，證明它們未涉及舞弊。

　　這類組織使用 Form 990 向國稅局申報，外界可向國稅局索取這些資料。但是，國稅局提供資料的方式是掃描表格檔案，存於 DVD，並向索取者收費，而這並非有效透明化的模式。

　　亞斯本研究院（Aspen Institute）在 2013 年 1 月發表由紐約大學學者貝絲·諾維克和史隆基金會研究員丹尼爾·高洛夫合撰的一份報告，針對非營利事業組織的透明化提出建言。這份報告建議國稅局鼓勵非營利事業採取電子申報方式，並把 Form 990 的資料放到網路上，讓外界易於取得。歐巴馬政府顯然聽到此建言，白宮在 2014 年的預算書中包含一項提案，請國稅局採納亞斯本研究院的建議：「政府建議要求所有免稅的組織以電子方式報稅，並要求國稅局盡快以機器可讀取的格式釋出這些資料。」截至本書撰寫之際，此提案是否付諸實施尚不明確，但要求非營利事業組織更透明化的壓力必將持續。

實現商業潛力

　　本章談到的網站──SigFig、Capital Cube、Calcbench 等等，全都提供投資工具，有些網站也為投資人提供不同專長的顧問服務。現在，投資人能夠比以往更快速取得更具實用形式、更充分的上市公司資料。去查查這些資料供應，將對投資人有助益。

　　一些投資資訊供應商──例如財經網站市場觀察網（Marketwatch.com）──現在追蹤分析師的「情緒（意向）」，作為一項市場動向指標。若你對此方法感興趣，可以去 PsychSignal 網站看看，在本書撰寫之際，它還是個測試版，但你可以觀看介紹該公司的影片，並追蹤其發展。PsychSignal 網站是由一家名為「霧園」（SmogFarm）的新創公司建立的，專門分析龐大開放資料集的霧園公司也是值得觀察的對象。

　　我們已開始看到使用 XBRL 格式的開放資料所帶來的益處，值得更深入了解。雖然複雜，但上市公司必須以此格式申報財務績效已成定局，也是投資人的一項潛在工具。一些網站提供相關資訊，幫助大眾了解 XBRL，例如證管會的資訊網「xbrl.sec.gov」。一個名為「XBRL US」的組織（網站：xbrl. us）專門致力於推動實行這種格式的商業報告標準。WebFilings 公司（www.webfilings.com）提供軟體解決方案，幫助公司向證管會申報的作業，包括以 XBRL 格式申報的季報和年報，該

公司聲稱《財星》五百大企業中有超過 60% 是其客戶。資料透明化聯盟也經常報導有關 XBRL 的使用，以及政府開放資料行動的發展狀況，你可以上網站「datacoalition.org」查看。

　　未上市公司雖不像上市公司必須向主管機關申報，但它們仍然受到審視，而且，就如同 Duedil 高階主管所言，資料的不充足使得投資人難以信任這些公司，進而使這些公司難以取得潛在投資。若你經營的是一家英國或愛爾蘭公司，不妨去看看 Duedil 的資料庫如何描述你的公司，因為這就是你的公司呈現給愈來愈多潛在投資人的面貌。若你經營的是一家美國公司，也去看看 Duedil 的資料庫，考慮你的公司是否應該提供相同的資料。

第 6 章

綠色投資——下注於永續資料

愈來愈多公司認知到,它們的最佳策略是永續營運,並釋出顯示這些永續營運作為的開放資料,不願等到政府強制規範公司釋出困窘資料時才調整營運,以避免遭到輿論批評。

87 兆美元，任誰看來都是一筆巨額，它比全世界所有國家加總起來的 GDP 稍高；五倍於美國的國債；若你每秒花 276 萬美元，這筆錢可供你花一年；這也是全球投資界投資於減少碳排放量的總資產值。

總部位於倫敦的碳揭露專案組織（Carbon Disclosure Project，譯註：由於此組織已經發展出碳以外的更多元化方案，因此在 2013 年正式改名為 CDP，後文將直接以 CDP 稱呼）蒐集各家公司的碳排放資料，提供給目前投資資產總計達 87 兆美元的機構投資人。包含絕大多數的《財星》五百大企業在內，參與的公司透過 CDP 發出的問卷調查，自願提供它們本身的碳相關資料。CDP 最近也把全球水供給列入其重大議題之一。

這種環境意識，以及企業的自願報告行動，是起源於一九五〇年代的「企業社會責任」（corporate social responsibility）概念的一項新願景。企業社會責任涵蓋環境、勞工、慈善、社區等等議題，過去十年間出現了對企業社會責任的新興趣，繼而出現冷嘲熱諷，再出現更有意義的新方法。

企業社會責任的現今版本通常被稱為「環境、社會、治理」（environmental, social, governance，簡稱 ESG）報告或是「企業永續報告」，比以往更聚焦、更資料導向，使用新的報告系統，以易於使用的形式來呈現比較性質的開放資料。一家公司執行長的崇高聲明不算數，得有可靠資料證明這家公司確實致力於永續，才會受到肯定。

雖然一開始，倡導揭露這類資料的主張強調這麼做是優良

企業的行為，但如今，揭露這類資料已然變成一種開明的自利行為。許多投資人要求 ESG 資料，因為他們視永續實務為優良企業治理的表徵，是企業長期獲利力的一項預測指標。事實上，證據顯示，揭露 ESG 資料的公司普遍比未揭露此資料的公司賺錢。

投資人也尋求投資 ESG 評價優良的公司，以降低投資風險。一公司的結構及財務面的開放資料可以幫助投資人評估潛在的報酬與風險，但是，這家服飾公司可能和下一場發生於孟加拉的廠房倒塌事件有關連的風險呢？或者，在印度設廠的這家汽水公司可能陷入水權爭議之戰的風險呢？或者，這家石油公司可能得為下一個重大漏油事件負責的風險呢？

另一種風險是政府新法規可能要求企業揭露更多資訊，使有問題的企業實務曝光。例如，〈多德 - 法蘭克華爾街改革與消費者保護法〉的「雜項條款」內包含一些重要的透明要求，該法命令美國證管會要求上市公司皆應揭露其產品製程中是否使用「衝突礦產」（conflict minerals）：血鑽石，以及在剛果民主共和國和周邊國家不人道環境下開採的、用於製造電子產品的特定礦產。（美國證管會在 2012 年通過此法令，並自 2013 年開始實施。）〈多德 - 法蘭克華爾街改革與消費者保護法〉不僅下令證管會要求公司揭露是否使用衝突礦產，也要求上市公司透過證管會在線上揭露它們為取得當地國石油、天然氣，以及礦場開採權而支付的金額。最後該條款呼應國際為了避免開發中國家的資源被不公平剝削，而在 2002 年推

動的「採礦業透明倡議」（Extractive Industries Transparency Initiative）。

愈來愈多公司認知到，它們的最佳策略是永續營運，並釋出顯示這些永續營運作為的開放資料，不願等到政府強制規範公司釋出困窘資料時才調整營運，以避免遭到輿論批評。它們也發現，堅實的 ESG 策略有助於強化品牌、招募人才、吸引投資，以及改善營運。

永續短史

邁入二十一世紀時，企業社會責任開始流行起來；到了 2005 年左右，已有不少公司推出企業社會責任方案，但各方皆感到不滿意。一些企業界人士認為，聚焦於「優良」企業行為可能導致無法專注於企業績效；企業社會責任運動倡議人士則認為，雖然有愈來愈多的公司推出企業社會責任方案，但這些方案大多很膚淺。公司捐錢給慈善事業固然值得讚賞，但若在此同時，公司剝削員工的話，其捐錢行動的意義就大為降低。在英國，官方的企業社會責任顧問菲利普．葛林（Philip N. Green）督導全國性社會企業責任運動「善行交易」（Trading for Good），針對的是本國的小型企業。

永續報告以及永續報告中側重 ESG（環境、社會、治理）的新趨勢相似於企業社會責任概念，而且，這些名詞仍然經常

被交替使用，不過，從永續報告轉向 ESG 報告，對企業有更明顯的好處。就在企業社會責任方案遭到各界質疑之際，一些著名書籍開始論述，企業注意環境、社會和治理等層面對它們本身也有益。

耶魯大學商業與環保中心主任丹尼爾・艾斯提（Daniel Esty）和企業環保策略顧問安德魯・溫斯頓（Andrew Winston）在 2006 年出版的合著《綠色商機》（*Green to Gold*）中，以具體實例探討聰明的公司如何使用環保策略來推動創新、創造價值，以及建立競爭優勢。他們論述環保實務的商業利益，例如改善公司與營運當地社區的關係，或是降低能源成本；但他們也強調，真誠且公開致力於環保，將有助於建立公司的品牌，因為：「企業面臨愈來愈多的利害關係人關切環保。」他們的結論是：「在不遠的將來，沒有任何一家不把環保議題納入其策略裡的公司，能夠在所屬產業中取得領先地位。」

艾斯提和溫斯頓聚焦於五類利害關係人：法規制定機關和監督者；構想產生者和意見領袖；事業夥伴與競爭者；消費者及社區；投資人及風險評估者（例如股市分析師及銀行人員）。2006 年時，一家公司在其年報、執行長談話，或是行銷活動中做出環保保證，或許就能讓許多利害關係人滿意；但今天，利害關係人要求可靠的開放資料，例如政府蒐集和公開的資料，或是公司呈報給 CDP 之類獨立團體的資料。他們看過太多標榜環保的品牌宣傳實際上是「漂綠」（greeanwashing），刻意用環保來粉飾尋常商業實務，最著名的例子之一是英國石油公

司（BP）在 2000 年推出「超越石油」（Beyond Petroleum）環保宣傳時受到外界懷疑，2010 年發生墨西哥灣鑽油平台爆炸及漏油事故後，更凸顯此環保宣傳的荒誕不經。

《綠色商機》一書出版的同年，安德魯・薩維茲（Andrew Savitz）和卡爾・韋伯（Carl Weber）出版合著《三重效益》（*The Triple Bottom Line*，中文暫譯），主張企業應該結合經濟、環保和社會效益，作為其經營成功與否的績效衡量指標。他們認為，一家公司的永續應該考量所有這些因素，並提出以下定義：「一家永續的公司在為其股東創造獲利的同時，也保護環境，並改善其往來互動者的生活。」更重要的是，兩位作者建議使用「永續」這名詞取代「企業責任」，他們解釋理由：「因為『責任』強調對企業以外的社會團體的益處，『永續』則是強調對企業本身也有益。」

這兩本書都認為，開明的企業行善得福。《綠色商機》一書列出五十家環保先進企業，顯示它們的市值明顯優於標準普爾 500 指數（S&P 500）和富時 100 指數（FTSE 100）。薩維茲和韋伯在《三重效益》一書指出，入編道瓊永續指數（Dow Jones Sustainability Index）和富時社會責任指數系列（FTSE4Good Index Series）的公司股價表現優於整體股市。他們也寫道：「過去三年（註：指 2006 年之前的三年），世界企業永續發展協會（World Business Council for Sustainability Development）的會員企業，在它們所屬國家股市中的股價表現優於整體股市約 15% 至 25%。」該書引述道瓊指數總裁約

翰·普瑞斯柏（John Prestbo）說：「永續已經變成開明、遵守紀律的企業經營管理之道，這正是投資人在決定是否購買一檔股票時考量、且應該考量的最重要因素。」

保羅·波曼（Paul Polman）擔任執行長之下的聯合利華（Unilever）比其他大型全球性企業更能例示永續帶來的經濟效益。波曼自稱為「堅定資本主義者」，但他以永續作為打造一家成功公司的核心策略。他在 2009 年接掌聯合利華執行長，一年後，該公司推出「永續生活計畫」（Sustainable Living Plan）作為其永續成長藍圖，目標是在 2020 年之前使該公司營收提高一倍的同時，也把其環境影響足跡減少一半。波曼在 2013 年接受《財星》雜誌訪談時指出：「此計畫主要是把社會和社會面臨的挑戰置於企業經營的核心，……永續可以降低成本，激勵我們的員工，在我們和零售商之間建立堅實關係。」不論孰因孰果，聯合利華推動永續的同時，正好該公司的市值也上升：自 2009 年至 2013 年，該公司的股價上漲約 75%，比其勁敵寶僑公司（Procter & Gamble）在同一時期的股價上漲高出兩倍以上。

ESG 與企業績效關連性的證據

近期的分析顯示，永續的確對公司的市值有益。資源使用效率是永續的核心定義之一。一項近期研究顯示，資源使用效

率高的公司，其投資報酬幾乎兩倍於 MSCI 世界指數（MSCI World Index）涵蓋的公司，而且，資源使用效率高的公司在創新方面的表現也較佳。另一項研究用十一項標準來評估公司的永續表現，分析結果顯示，永續表現最佳的前一百名公司在七年期間的投資報酬比 MSCI 世界指數高出超過三分之一。（譯註：MSCI 係指 Morgan Stanley Capital International，此指數只涵蓋已開發國家的上市股，後來推出的 MSCI All Country World Index 納入新興國家的上市股。）

　　德意志銀行（Deutsche Bank）在 2012 年發表一項大型研究調查報告指出，在 ESG 評量中表現優良的公司當中，有 89% 的股價表現優於市場平均表現。哈佛商學院教授羅伯‧艾科里斯（Robert G. Eccles）和正大會計與顧問公司（Grant Thornton LLP，譯註：中國地區於 2012 年正式啟用的中文名稱為「致同」）資深顧問麥克‧克魯哲斯（Michael P. Krzus）在 2010 年出版的合著《整合財務與永續的單一報告》（*One Report: Integrated Reporting for a Sustainable Strategy*，中文暫譯）提供更廣的分析，他們彙整三十五年間的兩百五十一項研究結果與資料，得出謹慎保守的結論：有壓倒性的證據顯示，企業社會責任績效和財務績效之間存在溫和程度的正向關係。但此書的分析建議投資人在評估一公司的潛在風險時，應該考量此公司的 ESG 開放資料，兩位作者在書中寫道：「若一家公司在 ESG 方面做得很糟，一旦被發現，將對其財務績效產生更重大影響。」

股價和財務績效雖重要，但還不足以充分涵蓋 ESG 對企業的重要程度。「平衡記分卡」（balanced scorecard）的設計發明者羅伯‧凱普蘭（Robert Kaplan）現在把 ESG 目標列為企業策略的重要部分，他寫道：「優良的 ESG 績效對公司的財務績效有直接貢獻。優良的 ESG 聲譽有助於公司吸引及留住優秀人才，因而使得公司的人力資源流程更有效率且有成效。減少環境事故，改善員工安全與健康，將改善生產力，降低營運成本。最後，一般而言，顧客和社會意識高的投資人對 ESG 聲譽卓著的公司有較佳印象。」

　　永續與環保管理顧問彼得‧索伊卡（Peter Soyka）在 2010 年出版的著作《打造永續性企業》（*Creating a Sustainable Corporation*，中文暫譯）中回顧過去二十年的調查研究，得出下列發現：

- 明智選擇的污染防治、節能，以及其他類似方案，其報酬遠大於投資。
- 證據顯示，進步、超越法規、前瞻的環保與 ESG 管理實務和公司市值有明顯正向關係。
- 證據顯示，永續表現優異的公司在募集資本時成本較低。
- 幾項研究顯示，精心設計的 ESG 投資組合方法，能讓投資人的投資報酬優於一般標竿。
- 明顯證據顯示，較高的溫室效應氣體排放量被視為

　　　負面評價因素，尤其是在溫室效應氣體排放量高的
　　　產業。
● 近期的調查結果顯示，企業領導人在永續方面的知
　　　識與經驗愈深，則愈可能了解並重視永續的益處。

最佳指標是什麼？

　　永續的益處已普遍為人所知，但也有人主張必須有開放資料可茲看出企業是否遵循永續實務。索伊卡指出，公司除了發出政策聲明及展示其永續方案，也應該公布具體的 ESG 資料。他告訴我：「公布具體資料才是明智之舉，這是基於種種理由，包括消弭人們對於公司的意圖和貫徹決心的懷疑，展示公司的 ESG 政策與方案成效，提供研判 ESG 表現是否改進的依據。」

　　彭博公司的全球永續倡議主管柯提斯‧雷文內爾（Curtis Ravenel）看法相似，他告訴我：「資料對於投資界而言很重要，他們全都看數字。不過，光有資料還不夠，你必須把資料概念化。所以，我們真正需要的是資料、政策，以及經營管理階層的一些洞察。」

　　雷文內爾在彭博公司任職十多年，他告訴我：「2006 年時，我覺得彭博有機會證明不論從商業利益或環保的角度來看，永續都是有益的行動，因此，我對此撰寫了一份事業企劃。一年後，彭博的董事長叫我執行此計畫。」這項方案後來衍生出發

布更多 ESG 指標的決定，使彭博變成一家更永續的公司，發布 ESG 指標成了一項成功策略，「我們看到永續資料的使用者每年增加 50%。」雷文內爾說。

彭博的這項方案係基於一個信念：ESG 資料已經變成投資人必要的基本資料，應該納入傳統的投資分析裡。該公司現在提供企業公開的 ESG 指標，例如溫室效應氣體排放量、廢物製造量。若某家公司未發布這類資料，彭博便與該公司接洽，敦促揭露資料。

領域內人士稱許彭博公司、CDP，以及其他行動帶動了社會對於永續經營開放資料需求的快速成長。影響力遍及八十多國的全球報告倡議組織美國地區總監麥克‧瓦利斯（Mike Wallace）表示：「過去幾年，我目睹了前所未見的真實資料量，以及對這類資料的興趣。」他告訴我，最近提出永續報告的公司數量飛增，現在，不僅上市公司普遍提出永續報告，就連 KKR 公司（Kohlberg Kravis Roberts & Co.）和凱雷集團（The Carlyle Group）等私募基金公司資助的公司也發布永續報告。瓦利斯說，這些公司想提早為上市做好準備。

全球報告倡議組織的共同創辦人暨前任執行長亞倫‧懷特（Allen White）最近在《衛報》的永續企業部落格中撰文指出：「永續報告的顯著推進不過是最近十年間的事，從罕見到不尋常，再推進成為一種預期中的企業實務，是近年間最顯著的企業創新之一。」這種改變目前還在加速進展之中。

治理與當責研究院（Governance & Accountability Institute）是全球報告倡議組織在美國的資料夥伴，該機構分別在 2010 年和 2011 年調查《財星》五百大企業和標準普爾 500 指數當中的公司有多少家發布永續報告書。僅僅一年間，《財星》五百大企業發布永續報告的公司家數比例從 20% 增加到 57%，標準普爾 500 指數入編公司發布永續報告書的比例則是從 19% 增加至 53%。這些公司大多使用全球報告倡議組織制定的報告架構中包含的指標，此架構如今已然成為全球各地企業永續報告書廣泛採用的現行標準。安侯建業（KPMG）在 2011 年進行的一項調查發現，舉世前兩百五十大公司當中，有 95% 發布企業責任活動報告書，80% 的公司使用全球報告倡議組織制定的架構標準來撰寫報告書。

這些統計顯示，在發布永續報告方面，美國企業目前仍然落後於世界其他地區，不過，落差持續縮減之中。歐洲企業除了發布報告的頻率較高之外，也更傾向於尋求第三方認證其報告資料正確無誤。不過，若美國證管會在規定公司呈報的資料當中包含更多的永續指標，美國企業在這方面可能會變得更嚴格。美國證管會目前正在研議，有哪些永續指標應該成為必須納入公司績效報告中的要項，並且可能會規定這些資料的呈報必須使用 XBRL 格式。有些公司在預期此變化下，已經開始在報告書中增加這些資料了。

在許多企業、非營利事業、政府、會計師事務所，以及其他組織已經使用全球報告倡議組織制定的報告架構之下，該組織仍然持續改進此報告架構。不過，全球報告倡議組織使用

大量的特定指標，但其他組織使用的是不同的指標，永續專家擔心，永續指標的泛濫可能導致過於複雜及混淆，致使分析師無法容易比較各家公司的永續表現。目前有三個組織正在發展較高水準的永續報告架構，分別是永續評等全球倡議（Global Initiative for Sustainability Ratings）、永續會計準則委員會（Sustainability Accounting Standards Board），以及國際整合性報告委員會（International Integrated Reporting Council）。

基於永續績效和財務績效具有密切關連性，一些分析師主張，企業應該提出一個結合兩者的單一經營績效報告。艾科里斯和克魯哲斯（Michael P. Krzus）在合著《整合財務與永續的單一報告》中敘述了一種整合性報告的方法，此方法是在 2009 年於倫敦舉行的一場會議中研議出來的，參與者包括投資人、企業界、標準研議組織及其他領域的代表。根據他們的定義：「單一報告（One Report）指的是製作單一一份報告，結合公司年報中的財務性資訊與敘述性資訊，以及公司的『企業社會責任報告』或『企業永續報告』中的非財務性資訊（例如環境、社會，以及治理等議題）與敘述性資訊。」

這遠非只是編輯作業的改變而已，而是要把資訊整合成更實用的開放資料，誠如艾科里斯和克魯哲斯在書中所言：「單一報告涉及使用網際網路來提供書面報告無法做到的整合報告，例如透過分析工具，讓使用者能自行做財務性和非財務性資訊的分析。」克魯哲斯告訴我，有幾家公司現在使用單一報告，把 ESG 指標整合到它們的報告書裡。美國電力公司、諾

和諾德藥品公司（Novo Nordisk）、聯合技術公司（United Technologies Corporation，UTC）、百事集團（Pepsico）、輝瑞製藥（Pfizer）等公司是先驅。總部位於倫敦的國際整合性報告委員會目前正在精修及倡導此方法。

供給面永續

一家公司的 ESG 紀錄並非只是看它本身的工廠或設施營運情形，也要反映它用以經營事業的整個供應鏈，從原料到最終成品。索伊卡指出，企業對於 ESG 的關注快速提升：「尤其是直接面對消費者的企業及其供應鏈，對於供應鏈的期望和要求促使企業更聚焦於每年蒐集 ESG 資料與報告。」一些大型零售業者現在要求它們的供應商必須遵循更永續的實務，並且公布資料以茲證明，甚至提供軟體工具給它們的供應商，使之能夠很容易地蒐集和報告資料。在這方面，沃爾瑪是最顯見的先驅，但瓦利斯指出，福特汽車、麥當勞、英特爾、微軟等公司也要求它們的供應商提供這些資料。

購買最終產品的消費者如今也很關注供應鏈資料。企業領導人、投資人，以及股東談論企業社會責任、ESG 指標、永續等議題已有多年，現在，消費者也加入此議論行列。

經典書《EQ》（*Emotional Intelligence*）作者丹尼爾·高曼（Daniel Goleman）在其 2009 年出版的《綠色 EQ》

（*Ecological Intelligence*）一書中提出此論點，並且強調，向消費者充分揭露產品相關資訊，具有改變市場的潛力。高曼寫道：「當身為消費者的我們能夠根據充分透明的資訊做出消費選擇時，力量便從生產與銷售者手中轉移至購買者手中。光是走入商店，選擇購買符合我們共同的未來需求的產品，我們就能為生產這類產品的廠商創造全新的競爭優勢。當掌控資料的力量從銷售者轉移至購買者手上時，企業就會提前為這資訊海的變遷做好準備，改變它們的行為。」

高曼在《綠色 EQ》一書中詳細介紹新創網路公司 Good Guide，這個網站提供消費性產品及其製造商的永續資料。幾年後的今天，GoodGuide 網站依舊是良知消費主義的標準樹立者。此網站及其應用程式會不會確實改變大眾的購物習慣，尚不得而知，但該網站以消費者可使用的形式提供永續資料，光這一點，就已經提高了企業資訊透明化的門檻，並開始影響幾個產業。已有愈來愈多被 GoodGuide 網站評比的製造商和公司尋求有關如何改善其 ESG 評分的建議。

達拉‧歐魯克（Dara O'Rourke）在 2008 年創立這個網站，旨在幫助消費者選擇對環境、員工，以及消費者本身的健康有益的產品。因為他的資歷背景使他知道一般消費者多麼難以做到這件事，他也具備幫助消費者做這件事的專長。歐魯克是加州大學柏克萊分校副教授，教授全球化、環境正義、血汗勞工等主題的課程，在《產業生態期刊》（*The Journal of Industrial Ecology*）、《政策研究期刊》（*The Policy Studies Journal*）

等刊物上發表過許多論述。

目前，GoodGuide 網站及其行動器材應用程式使用來自一千五百多個源頭的資料，運用該網站的程式加以運算，據此對消費性產品進行評分。舉例而言，對一款嬰兒洗髮精的評分可能會使用到下列資料：製造廠、美國環保局的有毒物質分析資料、該公司執行長的薪酬、摩根史坦利對該公司的社會責任表現紀錄資料，以及搜尋產品召回資料庫後獲得的結果等等。我前往歐魯克位於舊金山的辦公室拜訪，以下是他敘述創設該網站的起源：

　　我本身的生活與工作經驗激發我創立 GoodGuide。我的學術工作研究的是生產我們在美國消費的產品的全球供應鏈，過去二十年，我造訪過在越南的耐吉工廠、在中國的玩具和電子產品工廠，以及在薩爾瓦多的衣服工廠。有一天，在照顧我的長女時，我獲得了一個頓悟。那天，我在她的臉上塗抹防曬乳時，突然想到：我每天早上在她臉上塗抹的這個化學品中到底含有什麼物質？那時，她四歲，現在，她十歲了。

　　我回到校園，我有一組跟我一起做研究的博士後研究員和研究所學生，我們調查後發現，美國銷售量第一名的小孩防曬乳內含有被歐洲、加拿大、日本和澳洲禁用的化學物質，但在美國，因為管制漏洞而未被禁用。接著，我又調查我女兒使用的嬰兒洗髮精，發現裡頭含有可疑致癌

物質。她喜愛的玩具中含鉛,她的床墊含有溴化阻燃劑。就這樣,一項接著一項,我的整個家中充滿有問題的產品。我發現,儘管我研究這些東西,有博士生幫我做調查與研究,我們取得種種資訊,但我對於我的家中使用的許多產品幾乎一無所知。

這激發我組成校園內的研究圈,從學術論辯轉向創造一個可供一般民眾使用的工具。我希望人們能夠做出契合他們的價值觀、道德觀、關心議題,以及他們的健康疑慮的消費決策。若你關心氣候,我關心勞工權益,GoodGuide網站可幫助我們分別找到和我們的價值觀契合的產品或品牌。

已在 2012 年被優力國際安全認證公司(Underwriters Laboratories Inc.)收購的 GoodGuide 招募具有環境科學、化學、資料分析,以及政府法規等等領域專長的科學顧問及工作人員,他們引用開放資料來建立提供給消費者的資訊,在此同時,他們也學到對企業而言很重要的訊息。「企業將面臨揭露其產品與供應鏈原料事實的壓力,因為愈來愈多消費者、非政府組織,以及勞工團體要求它們這麼做。」歐魯克說。

從事供應消費者資訊事業幾年,歐魯克發現,這些資料的一些最大顧客是企業本身,他說:「此網站開始營運後,我們最初接到的電話,是來自那些對我們的評比感到不滿的品牌,我們的不佳評價令那些公司很生氣,但我們把多數這類抱怨轉

化成正面、有建設性的交談。但後來，我們接到一些城市、州、醫院，以及大學的機構採購人員和零售業者的電話，他們說：『我們想採購環保產品，但不知道該怎麼做，我們需要一個可以幫助我們過濾篩選產品及廠商的工具。』最初只有一些小公司提出此需求，現在，多數大型零售商也有此需求。」

許多美國公司擔心新法規可能影響到它們的產品。它們擔心的不是缺乏成效且反對管制的國會所制定的法規，而是擔心來自州政府、市政府，以及外國政府的法規。舉例而言，全球性零售業者在歐洲、加拿大，以及部分亞洲國家面臨禁用有毒化學物質方面的新法規。就算是只經營美國市場的公司也面臨愈來愈多或愈趨嚴格的管制，例如華盛頓州新實施的〈兒童安全產品法〉（Children's Safety Products Act）涵蓋六十六種管制化學物質，廠商必須從產品中移除這些化學物質，或是公開揭露其產品中含有這些化學物質。

緬因州、加州、舊金山市，全都已經通過法令，要求製造商揭露它們使用有毒化學物質的資訊。這些透明化法規激發公司主動了解，以確知它們的產品內含有什麼物質，並考慮予以修改。舉例而言，一項產品若在加州被揭露內含某種有毒物質，只消一篇部落格貼文，很快就會變成舉世皆知，因此，廠商最好是在被動得知之前，主動去查明其產品中是否含有禁制物質。

「在我們調查和評價的品牌及零售商當中，它們知道的資訊很多，但對於它們的供應鏈、廠商、產品材料等等，它們不知道的東西也很多，就連一些舉世最大的品牌也一樣。」歐魯

克說。舉例而言，成衣公司可能不想對其衣服製造地知道太多，如此一來，當孟加拉的一個製衣廠倒塌時，它們就不必承認責任，「但是，這類醜聞與揭露愈來愈迫使企業必須主動了解其供應鏈。」歐魯克說。

實現商業潛力

　　永續報告的現況令人感到振奮，但也有令人憂心之處。目前存在許多不同的永續指標，或許該說是太多了，在欠缺明確、被廣為接受的永續定義之下，企業難以確知該揭露哪些資料作為開放資料，以及該如何揭露；潛在投資人、市場分析師，以及其他單位也難以比較各家公司在這方面的表現。

　　現下，全球報告倡議組織制定的指標和報告架構是最被廣為採用的標準，有興趣採用此報告架構者可以造訪該組織的網站（www.globalreporting.org），上頭有關於指標、資源、報告、研討會，以及其他資料的充分資訊。

　　若你對於永續報告的標準化過程很感興趣，甚至想對此表達意見，可以查看幾個目前致力於處理此問題的組織：永續評等全球倡議、永續會計準則委員會，以及國際整合性報告委員會。

　　除了企業報告機制，還有一些已經漸漸明確的企業最佳實務：

以永續政策及措施來經營你的事業

　　這說起來容易，做起來較難，但愈來愈多證據顯示，永續的公司營運風險較低、營收獲利前景較佳，在招募新人才方面也較具優勢。從投資人的要求、消費者的要求，以及一般最佳

實務等方面的趨勢來看，永續將變成企業未來的一項優先要務，非營利事業監督組織以及調查性新聞記者也愈來愈擅於辨識ESG 實務不良的公司。

公布 ESG 指標開放資料

不論什麼產業與類型的公司，公布開放資料以顯示它們遵循優良企業實務（包括 ESG 實務），將能為它們帶來種種益處。投資人要求公司揭露這些資料，他們視永續為優良企業治理的徵象、長期獲利力的預測因子。在 CDP 等組織的行動獲致成功之下，我們如今處於一個引爆點，許多公司自願公布其 ESG 資料，恐怕在不久的將來，不主動公布此資料的公司將顯得可疑。企業應該開始考慮使用單一報告格式，把財務資料和 ESG 資料整合為單一一份企業報告書。

了解你的公司可能遭到什麼非議

GoodGuide 之類的組織如今擅於發現產品內含什麼可能傷害消費者的化學物質，以及哪些製程可能傷害到員工。2013 年發生於孟加拉一間工廠的火災事故，使得美國及歐洲的成衣製造商突然間成為社會嚴厲批判的對象，並引發九十萬人在線上簽署請願書，要求 H&M 和蓋璞（Gap）改變它們的製造策略。在過去，企業往往採行「推諉不知情」（plausible deniability）策略，刻意避免對其供應鏈營運情況了解過多，這麼一來，萬

一供應鏈廠商發生事故而暴露不當實務，它們便可聲稱不知情。但如今，有關供應鏈和 ESG 的開放資料愈來愈多，這種策略可能再也行不通了，公司必須知道它們及其供應鏈可能存在什麼潛在問題而遭到非議，並謀求必要改善。

預期法規變化

在〈多德－法蘭克華爾街改革與消費者保護法〉通過之前，外界可能認為證管會不會要求公司揭露其產品是否使用衝突礦產，報告它們或供應鏈礦場安全性，或是揭露它們為取得外國當地國石油、天然氣和礦場開採權而支付的金額。但是，這些變成社會大眾熱議話題，促使政府做出要求公司揭露資訊的法規。現今社會關切的議題如開發中國家的工安、碳排放量、水資源的使用等等，很可能在未來受到更多的官方管制與審查，縱使在管制鬆綁為大原則的環境下，聯邦管制及法規也可能要求公司提高這類受到高度關切事務的透明化程度。就算聯邦機構不採取行動，州政府、市政府，以及其他國家也可能通過要求揭露的法令，迫使企業對其 ESG 實務更加透明化。不論未來的新法規將源自何處，企業應該現在就開始管理這些事務，為新法規的到來做好準備。

第 7 章

聰明行銷
──聲譽資料如何影響你的品牌

在聲譽舉足輕重的新經濟時代，懂得經營線上關
係的公司將獲得明顯優勢。

我使用賭博取得的超極致筆電撰寫這一章內容。哦，別誤會，我不是在撲克牌賽或和人打賭時贏得，也不是抽獎抽中，我是在 eBay 拍賣網站上買到這台二手筆電。

怎麼說是賭博呢？想想看：我支付一大筆錢給一個我不認識的人，買下一台我從未見過的二手機器，我無從驗證原擁有者對這台機器的狀況敘述。eBay 的「買家保護政策」為我提供一些保障，但此政策涉及歷經不保證結果的調解流程，不同於你去商店購買之後可以退貨。

然而，這賭博如同我預期地獲致好結果。我之所以願意賭一把，購買這台二手筆電，決定性因素是這個賣家在 eBay 網站上獲得 99% 的好評，令我覺得可信度高。那些評價標準使這筆交易看起來不太像賭博。

在網路上，聲譽評等很重要，eBay 是個範例。十年前有人在 eBay 網站上以老式明信片蒐集交易做了一個對照實驗研究，發現當賣家有優良的交易紀錄時，人們願意出更高價格。這項研究獲得的結論是：「eBay 的買家評價制呈現『反墨菲定律』（Yhprum's Law，Yhprum 是 Murphy 的反寫）；理應行不通的制度，有時真的行得通，至少是運作得相當不錯。」賣明信片的個人如是，地方性餐廳如是，大型連鎖旅館及其他許多的商業亦然，顧客評論、評價，以及申訴對電子商務的影響已存在多年。

不過，伴隨評價網站影響力的提升，它們的正確性也受到懷疑，無人知道有多少企業及商家嘗試操弄此制度，甚至不清

楚我賴以決策的那 99% 正面評價到底有多大意義。一項近期調查發現，eBay 上的賣家有五分之四獲得 99% 或更高的正面評價，這有可能是因為做出評價者既是 eBay 平台上的買方，也是賣家，他們不想在買東西時做出負面評價，以至於當他們賣東西時遭到負面評價的報復。

企業必須了解線上評價機制的運作方式，也要了解儘管這些機制有瑕疵，它們如何影響消費者市場。無數網站上的評價，以及部落格和推特網站上的評論洪流，這些如今都可以被量化分析成新形式的開放資料了。深入了解它，對你的事業將有所助益；忽視它，很可能對你的事業不利。

現在，左右事業成功與否的一個重要環節，是了解如何在線上和你的顧客建立良好關係，包括那些向你發出抱怨的顧客。鮑伯・加菲德（Bob Garfield）和道格・李維（Doug Levy）在其合著《別想用廣告收買我》（*Can't Buy Me Like*，中文暫譯）中寫道：「若你現在依舊試圖透過廣告來說服、娛樂或奉承消費者，誘使他們購買你的產品或服務，那可就大錯特錯了。」你應該和顧客建立更真誠的關係，傾聽他們，也對他們傾訴，這比傳統的廣告策略更有成效，成本也更低。為大量做到這種「社群傾聽」（social listening），需要使用本章介紹的方法進行資料分析。

在聲譽舉足輕重的新經濟時代，懂得經營線上關係的公司將獲得明顯優勢。有句諺語說：「就算是負面新聞，也是一種宣傳。」在線上，這句話未必正確，不過，聰明的公司能把負

面評價或顧客的直率抱怨轉化成助力。

政府機構如何變成消費者申訴中心

聯邦通信委員會消費者與政府事務局內設有一個消費者申訴中心，擔任該局局長期間，我目睹大量行動電信顧客提出的申訴。曾有民眾收到數千美元或數萬美元的手機電話費帳單，我們稱此問題為「帳單震撼」（bill shock）。基於奇怪的理由，電信業者不太喜歡這個名詞，我們則是大力宣導必須矯正此問題。

年輕女子克菲‧皮耶（Kerfye Pierre）的個案令我印象深刻。2010年，她去海地探望姊姊，不料發生大地震，便留在當地協助救援工作。在那期間，她使用手機和美國的親友保持聯繫，返回美國後，收到 T-Mobile 電信公司的電話費帳單，高達近35,000美元（$34,872.82）。地震發生後，她洽詢過 T-Mobil，該公司向她保證，她在急難狀況下撥打的任何電話均為免費。但他們所謂的「免費」，僅指語音電話，可是，皮耶說他們並未向她講明這點。她傳送的簡訊和資料，T-Mobile 以尋常的高價國際電話費率計費。

透過聯邦通信委員會的居中調解，T-Mobile 同意把皮耶的電話費減為 5,000 美元。此時，聯邦通信委員會邀請皮耶出席2010年10月舉行的一場記者會，記者會主題是帳單震撼問題，

以及我們針對防止此問題而提出的新規範計畫。有線電視新聞網（CNN）使用皮耶的案例，報導帳單震撼的問題。出乎意外的是，記者會及新聞報導之後一段期間，T-Mobile 仍然堅持向皮耶收費 5,000 美元，後來才同意取消所有收費。對於一家價值數百億美元的公司來說，這顯然不是一個最佳決策。

最終，包括 T-Mobile 在內，整個行動電信產業都有所警悟，決定對帳單震撼問題採取防範措施。聯邦通信委員會以日益增多的消費者申訴案件為證，和行動電信業者進行磋商。業者同意未來將在客戶的語音電話、簡訊，或是資料傳送費用即將超過每月限額時對他們發出警示提醒。聯邦通信委員會主席、美國無線電公會（CTIA-The Wireless Association）會長，以及支持此計畫的消費者聯盟（Consumers Union）的代表在一場聯合記者會中宣布此協定，並成為全美矚目的新聞，也為行動電信產業提供一個改善聲譽的機會。

這帶給我們什麼啟示呢？消費者的申訴具有影響力，漠視或阻礙消費者的公開申訴，終將是徒勞無益（這麼做的公司絕非只有 T-Mobile）。為何人們及企業仍然繼續這種頑固行為呢？認知心理學家對此有種種解釋，但這不是本文的探討主題。此處只想強調，這是個糟糕的主意，尤其是在消費者有愈來愈多公開抱怨與申訴管道的時代，而且，在病毒式散播時代，他們的公開抱怨將快速傳播。

包括聯邦通信委員會在內，幾個政府機構受理申訴它們轄下企業已有數十年歷史，其他政府機構則是在近年才開始設立

顧客申訴中心。許多政府機構現在採取更積極的做法，公布它們蒐集的顧客申訴紀錄，期望把顧客申訴變成開放資料後能令公司困窘，從而變得對消費者更友善，無需政府管理當局強迫它們這麼做。例如：

- 過去幾年，美國交通部根據消費者申訴案件數目，公布對航空公司做出的排名。
- 美國國家公路交通安全管理局設有一個消費者申訴搜尋引擎，可根據品牌、車款、年份這三項資料來搜尋消費者對車輛安全性的申訴案件。
- 美國消費品安全委員會在 2011 年設立「www.saferproducts.gov」網站，讓消費者提出產品安全性申訴，並檢視其他消費者提出的申訴。該委員會過去並不公開消費者申訴資料。

美國消費者金融保護局在 2012 年推出一個信用卡申訴開放資料庫，供任何人下載、分析及使用。翌年三月，該局宣布擴大此資料庫，增加抵押貸款、銀行帳戶、學生貸款，以及其他消費者貸款的申訴資料。消費者金融保護局蒐集的申訴資料特別受到矚目，一方面是因為它涉及消費者的重要關切，另一方面則是因為有太多人想申訴該局管轄的金融服務。截至 2013年 7 月，該局已經蒐集到十七萬七千件消費者申訴案，並把超過八成的申訴案發給相關公司檢視與回應。

消費者金融保護局並不根據蒐集到的申訴案件統計數字來評量金融服務業者，但由於它把這些申訴案件變成開放資料，其他人可以進行這種分析。耶魯大學教授伊安·艾里斯（Ian Ayres）及其同事在 2013 年發表一篇標題聳動的研究報告〈資料庫裡的醜事〉（Skeletons in the Database），敘述他們分析此資料庫後得出的一些發現：（1）相較於金融機構的平均表現，美國銀行、花旗銀行，以及 PNC 銀行對消費者申訴的回應速度明顯較慢；（2）包括富國銀行、美國運通，以及美國銀行在內的一些最大型金融服務公司對其消費者申訴做出的初步回應，明顯較易引起消費者不滿而陷入爭議；（3）在提供抵押貸款的金融服務業者當中，西一銀行（OneWest Bank）、匯豐銀行、國星抵押貸款公司（Nationstar Mortgage），以及美國銀行遭到抵押貸款申訴的案件數目高於其他銀行。

消費者金融保護局的這個開放資料庫，使得金融機構更能得知它們的顧客滿意度狀況。《美國銀行家》（American Banker）雜誌在 2013 年 9 月刊登的一篇報導中，引述幾位銀行高階主管表示，他們現在更認真看待顧客申訴，以免顧客不滿轉而向消費者金融保護局投訴。更積極且有效地處理顧客問題，則能避免負面宣傳，為品牌創造正面口碑。誠如多倫多道明銀行（TD Bank）的服務策略主管所言：「我堅信，學習遊戲規則，就能找出致勝之道。」

一家名為「三分球」（Beyond the Arc）的管理顧問公司現在為金融機構提供專門服務，幫助以正面積極方式來管理消費

者申訴。三分球辨識出對顧客投訴反應較慢的公司，並以此作為改善客服的機會。舉例而言，他們分析一些案例——例如發現金融服務公司（Discover Financial Services, Inc.）的帳單問題、花旗銀行的年利率引發的顧客疑慮，他們發現，在消費者金融保護局的申訴案件增加的一個月之前，社群媒體上的負面評論就已經激增。這顯示，對社群媒體進行量化分析是一種愈來愈重要的策略，可幫助預防消費者轉向官方申訴。

把顧客抱怨轉化為社群媒體客服

三分球管理顧問公司為企業提供預期消費者申訴並及早處理的服務，另一家新創公司 PublikDemand 則是為消費者提供申訴平台。不過，在聚焦於幫助消費者發出更響亮的抱怨的同時，該公司也對企業提出建議。其創辦人敦促企業把顧客抱怨轉化為機會，採行「社群媒體客服」，使用社群媒體來幫助顧客，並在過程中改善和強化公司的聲譽。

PublikDemand 的共同創辦人暨執行長柯妮‧鮑威爾（Courtney Powell）非常年輕，但這已經是她創立的第三家新創事業了。二十歲、仍是德州大學奧斯汀分校學生時，她加入一家名為「無限網路」（Boundless Network）的行銷公司，成為這家新創公司的第一位員工，五年後，這家公司已有三百名員工。後來，她離開這家公司，自己創辦了一家名為

「LeedSeed」的公司，專門為企業設計自動化行銷系統。三年後，她把股份賣給她的合夥人，開始思考接下來要做什麼。命運之神上門，鮑威爾連續遇到兩家大公司的糟糕服務，申訴卻獲得冷漠回應，令她怒火中燒，激發她創立 PublikDemand。以下是她在訪談中向我述說的故事：

> 我搬遷辦公室，找時代華納有線電視（Time Warner Cable）安裝線路，他們通知我說我有一個舊纜線數據機逾期未歸還，但我根本沒有，我從來就沒有用過他們的數據機，他們表示將從我的自動扣款帳戶收取 900 美元。我花了三個月交涉，才把這筆錢要回來。那經驗真是糟透了，但也成了我的頓悟時刻。

> 過沒多久，我搭機去芝加哥拜訪一位朋友，那是聯合航空（United Airlines）班機，他們的客服糟到令人難以置信，客服人員粗魯無禮。在班機上，我開始草擬 PublikDemand 的事業構想。

鮑威爾找創業領域的友人佛提（A. T. Fouty）共同創立 PublikDemand，佛提成為這家新公司的技術長。2012 年初開始營運後不久，「有個人在這網站上投訴 AT&T 的無限上網減速（unlimited data throttling）問題，」鮑威爾說。使用 AT&T「無限上網」資費方案的客戶在數據傳輸量超過一個門檻時，AT&T 就會啟動減速措施，導致這些客戶的上網速度

變慢。鮑威爾說：「這人向法院狀告 AT&T，打贏官司，但 AT&T 拒絕賠償。他於是使用我們的網站來引發關注，獲得數千名用戶的支持，並且被各大報紙和部落格報導。」不出幾小時，AT&T 便出面和解，提出賠償。

PublikDemand 的創辦人表示，他們並不是要和這些公司作對，相反地，他們想幫助這些公司改善。他們相信，透過「社群媒體客服」，企業可以把顧客抱怨轉化為對他們有益的正面助力。鮑威爾看到愈來愈多公司成立專門團隊，負責處理出現在臉書、推特，以及其他社群媒體上的顧客抱怨，她指出，這些公司這麼做是因為：「這些抱怨透過社群媒體而擴大的負面影響很巨大，我們探討過如何和這些團隊合作，盡快回應這些抱怨。」

鮑威爾說：「我和這些受到抱怨的公司開始交談時，很多公司都會立即詢問，要怎麼做才能避免登上投訴平台，他們非常樂意為此付錢，但我們一開始就清楚表明我們不做這種事。人人都有相同的機會去解決問題，只要你解決問題，就不會有事。」這政策並非只是基於優良商業道德，也攸關 PublikDemand 平台的信譽。另一個消費者投訴網站 Ripoff Report 曾多次遭到商家指控勒索（這些官司後來並未進入起訴審理程序）：該網站刊登消費者投訴，但提供「企業辯護方案」，被投訴的公司可以付錢給該網站幫助恢復聲譽。PublikDemand 可能在未來向企業提供一些收費服務，不過，它目前對企業提供的諮詢服務仍為免費性質。

PublikDemand 平台上的消費者投訴顯示，一些產業和公司的表現比其他產業及公司的表現來得好。此平台上的消費者投訴有八成是針對電信公司，其中大多是無線服務（這不令人意外），其餘的是有線電視和網際網路服務；其次是銀行業，排名第三的是航空業。在電信公司當中，威瑞森無線（Verizon Wireless）已經變得非常擅於社群媒體客服，鮑威爾說：「這對他們是一大勝利。」也為該公司節省不少錢，因為透過社群媒體來幫助顧客，要比透過電話客服中心更便宜。美國運通和捷藍航空（JetBlue）對顧客投訴的回應也很快。鮑威爾說：「我們和 AT&T 無線電信公司的交涉就非常費力。」該公司在 PublikDemand 平台上遭到消費者投訴的案件數目排名第一，排名第二的蘋果公司則是：「根本就不回應。」鮑威爾說。

「很多公司把客服視為一個成本中心，力圖把花在這方面的錢減至最少，」佛提說：「其實，公司可以自己經營社群媒體客服，把它和其他的客服整合在一起。我們不久就能看到，那些懂得社群媒體客服的公司和不諳此道的公司將有一些明顯差異。」

使用者評價：這些人是誰？

對任何公司而言，消費者抱怨是最糟糕的事，尤其是當這些抱怨快速傳播，吸引媒體注意之時。網路上充斥消費者評

價：Yelp、查格網（Zagat）、TripAdvisor、飯店網（Hotels.com）、亞馬遜、百思買（Best Buy）……，天曉得還有多少個類似網站。

研究顯示，這類網站影響人們吃哪家館子，住哪個旅館，買什麼東西。哈佛商學院教授麥克‧盧卡（Michael Luca）及其同事研究包括書籍評價和美國新聞學院排名在內的一些評比制度，並且對 Yelp 的影響性進行量化分析。根據他們的研究，Yelp 上的商家評價，每增加一顆星可為商家提高 5% 至 9% 的營收。另一項由加州大學柏克萊分校學者所做的調查研究發現，就算只增加半顆星，也能夠使一家餐館在尖峰時段滿座的可能性大大提高，明顯提升其利潤。

現在，拐個彎，來看看 Glassdoor 的潛在影響力，任何人都可以在這網站上匿名評價自己的雇主。這個網站創立於 2007 年，靈感源於它的一位共同創辦人詢問另一位創辦人：「要是有人把一份未經編輯的員工對公司意見問卷調查結果放在印表機上，被張貼到網站上，會發生什麼狀況？」那將是雇主的夢魘，但 Glassdoor 的三位創辦人卻從中洞見了一個商機。除了薪資資訊，這個網站上還有近九萬家公司的員工評論他們公司內部的生活。

消費者評價和評比網站的影響力很大，它們幾乎不對評論及評價負任何責任，這些評價也並非必然可靠。試想，上這類網站，以匿名的方式給你自己的餐廳五顆星評價，順便給對街的餐館一顆星評價，這有何難之處？我本身使用 Yelp 的經驗是，就算只有幾個消費者做出評價，也能產生顯著影響的小餐館，

其評價差異性往往最大；我至今仍搞不懂，我家附近新開的一家餐廳，為何有人評價它是這地區最棒的托斯卡尼風義式餐廳，但也有人評價它是絕對不能光顧的蟑螂窩？我猜想，這恐怕得看評價者是何許人也。

不過，負面評價也未必是來自競爭者。西北大學和麻省理工學院學者最近合作進行的一項研究調查結果顯示，做出負面評價者本身可能根本沒有購買及使用此產品，純粹只是不滿這家公司推出此產品。套用研究學者的形容詞，這些人猶如是「自封的品牌經理」。舉例而言，哈雷機車推出一款香水，令該公司的許多忠誠顧客很感冒，覺得和該品牌格格不入。參與此研究的一位學者指出：「平均每一千名顧客，只有約十五人會撰寫這類評價，而撰寫負面評價者當中有一人本身根本未購買此產品。」

有時候，評價太假了，以至於鬧出了新聞。書籍作者自己在亞馬遜網站上對自己的著作寫好評，這不是什麼新鮮事了（在此鄭重聲明，本書作者可沒做這種事嘣），比較特別的一樁是麥可‧傑克森（Michael Jackson）的粉絲聯合起來抵制他的傳記作者，他們全都張貼負面評價，看起來像是真確評論，其實是聯手攻擊此書。還有，電子書閱讀器 Kindle 的盒子製造商提供低折扣，但明顯暗示期望獲得低折扣者張貼五顆星評價以為回報。

操弄性質的評價最終會傷害到網站的信譽。為應付此問題，評價網站可以使用語言分析，或是辨察評價與銷售狀況的差異

性，或是分析評價張貼的時間與地點。舉例而言，若紐約市一家旅館獲得的評價當中有很多來自印度班加洛爾市，張貼時間為紐約時間深夜三點（班加洛爾市午餐時間），這可能意味此旅館委請印度某個專門代人撰寫評價的業者為它寫好評。

Yelp 在 2012 年秋季執行圈套突擊，以清理其網站上的假評價。該公司注意到有商家在分類廣告網站 Craigslist 刊登廣告，付錢請人撰寫好評，並提供如何做的詳細指示。Yelp 的員工故意去應徵了幾個廣告，以查出到底是哪些公司在做此事。接著，Yelp 宣布，它將在那些雇人寫好評的公司名稱旁邊標示「消費者警示」記號。

有多少消費者評價是捏造的呢？這個領域的一名專業人士表示，她相信平均約有 5%；顧能公司（Garner, Inc.）的研究報告則說大約 10% 至 15%；伊利諾大學芝加哥分校電算系教授劉兵的研究，估計約有三分之一的評價不實。換言之，無人知道網路上究竟有多少假評價。

除了假評價問題，各家評價網站反映的觀點也往往不同。總部位於華盛頓特區的市場研究調查機構 newBrandAnalytics 執行長克莉絲汀‧穆納（Kristin Muhlner）向我解釋其中的差異性，「一般來說，人們在臉書上發表的消費評價比其他網站來得正面，」她說：「Yelp 上的評價多數針對的是服務，價格和價值方面的評價較少。我們常看到 Yelp 的星級評價和 TripAdvisor 的星級評價有所出入，但這有可能是因為特定人口結構導致，一般來說，女性消費者的評價會比男性稍加正面些，

但她們也往往提出最有見解的評論。」穆納指出，整體而言，在許多產業，約有三分之二的消費者評價是正面評價，三分之一是負面評價。

和穆納會面不久前，一個有趣經驗使我認知到，為何分析師不能只看星級評等和加總數字，必須深入探索評價內容，才能獲得更確實的了解。我入宿位於喬治城的一家飯店，newBrandAnalytics 只有幾分鐘步行路程，地點佳，飯店人員友善，房間漂亮，自助餐早餐很美味，但無線網路連結性能是我多年來待過的飯店中最糟糕的一個。我該對它做出怎樣的評價呢？應該把所有這些因素平均一下，給它三顆星或四顆星嗎？抑或因為糟糕的網際網路服務設備無法滿足我及其他多數商務旅客的需求，而給它一顆星呢？要是我給它一顆星的評價，會不會誤導不需要寬頻服務、希望小孩暫時遠離上網的休閒旅遊家庭呢？

說到底，評價這家飯店的唯一公正確實方法，便是每項因素逐一評分：地點、人員、房間，以及早餐全都是五顆星，無線網路連結性能至多只有一顆星。若是讓我撰寫敘述性評論，我會如此評價這家飯店。穆納告訴我，絕大多數人就是如此撰寫評論的，而且，大多數人在查看評價網站時，也會聚焦於文字評論，而非星級評價。他們能夠從文字評論中找到很多資訊，平均而言，一則文字評論中會提到五項因素。

「我們做過一項研究，檢視文字評論和星級評價之間的關連性，」她說：「我們發現，給予五顆星評價者，有 25% 在文

字評論中提到一些負面的東西；給予一顆星評價者，有 75% 在文字評論中提到一些正面的東西。」這並非意味數字評分無意義或不重要；很多證據顯示，數字評分的確會影響公司的營運績效。但是，哈姆雷特若是市場分析顧問，他大概也會這麼說：一個陷入麻煩的商家或企業，不能完全怪罪於星級評價，文字性消費者評論對人們的消費決策也有很大的影響。

基於這些理由，社群媒體分析師必須設法探勘消費者評價傳達的完整資訊，而且，他們不能只查看一、兩個評價網站。為獲得更完整的觀點，他們必須從廣泛不同的資訊源頭汲取洞察，要不就是搜刮這些網站的資料，或是和這些網站或資料彙總者交涉，從它們那兒取得資料源（data feed）。

你也許會認為你可以繞過所有這些問題，只需查看推特網站，不需檢視消費者評價。畢竟，推特是個龐大資料源，現在每三天就有十億個推特訊息傳送，而且，這些訊息應該涵蓋了很多人口群，很難有所操弄。如今，推特分析是一門不斷成長的生意，娛樂產業已使用推特資料多年，想要快速了解和評估輿論的其他產業及公司現在也使用推特資料。

龐大數量的推特訊息是公開訊息，因此，它們全都是開放資料，至少理論上是。推特網站提供應用程式介面和資料源，供想要分析這些資料的用戶使用，但更大規模或更進階的推特分析可能需要更多的協助。

Gnip 和 Datasift 這兩家公司扮演資料彙總者角色，它們現在能夠把所有推特資料轉化成實用形式，販售給想使用它的

企業。這兩家公司專門分析推特和其他社群媒體的資料，Gnip
被封為「社交網路的大中央車站」（譯註：推特已在 2014 年 4
月收購 Gnip），該公司並未在網站上公布服務收費。Datasift
則在廣告中宣稱，其資料訂閱服務每月收費從 3,000 美元至
15,000 美元不等。

不過，推特資料「消防箱」的價值到底有多大，無從確知。
南加大安能柏格創新實驗室（Annenberg Innovation Lab）主
任強納生・塔普林（Jonathan Taplin）及其同仁對龐大數量的
2012 年大選相關推特訊息進行研究。塔普林在紐約舉行的一場
研討會上表示，他們的研究結論是：「推特和輿論無關，它是
一個檢驗你有多愛說長論短的平台……。若我們想的是資料，
我們得把人們做什麼和說什麼的資料區分開來。」

政治性質的推特文或許特別辛辣，但也有研究人員憂心過
度依賴推特分析將不可靠，因為分析結果可能大多是有關推特
重度使用者的洞察。許多人現在研究推特資料，只是因為有太
多推特訊息可供分析，但有人對此不以為然。牛津大學網際網
路研究所所長、政治學教授海倫・瑪格斯（Helen Margetts）分
析網路及社群媒體活動以了解公民參與型態，這是「電算社會
學」（computational social science，譯註：一個資料導向新
學門）的一部分。她告訴我：「在最近舉行的一場研討會上，
我注意到，現在之所以有這麼多推特分析，是因為取得推特資
料比取得其他資料更為容易。我對此現象感到有點憂心。」

幫企業改善聲譽的新公司

　　線上消費者評價為企業帶來一個難題：消費者對產品與服務的評價具有影響力且源源不絕，但它們難以控管，難以分析，而且，有些評價很可疑。企業該如何管理這難以管理的東西，在線上改善及提升公司的聲譽？

　　解方之一是協商。舉例而言，有人告訴我，一些飯店旅館公司監視 TripAdvisor 之類的網站，發現不滿意的顧客貼文時，便和他們聯繫，提供彌補或處理，當此顧客感到滿意時，他（她）便會刪除批評貼文。這種策略或許有某種程度的效用，不過，現在有一些新類型的公司推出更有系統的方法來幫助企業在線上管理聲譽，這些新公司聲稱它們的方法更有成效。

　　其中最著名的是加州的一家新創公司，名為 Reputation. com，創辦人暨執行長是麥克‧佛第克（Michael Fertik）。我在 2013 年 4 月造訪佛第克位於加州紅木市（Redwood）的辦公室，他向我解釋：「你得關心你的聲譽，聲譽這東西愈來愈容易量化及評量，這將影響我們每一個生活層面。」

　　Reputation.com 提供種種服務，我將在後面章節詳加敘述，現下要談的是它的核心業務，就如同其名稱所隱含：幫你管理聲譽。佛第克解釋：「很多人想要我們幫忙確保他們在 Google 上的搜尋結果看起來很優，要是你的公司已經連續十年成長，你當然不希望十年前績效很差的那一季依然擺在頭條裡。我們的顧客也愈來愈關切消費者評價生態。」

Reputation.com 用好評來淹沒壞評，藉以改善企業在線上的形象，但佛第克確保他的公司不做任何造假的事：「我們絕不會捏造評價，絕對不會偽裝成我們的客戶的顧客去寫好評價。我們邀請真實顧客（至少是我們相信為真實顧客的人）來寫評價，不論是正面或負面評價。在搜尋結果方面，我們撰寫內容，但我們不會寫任何不是『維基百科可接受』的東西。若你傳送簡歷摘要給我們，我們就根據這簡歷撰寫你的簡要自傳；若你傳送你的 LinkedIn 簡介給我們，我們基本上就把它重新製作成一個簡短檔案。」

　　這雖不是不道德的做法，但你也可以說這是在玩弄制度。然而，這本來就已經是被操縱玩弄的遊戲，任何人都可以在線上隨意評論你或你的公司，而且，他們的評論永遠去不掉。每一個潛在的雇主或事業夥伴，更遑論你初結識的任何人，都會上 Google 去搜尋你的資訊，若發現任何壞評，人的心理往往傾向於相信。佛第克說，他的公司絕不會請貼文者刪除負面內容，他說這麼做不是個好策略，反正也行不通。因此，他們的做法是為客戶創造更大量的線上內容，並確保大部分內容是正面性質。

　　佛第克說，其實，網際網路的自然狀態並不神聖，甚至未必良善，對我們每一個人的評論也是。「有些人很輕率地說，網際網路是真相、事實的源頭，其實不然，」他說：「網際網路雖未必是謊言與謬誤的源頭，但網際網路上的言論真假參半。我們為你提供反擊、解釋的機會。」

Reputation.com 目前正在設計一項新產品「聲譽評分」（Reputation Score），將以清楚且可量化的方式綜合聲譽資料。佛第克在我們會面之後寄給我的電子郵件中寫道：「我們構想的『聲譽評分』是有關於你的情報，不論你是專業人士抑或大型企業。這個評分是要客觀地看看你的表現，以及和你的競爭者相較。例如，一位律師可以拿自己來和其他律師相較，甚至可以根據她的薪資、資歷和教育背景來預測她的事業發展途徑。在未來，若她去應徵另一家律師事務所，她可以提供她的聲譽評分作為證明之一，有利於錄取機會和條件。另外，根據評論量、嶄新度、內容等等標準的聲譽評分，也可以讓一家汽車服務公司得知自己的表現，並與最接近的競爭者相較。」

實現商業潛力

線上聲譽對品牌價值攸關重要，公司需要社群媒體策略來為其產品與服務創造口碑，以及得知人們對公司的觀點。評價網站、部落格、推特，這些全都是實用的開放資料源頭，可供你匯總及分析人們對你公司的評論。一件偶發事故不會輕易擊垮你的事業，聰明的公司能夠快速復原；但日積月累的聲譽是一項重要資產或是一大負債，付錢打廣告也無法彌補不滿意的顧客、糟糕的客服，或是令人失望的品質等等線上評論與紀錄。企業必須像最有辨別力的消費者那般，仔細辨察網路上有什麼關於自己的評論，並且快速、明智、持續地做出回應。

學習如何探勘社群媒體資料

視你的事業規模和資訊需求而定，你可以自行做社群媒體資料分析，或是尋求專家協助。推特網站提供應用程式介面，幫助你分析有關你公司的推特訊息。一些企業可能會發現，最重要的消費者意見來自追蹤 Yelp 和 TripAdvisor 之類的消費者評價網站上的評論，並在必要時對那些評論做出回應。若你想要更廣泛的資料蒐集，Gnip 和 Datasift 等公司可提供服務。

考慮使用改善聲譽服務

Reputation.com 顯然是這個領域的市場領先者，我詢問該公司執行長佛第克，為何企業應該考慮使用他的服務，以下是他的回答。我想，這個回答可適用於任何提供這類服務的公司：

> 人們相信他們在線上看到的內容，相信程度絲毫不亞於他們聽到的口碑。因此，企業必須積極關切它們的線上聲譽，線上聲譽可能演變成大規模問題。從科技上產生的問題，用科技來解決最有效。Reputation.com 之類的服務幫潛在客戶了解，企業在網路上的評價是否確實反映此企業在網路外的事實。我們也幫助企業和小型商家即時監視、管理，以及分析它們在線上的評價。我們的服務包含為企業客戶設計並推出量身打造的活動，請求其顧客去評價網站上對此企業做出誠實評價（但我們不會提供任何操縱誘因）。大多數滿意的顧客鮮少主動撰寫評價。善加利用這些沈默的顧客非常重要，因為他們的評價值得其他消費者信賴。

把顧客投訴轉化為行銷機會

消費者公開投訴一家公司的產品或服務，對該公司而言似乎是頭痛之事或夢魘。但若能處理得宜，這類抱怨的公開性質反而可能變成一種資產。面對負面評價，企業現在多半採取的

做法是私下聯繫顧客，尋求化解。其實，公開回應顧客抱怨可能是更好的策略，因為公開回應可茲顯示公司的關心、敏感與公正。

把顧客服務和社群媒體結合起來的「社群媒體客服」概念，已日顯重要且具有說服力。在線上和社交網站上回應顧客，成本效益優於傳統的電話客服中心，同時也是公開向大眾及潛在的未來顧客展現優良客服的方式。

訪談消費者投訴網站 PublikDemand 的創辦人鮑威爾時，我問她，若是她有機會對《財星》五百大企業演講，她會做出什麼建議。她回答：「若我是《財星》五百大企業的執行長，我會熱中於利用社群媒體客服的概念，並授權社群媒體客服團隊。顧客服務和社群媒體如今已融合成為一個概念，它不僅是客服功能而已，也是你的行銷功能。人們能夠在推特上看到互動回應，這意味的是你處於眾目睽睽之下，人們將根據你的反應來評價你。」

第 8 章

情緒意見分析行銷學

若你從事行銷工作,針對「人們對於我公司的產品有何評語?產品有什麼瑕疵?他們喜歡這產品的哪些部分?他們對於我公司的產品和競爭者的產品的訂價及客服有何看法?」等問題,從網路上取得的文本中有巨量資訊可供萃取和分析,做這些工作,並且把它做得很好,這就是情緒意見分析的本質。

留意你的線上聲譽有兩個目的：其一是改善你的聲譽，其二是從中獲得學習。你可以購買好評價（這是糟糕的做法），或是鼓勵真實的正面評價（這是較好的做法），以改善你公司的線上聲譽。但是，這麼做並不能改變你的實際顧客滿意度，或是改善你公司的營運績效。想要對你的事業策略及營運做出明智的改變，你必須了解你的顧客透過他們的推特訊息、評價，以及部落格貼文等等告訴你什麼。

一些市場分析師現在使用所謂的「情緒意見分析」，從社群媒體中汲取有關顧客的洞察。情緒意見分析匯總及分析取自推特網站、部落格，以及各種評價網站的開放資料，辨察潛在傾向與偏見，期望這些綜合資料更具代表性且更準確。這種分析並不更新星級評價，而是仔細分析敘述性評論的內容。

為更加了解情緒意見分析，我前往馬里蘭州塔科瑪公園市（Takoma Park）拜訪賽斯・葛萊米斯，他是專門提供商業分析策略顧問服務的艾塔普蘭公司（Alta Plana Corporation）創辦人，也是情緒意見分析這個主題的知名專家。

葛萊米斯自網路問世初期就進入網路研究領域，以顧問及承包商角色出入政府及政府相關組織。一九九〇年代中期為經濟合作發展組織（OECD）工作，幫美國政府進行 2000 年人口普查工作，在美國及英國做過其他政府計畫。2002 年左右，他對文本分析產生興趣，這個已有十年歷史的領域出現了新潛力，這項技術的新可能性促使他走上新事業路徑和他現在的工作領域。

葛萊米斯解釋，文本分析技術遠溯至一九五〇年代，由學術界和 IBM 之類的研究中心發展出來。在商業交易仰賴書面文件的年代，使用電子技術對這類文件進行文本分析，很有價值。不過，當 IBM 的主機型電腦及其他機器在一九六〇年代開始促成商業電腦化之後，書面文件的重要性益減，文本分析的吸引力也隨之降低。三、四十年後，一些有遠見者開始看出文本分析的商業潛力，以全新眼界看待這早年的研究技術。

葛萊米斯及其他人重新研究此技術，為它帶來現代遠景。他指出：「在一九五〇年代，文本分析需要掃描文件，進行光學字元辨識（optical character recognition），將之轉變成電子形式。如今，資訊本來就是電子形式了，首先是一九九〇年代末期開始的電子郵件和網路上的資訊，接著是五、六年前開始的社群媒體網路上的資訊。這些以電子形式產生的巨量資訊具有商業價值，現在的文本分析是要閱讀文本，以某種情境架構來解析其含義。」

文本分析現在已被廣泛應用。十七歲英國少年尼克‧達洛西歐（Nick D'Aloisio）使用文本分析技術，開發出用以摘要報紙新聞的應用程式「Summly」，雅虎以 3,000 萬美元買下此應用程式。聯邦儲備系統使用文本分析技術來監視有關經濟的輿論，以了解影響消費者信心的因素。

文本分析有許多有益的商業應用。舉例而言，製藥公司可以使用文本分析來加快藥品的研發流程。「實驗室研究每年創造出成千上萬份研究文獻，還有資料庫裡的數百萬份研究文獻，

若你想在市場上推出新藥品，你需要知道先前做過的研究。你不僅需要能夠以特定關鍵字進行搜尋，也需要能夠了解文獻內容，例如一份研究報告中敘述兩種蛋白質或某種化學物質何時會起相互作用。」葛萊米斯解釋。一位熟悉生物醫學的研究人員也告訴我，這是文本分析的一項重要應用。她指出，靠廣告維生的生命科學和化學文獻語意搜尋引擎公司 Quertle 現在為美國國家醫學圖書館（National Library of Medicine）的幾個資料庫做文本分析。Compendia Bioscience, Inc.（譯註：癌症生物資訊學公司，提供研究用基因資料與分析工具）和 H3 生物醫學公司（H3 Biomedicine, Inc.）共同合作探勘來自美國國家癌症研究中心（National Cancer Institute）的基因資料，以尋找癌症的新療方。

「若你從事行銷工作，」葛萊米斯繼續解釋：「你也需要做類似的事。人們對於我公司的產品有何評語？產品有什麼瑕疵？他們喜歡這產品的哪些部分？他們對於我公司的產品和競爭者的產品的訂價及客服有何看法？從網路上取得的文本中有巨量資訊可供萃取和分析，做這些工作，並且把它做得很好，這就是情緒意見分析的本質。」

當 IBM 碰上珍・奧斯汀

情緒意見分析雖有前景，「但技術還不成熟，」葛萊米

斯說，而且，一些研究它的公司可能會對過於簡單的應用感到失望。他說：「很多人以為，情緒意見分析只是在看一條推特訊息或 TripAdvisor 上的一則評論或報紙上的一篇文章到底是正面還是負面訊息，在我看來，這是很膚淺的觀點。對於『sentiment』這字眼，你可以聯想到珍·奧斯汀（Jane Austen）。對她而言，『sentiment』這個字的字義很廣，包含情緒、心情、態度、意向等等。」

只辨識正面或負面字眼的分析工具，若忽視了重要文脈，可能產生誤解。葛萊米斯解釋：「你認為正面的東西，我可能認為是負面。若豐田汽車或通用汽車公司宣布召回某車款，你開的正好是此車款，這對你而言其實是正面消息。或者，某個名人過世，例如賈伯斯，推特網站上到處可見此消息。人們貼文：『噢，賈伯斯的死訊真令我難過。』關鍵字『難過』被視為負面字眼，但實際上，這對賈伯斯是正面的推文，寫此訊息的人對他持有正面態度。」

「更老練的分析師懂得把訊息或文件解析成特定元素，」他說：「那些元素可能是人名、地點、公司、產品、概念或主題，更進步的分析工具會萃取那些實體或概念或主題，分析每一個元素內含的心境與意向。」

葛萊米斯每年舉辦兩次情緒意見分析研討會，我在 2013年 5 月出席在紐約舉行的全天研討會，從那場研討會中的內容可看出這個研究領域的廣度。研討會的主講人談到，可使用情緒意見分析來做以下的事：

● 預測喀什米爾的政治動盪不安以及巴基斯坦大選的
  結果；
● 研判嚇阻性反菸廣告的效果；
● 發掘與矯正線上支付系統的問題；
● 對中文成語進行文本分析；
● 為訴諸顧客情感的行銷活動建立資料導向基礎。

　　情緒意見分析的多數應用結合使用機器與人工分析。
Communispace Corporation 的創新與設計資深副總茱莉‧施萊
克（Julie Wittes Schlack，她是我的高中同學）形容機器分析是
一種「金屬探測器」，為客戶辨察值得注意的趨勢，接著，分
析師使用這些線索，更深入分析社群媒體上的相關訊息，再把
他們得出的發現輸入電腦裡做進一步運算。

　　把情緒意見分析精煉後，它將變成市場研究的一項有力工
具。過去幾年，一些文章和部落格貼文已經探討過這個潛力，
也認為此潛力尚未充分發揮。

　　一些公司雖未使用情緒意見分析來探勘整個網路，但
已經為它們的產品設立了特別網站，並分析顧客在這些網站
上發表的言論。舉例而言，聯合利華為其產品設立網站，並
使用情緒意見分析來研究消費者在這些網站上發表的意見。
Communispace 為其企業客戶建立線上社群，並幫助它們解析
這些線上社群的活動與言論。

截至目前為止，最有力的一些情緒意見分析應用出現於娛樂業。位於麻州劍橋市的藍鰭實驗室（Bluefin Labs，譯註：該公司已於 2013 年被推特收購）監視兩千五百萬人在推特、臉書，以及其他社群媒體上對電視節目和廣告做出的評論。該公司共同創辦人暨麻省理工學院教授戴布・羅伊（Deb Roy）表示，他們「搜查整個社交網路，尋找所有關於電視的評論」。他們可以分析這些東西，創造出所謂的電視基因組（TV Genome）：「基本上就是一個巨大的資料庫，量化並組織所有社群媒體上關於電視的談話。」他們的系統使之能夠即時監視人們對於電視節目和廣告的反應。

　　情緒意見分析也可以用來建立競爭情報和研擬策略。例如，一家歐洲的顧問公司已經為電信公司提供這種分析服務，當甲電信公司的競爭對手在社群媒體上遭到激增的負面評價時，可能是甲電信公司推出廣告強調其網路可靠性的大好時機。

　　未來，新工具的出現可能使情緒意見分析的準確度提高。目前有一些公司正在研究如何分析錄音內容，不僅是分析錄音內容裡的語詞，也分析情緒內容（例如說話急速、拉高嗓音，或是對談的一方打斷另一方的話），以辨察線索。藉著這類分析，它們對於各種談話——例如醫生和病人之間的對話、電話客服中心與顧客的對話，獲得更多的洞察。另一方面，幾家新創公司正在發展臉部分析技術，以解讀影片資料中的情緒。

　　從某種意義上來說，情緒意見分析兜了一圈，開始返回原點：一開始，這種技術是在解析書面文件，從人的溝通中萃取

含義；在未來，情緒意見分析可能會加入線索與訊號，使我們以「真正的人」進行溝通。

你對市政府的感想如何？

距離葛萊米斯的辦公室西南方不到 10 哩處，市場研究調查機構 newBrandAnalytics 以創新方法來應用情緒意見分析。這家新創公司使用情緒意見分析，幫助大型全國性連鎖商店改善其顧客服務及滿意度，除此之外，該公司也使用情緒意見分析來調查市民對於華盛頓特區的滿意度。

newBrandAnalytics 執行長克莉絲汀‧穆納（Kristin Muhlner）有豐富的企業軟體資歷。我們在 2013 年會面時，她告訴我，一連串機緣促成了這家公司在三年前的創立。這家公司的三位創辦人當中有兩位是科技領域創業者，後來創立了一個他們毫無經驗的高檔美容沙龍事業，但這個事業使他們領悟到，對美容沙龍事業影響最大的，是顧客在線上的評論，顧客的意見是促成事業營運持續改善和建立顧客忠誠度的關鍵。他們開始尋找能夠幫忙的工具，但找不到，於是激發他們產生創立 newBrandAnalytics 的構想。

對線上評價和社群媒體進行文本分析，不僅能讓企業了解顧客的感想，也可以讓企業看出該如何解決令顧客不滿意的問題。newBrandAnalytics 的許多客戶是休閒餐旅業業者，包括凱

悅集團（Hyatt）和露比星期二餐廳（Ruby Tuesday）。該公司能幫助連鎖飯店了解，顧客對其旗下某家飯店（比如說亞特蘭大市的凱悅飯店）的設施感覺如何，並引導飯店注意最重要的細節。newBrandAnalytics 也可以幫助企業客戶分析競爭者的顧客對它們的評價。該公司目前為全球各地約六千個企業提供這種監視服務，也監視它們的競爭者，數目約莫相當。

不過，堪稱最不尋常的是，newBrandAnalytics 有一個很特別的客戶：它為華盛頓市監視其顧客滿意度。這不是一項尋常的市場研究工作，但由此可以看出情緒意見分析的應用面有多廣，以及政府可以如何使用市場研究來獲得助益。穆納在訪談中向我述說此計畫的由來。

文森・葛雷（Vincent Gray）在 2010 年當選華盛頓市市長，帶著一些新構想上任。「上任後，市長想要極大的透明度，」穆納說：「他看到我們的業務，很好奇能不能把這概念應用於政府機關。我們以前從未嘗試這麼做，但在討論更多之後，我們了解到，這其實跟你去蘋果零售店或五傢伙漢堡（Five Guys）沒什麼兩樣。」五傢伙是歐巴馬總統很喜歡的一家連鎖漢堡店。不論你是漢堡店的顧客，抑或是在監理站等候服務的「顧客」，你都會評價你的體驗，也可能上網寫你的感想。

華盛頓市首先讓五個機關參與先導試驗：監理局、運輸局、公園及遊憩管理局、工務局，以及消費者監管事務局。newBrandAnalytics 分析蒐集自推特、臉書、部落格，以及各機關提供給使用其服務的民眾填寫的線上表格等處的資料。

　　穆納解釋：「我們首先蒐集這些資料約六十天左右，針對民眾的評論，使用一至五分（從最負面到最正面）來評分，再轉化成字母（A、B、C……）評級。至少，在美國，字母評級有濃厚的情緒暗示作用。」結果，這看法顯然嫌保守了，第一段期間的評量結果出爐，五個政府單位當中有四個獲得 C⁻，表現最好的是工務局，獲得 C⁺。這些單位的主管對此評量結果的反應可想而知，他們頗為激動。

　　「和市長及這些單位主管開第一次月會時，我們提出這些成績，引發相當大的騷動。他們非常關切這些成績的含義，他們很激動，認為這成績不符他們實際提供給民眾的服務。歷經了幾星期的討論，市長說：『不論各位喜不喜歡，這就是民眾對我們的公開評論。所以，我們應該停止討論這評量對或不對，而是應該開始討論要如何改進。』這是很重要的轉變，大家都同意，並說：『我們會這麼做。』2012 年年中，這些成績開始公布於市政府設立的網站 Grade.DC.gov 上。」

　　這些政府機構開始改善它們的運作，六個月後，新成績顯著進步。在慶祝「Grade.DC.gov」網站設立一週年的活動中，葛雷市長稱讚此計畫及其對市政府機關產生的影響，「市政府機關變得有競爭力了，這是好事，」他告訴《華盛頓郵報》：「因為人人都想拿 A，對吧？」

　　其他人對此計畫的看法則毀譽參半。更早時，《華盛頓郵報》的一篇文章批評「Grade.DC.gov」張貼的成績不同於別的績效評量（例如對華盛頓市消防局的評量），但《華爾街日報》

稱讚此舉為一項市政創新。其實，最重要的創新或許是華盛頓市傾聽民眾聲音，堪為其他城市的模範。

截至目前為止，似乎尚無其他城市仿效華盛頓市的做法。穆納和她的團隊正和一些市政府洽談，並提醒它們可以選擇要不要公開評量，迄今尚無城市採納，但她仍然抱持希望，「這對地方政府而言是個很新的概念。」她說。

實現商業潛力

　　情緒意見分析是個持續演進中的領域，它很誘人且實用，但還未臻完善。看著它的演進，使我想起語音辨識技術迄今已演進了十五年，「Dragon Naturally Speaking」語音辨識軟體在1997年問世後不久，一位朋友（早期採用者）向我介紹它。我買了一套試用，發現得花蠻長時間訓練此系統熟悉我的聲音，最後，我放棄了。今天，每一支智慧型手機都有 Siri 語音助理系統或 Google 推出的版本，這些語音辨識系統仍會出錯（常常是令人莞爾的錯），但它們遠比早年的語音辨識軟體更易於使用，正確度也更高。

　　情緒意見分析在萃取社群媒體資料方面的能力目前發展到什麼階段呢？在我看來，就像介於早期的「Dragon Naturally Speaking」和最近的 Siri 之間的語音辨識系統。目前的情緒意見分析仍然需要人與機器的通力合作。人和電腦在正確分析文本方面都有其困難度，例如，一條推特訊息（例如：「哇，那可真是個大意外啊！」）到底是暗諷，抑或只是表面意思，其判定頗令人傷腦筋。此外，情緒意見分析結果的正確度如何，尚無衡量標準，套用葛萊米斯的話：「這使得該領域的公司可以任意聲稱它們的分析結果正確度。」

　　話雖如此，情緒意見分析具有相當潛力，可以把社群媒體上的資料轉化為有用的開放資料，用於分析以萃取重要的市場

洞察。雖然，情緒意見分析仍是一門演進中的科學，但已經吸引了廣泛興趣，以及語言學、財金分析、人工智慧等廣泛領域專家的投入。驅動此領域研究的動力之一是，政府機構和學術界嘗試使用情緒意見分析，來研究國安工作及偵察潛在的恐怖分子活動。我們可以預期，此技術將在未來幾年快速發展，因此，現在值得深入了解。

由於情緒意見分析的最佳結果似乎來自結合人與機器，因此，這不是一項只需要讓電腦執行運算即可的技術。但運用智慧和審慎，情緒意見分析可以變成一項有力工具，幫助你了解顧客、事業環境，以及你的優缺點。情緒意見分析的結果不僅是一份簡單的報告，它可以讓你洞察事業的哪些部分營運得宜，哪些部分需要改進。

關於探索情緒意見分析的公司，有一些顧問公司在文本分析領域發展更精進的專長，可以提供好資訊與觀點。葛萊米斯每年舉辦兩次的情緒意見分析研討會，集合了這個領域的先進專家，探討不同觀點，你可以在「sentimentsymposium.com」網站找到研討會的相關消息。Communispace 為其客戶建立量身打造的線上社群，透過「Verbatim」部落格（網址：blog.communispace.com）追蹤相關領域。

不過，最重要的是，首先考慮情緒意見分析是否符合你的需要；若是，接著考慮你要如何使用它。誠如一則社群媒體行銷通訊所言：「情緒意見分析主要是追蹤外界對你的品牌的普遍觀點，對較大的品牌最實用，尤其是消費性產品品牌。至於

較小的品牌，則還沒有足夠的評論可供進行有效的情緒意見分析。對於小品牌，搜索特定網站，例如 Yelp 等，或許能洞察更多有關你的品牌的普遍觀點。」

在請葛萊米斯為那些對情緒意見分析感興趣的公司提出建議時，他回覆：「我建議有興趣使用情緒意見分析的公司，可以先研判哪些事業目標能透過蒐集和分析消費者意向資料來達成，研判哪些資料最有幫助，以及你需要採取什麼步驟來蒐集、過濾、轉化，以及分析資料，需要用什麼呈現介面來傳達對決策有幫助的洞察。可以追隨的產業先驅，是那些對技術和資料有覺察力、同時也在你的事業領域（例如休閒餐旅業、消費性電子產品業、公共政策）或事業部門（例如市場研究、競爭情報、顧客服務、顧客體驗）有專長或經驗者。」換言之，在使用情緒意見分析之前，你應該先確知你為何要使用它，以及你將如何使用它。

第 9 章

利用眾力，快速創新

更高的酬勞未必獲致更好的工作成果。工作性質、參與的社群性質，這些才是左右群眾投入程度和成效的主要因素。

「**群** 眾外包」一詞，被用以敘述種種利用群眾知識與技巧的活動。不過，不同的「群眾」有非常不同的運作方式，「眾包」一詞可能未確切闡釋這類活動而漸失其適用性。（最近的一份研究報告指出，「眾包」一詞有多達四十種不同的定義。）現在愈來愈普遍使用「集體智慧」（collective intelligence）一詞來描述這類活動：從線上連結的群眾取得資料、知識及洞察。集體智慧有許多類別，我認為它涵蓋三類以不同方式使用開放資料的方法。

以協作方式進行開放式創新。這種模式可能對科學和醫學研究最有幫助。開放式創新計畫就像是舉世規模最大的研討會，集合大批某個領域的專家（可能是數十人，甚至數百、數千人），彼此交流分享資料和洞察，共同致力於解決一個或一組重要問題。一個典型的例子是人類基因組研究計畫（Human Genome Project），這是在網路剛開始起飛時啟動的資料分享計畫。在這種模式中，研究資料變成開放資料，以鼓勵更廣泛且密集的即時通力合作。這個強而有力的方法是下一章討論的主題。

問題與專家媒合平台。此方法是尋找一小群具有特定技能的專家來解決一個特別困難的挑戰，有問題需要解決者或有資料需要分析者嘗試接觸盡可能大量的群眾，從中找出少數具有適切的經驗、技能和興趣者提供協助。這其中包括一些競賽，例如政府的「Challenge.gov」網站鼓勵外界對聯邦政府的開放資料提出新應用；或是開創性的「公眾專利審查計畫」（Peerto-Patent Project，參見下文），讓有興趣的公眾參與美國專利商標局（U.S. Patent and Trademark Office）的專利申請案前端公開審查程序。

資料蜂巢（Data Hive）。這種方法與媒合模式相反，它不是尋找一小群專家從事專門領域的工作，而是利用龐大數量的人們去執行例行分析工作或改善開放資料。就如同數萬隻工蜂構成製造蜂蜜的蜂巢，許多眾包計畫有成千上萬的一般民眾參與，貢獻資料或（及）清理資料庫。每一個人做一小部分工作，大家結合起來，使大規模的資料集變得更有價值。本章後文敘述的 Zooniverse 網站推動的「公民科學計畫」（citizen science projects）就是這種模式。

媒合模式：讓專家與計畫找到彼此

大約十年前，一些研發中心開始認知到，可以藉由向外面的專家提供誘因，讓專家協助解決困難問題，這是一種更具成本效益的方法。創立於 2001 年的意諾新自我標榜為：「開放式創新、眾包和獎金競賽的開創者」，服務客戶廣泛，包括禮來公司（Eli Lilly）、美國太空總署（NASA）等。該公司藉由提供 500 美元至上百萬美元不等的獎金，吸引並利用世界各地的專家，幫助其客戶解決困難與挑戰。

目前領導健康資料協會並負責舉辦健康資料狂歡會（參見

第 2 章）的德威尼・史普拉德林（Dwayne Spradlin）曾擔任意諾新公司執行長暨總裁五年，該公司雖主要聚焦於科學和技術問題，但也為商業、行銷，以及社會科學等領域的問題舉辦專家競賽。「InnoCentive 這個名稱是由 innovation（創新）和 incentive（誘因）這兩個字組成的，」史普拉德林告訴我：「我們覺察，若你對一個問題有足夠的了解而能清楚說明和架構它，指出需要什麼及為什麼，你便能祭出誘因，吸引世界各地的創新者研究此問題，提出全新觀點。」

意諾新張貼的許多挑戰涉及資料分析，尤其是預測性質的分析，誠如史普拉德林所言：「在大數據的世界裡，使用過去來預測未來，變得更加重要，這類問題非常適合作為競賽和眾包的主題。」

在這些競賽中，問題解決者試圖找出用以預測疾病爆發、遵守藥物治療、太陽燄（solar flare，譯註：或譯「日焰」、「耀斑」，太陽表面輻射突然暴增的現象）等現象，或是心臟疾病患者臨床病程的最佳運算方法。為了讓問題解決者可以測試他們設計的運算方法，意諾新可能提供他們一個資料集（例如 2010 年的資料集），看看他們用其運算方法來預測 2011 年實際資料的準確度如何。史普拉德林說：「有趣的是，突破性的解方往往來自一特定領域之外。往往是新觀點和領域外的思考辨識出新型態與修正。在一些情況下，身為產業的局內人反而是個阻礙。」雖然，意諾新主要聚焦於解決科學研究問題，但相同的方法可用於預測線上促銷活動或行銷活動的結果與成

效。

　　還有其他公司設立專門網站，招募問題解決者協助應付複雜的資料問題。Kaggle 向資料學家發出的挑戰多半是預測模型性質，例如由亞馬遜網站贊助的一場比賽，徵求專家幫助預測擔任不同職務的員工需要何種程度的 IT 技術；Yelp 委託的挑戰則是要求參賽者預測企業未來的評比。專門在線上為資料問題舉辦電腦程式設計競賽的 TopCoder 網站最近和哈佛商學院合作，運用集體智慧來解決一個困難的基因排序問題，提出的解方比先前的任何程式設計速度快上千倍。

　　科學家和創業者才剛開始看出利用線上社群的益處。2011年，華盛頓大學的研究人員在愛滋病研究工作中被一個艱難問題困住，他們想了解和愛滋病病毒相似的一種猴子病毒的結構，他們已經從 X 光研究中蒐集了多年資料，但無法判讀其中含義。於是，他們嘗試革命性做法：在科學疑難網站 Foldit.com 公布他們的資料，使之成為開放資料，把這個難題設計成一種遊戲，邀請使用者幫助他們解答此病毒的蛋白質結構。不出三星期，一組遊戲者就發現了困住科學家們超過十年的蛋白質結構。這些科學家在《自然》（Nature）雜誌上發表研究結果時指出：「就我們所知，這是第一樁由線上遊戲玩家解決了一個存在已久的科學問題的案例。」

從競賽到專家網絡

這類競賽顯示，集體智慧可為個別問題產生快速、有效的解方，但另一方面，有其他人和組織致力於發展更持久的「專家網絡」，讓專家群持續參與重要的資料集工作。第一個為政府建立的專家網絡是由貝絲・諾維克發展出的「公眾專利審查計畫」，這也成為此領域的一個範例。

諾維克是開放政府運動的先驅，長期提倡公民參與和開放資料。和許多開放資料領域的創新者一樣，她具有智慧、活力，以及好奇心使然的多樣化教育背景：大學在哈佛主修社會研究，接著取得比較文學碩士學位，再前往奧地利茵斯堡大學（Univrsity of Innsbruck）取得政治學博士學位，論文研究的是奧地利作家雨果・貝道爾（Hugo Bettauer）和一九二〇年代的奧地利政治。接著，她又取得耶魯大學法學院博士學位，成為智慧財產權專家。

在推動幾項有關技術與創新的計畫後，諾維克被歐巴馬政府延攬成為首任聯邦副科技長，領導歐巴馬政府的「開放政府倡議」行動。除了研擬政策以提倡透明化和公眾參與，她也幫助建立聯邦政府的各種政府資料中心網站「Challenge.gov」和「Data.gov」。目前，諾維克領導由基金會贊助的紐約大學治理研究實驗室（簡稱為 GovLab），研究使用新技術的治理模式，訓練學生這些治理方法，把開放政府的理念化為實現。GovLab的基本理念是：「愈多的公眾參與不僅能促成更合理的民主治

理，也能產生對人民更好的解決方案。」

　　使歐巴馬政府注意到諾維克的，是她在紐約法學院發展出的革命性專利審查流程。諾維克在其著作《維基政府》（*Wiki Government*，中文暫譯）中敘述的這個「公眾專利審查」流程有兩個開創性特點：第一，它要求美國專利商標局比以往更開放地公開有關專利申請的資料；第二，它仰賴專家網絡在公開論壇上討論及幫助審查專利申請案。在科技業，這種資訊發展方法已經很常見，但把它應用於政府流程，倒是個相當激進的構想。

　　審查專利申請案涉及一個特殊的資料問題。每一項專利申請的審查流程必須搜尋「先前技術」（prior art），專利審查委員必須檢視是否有任何先前的專利可能已經產生相似的發明。但是，待審查的專利申請案已積壓了數十萬件，根本沒有時間去做這項檢視工作，專利審查委員很容易疏忽而未察重要的先前技術。「公眾專利審查」藉由開放專利申請系統，邀請民眾提出他們察覺的先前技術例子，可幫助解決此問題。該流程把專利商標局的專利申請案資料庫當成開放資料，利用志願審查者的協助，更有效率地增加新的、有用的資料。

　　現在，英國、日本、韓國，以及澳洲也跟進「公眾專利審查計畫」，試辦相似的審查制度。史蒂芬・強生（Steven Johnson）在其著作《未來完美》（*Future Perfect*，中文暫譯）中總結此計畫的影響：「就如同群眾集資平台 Kickstarter 為創意專案拓展潛在資助者網絡，公眾專利審查計畫拓展了發現與

解釋的網絡，匯聚具有特定專長的人來幫助審查一些專利申請案。」

在最近一次的交談中，諾維克省思從公眾專利審查計畫獲得的啟示，以及如何將之應用於開放政府及開放資料運動中的工作。「從這項計畫獲得的重要啟示是，第一，若你在線上提供有用的資訊，請求人們幫助，他們將伸出援手，這證明以往的假設並不正確。你若詢問他們一個明確、困難的疑問，他們會提供你有用的回應。第二，他們提供給你的資訊，只要有適當的軟體工具，就可以把那些資訊變得有用。以前，你可能從線上參與獲得一萬個回應，決策者無法使用那些資訊，但我們可以使用新的工具來組織線上參與，使它變得有用。」

也有其他的企業針對廣泛主題建立類似的專家網絡。程式設計師問答網站 Stack Overflow 隸屬的 Stack Exchange Network 旗下現有一百多個不同領域的問答網站，為專家提供交流資訊平台，其中也包括名為「Ask Patent」的公眾專利審查網站。這些問答網站的事業模式（營利模式）並不明確，但它們都是免費自由的專家參與平台，它們使用給分以提高社群聲望值的制度，藉以激勵人們無償地分享他們的專長。

CrunchBase 也是採行這種模式。這是一個提供科技公司、人物及投資人相關資訊的免費資料庫，任何人都可以編輯此資料庫，它裡頭的資訊幾乎全都是來自大眾的貢獻。該公司總裁麥特・考夫曼（Matt Kaufman）告訴我，他們的資料來自投資人、創業者、記者、粉絲，以及其他個人。我問他，是什麼激

發這些人做出貢獻？他在電子郵件中回答：「一般來說，激發人們在線上參與的動因是：（1）錢；（2）性；（3）受肯定；（4）建立認同感；（5）策展／經營／築巢（nest）。在專業領域（例如 CrunchBase），後三項是最重要動因。」

專家網絡似乎需要受到激勵才會成功，維基百科就是一個最典型的例子，這個線上百科全書是靠免費勞工建造起來的。研究顯示，貢獻行動和成為此社群的一分子，帶給維基百科的貢獻者滿足感。但是，其他計畫顯示，金錢買不到這種專家參與。

InfoArmy 堪稱是最受矚目的集體智慧失敗例子。該公司計畫付錢請志願者發展公司報告，然後再把這些報告當成商業情報轉賣給企業。此網站承諾把每份公司報告賺得的利潤拿來與這些志願研究者分享。InfoArmy 網站募集了超過 1,900 萬美元的創投資本，在 2012 年 6 月正式營運。到了 2013 年 1 月，該網站宣布，藉由販售公司報告，賺了 4,356 美元，因此決定不再付錢給志願研究者。該公司表示，志願研究者發展出的公司報告品質很差，很難賣出去。InfoArmy 目前正在發展新的事業模式，目前還未定。

資料蜂巢——八十萬科學工蜂

並非所有計畫都需要專家投入，有些計畫只需找到成千上

萬的志願者幫助改善或管理資料。「資料蜂巢」模式徵求志願者改善開放資料的品質或處理開放資料，這種模式被應用於政府資料和科學資料，已獲致一些驚人成果。

在聯邦政府機構方面，太空總署是開路先鋒，讓志願者幫助分析其龐大資料量，例如要求民眾協助從太空望遠鏡拍攝的照片中辨識可能的星系。美國國家檔案館推出「民間檔案管理員」（Citizen Archivist）計畫，邀請民眾協助為其檔案文件建立標籤，旨在把所有檔案放到網路上。美國國際發展署（U.S. Agency for International Development）使用一群志願者，協助該機構修正援助貸款授予對象的所在地資料。

國家檔案館也對美國人口普查資料做一些創新的工作。每一次普查獲得的資料在七十二年後公開，之所以選擇在七十二年後公開，顯然是基於數十年前計算出的國民平均壽命。但是，舊資料的價值有限，因為它們是手寫或人工打字機打出來的，以拍攝成縮影膠片的形式釋出。為使該流程現代化，國家檔案館決定在線上釋出 1940 年的普查資料。

非營利性質的 FamilySearch 在 2012 年初邀請國家檔案館參與該網站的「1940 年普查社群索引編輯計畫」（1940 Census Community Indexing Project），此計畫結合檔案館、族譜學學會、歷史學學會，以及族譜領域專業公司，贊助一項集體智慧行動，為 1940 年普查編輯索引。國家檔案館和 FamilySearch 共同透過社群媒體宣傳此計畫，最終，原本未在國家檔案館預算編列項目下，可能得花上至少數百萬美元的索

引編輯作業，在大批群眾志願參與下，短短五個月內就完成了。

除了政府部門，學術界和其他部門的研究人員也使用「資料蜂巢」模式，協助處理龐大數量的資料（有時也和政府機構合作），以從資料中獲得洞察。這些是新型的「公民科學計畫」，研究人員仰賴陌生人發揮仁慈與技客精神（geekiness），協助他們把資料變得有用。Zooniverse 網站是個最好的例子：這是一個國際性網站，人人都能幫助解答大規模的科學難題。

我在牛津大學和羅伯・辛普森（Robert Simpson）會面，他是 Zooniverse 在當地運作的團隊成員之一。辛普森在 2010 年取得天體物理學博士學位後、進入牛津大學當博士後研究員，並加入 Zooniverse 團隊，設計一個恆星形成研究計畫，後來進而涉入 Zooniverse 的所有計畫。在我們的交談中，他說明 Zooniverse 如何創始，如何演進，以及從這個網站可以看出資料蜂巢模式計畫的潛力。

Zooniverse 源於線上天文學研究計畫「星系動物園」（Galaxy Zoo），此計畫使用的資料來自舉世最受矚目的科學開放資料來源之一：由史隆基金會資助的「史隆數位巡天計畫」（Sloan Digital Sky Survey，簡稱 SDSS）所拍攝的整個夜空圖像。辛普森敘述 SDSS 資料如何促成星系動物園在 2007 年的創設：

天文學研究所學生凱文・夏溫斯基（Kevin Schawinski）對 SDSS 拍攝的圖片進行大量的星系辨識及分類工

作，在當時大約有近百萬個星系……。SDSS 不會告訴你某個星系長什麼樣子，它不會告訴你這是螺旋星系（spiral galaxy），還是橢圓星系（elliptical galaxy），電腦也無法做到，必須靠人工仔細檢視區別。

　　凱文和許多之前的博士班學生必須逐一檢視這些星系，進行分類，並且注意是否有罕見的星系現象。有一個星期，凱文自己分類了五萬張圖片，連續五天，天天只做這項工作，結束時，整個人都快抓狂了。他向牛津大學的另一位天文學者克里斯·林托特（Chris Lintott）抱怨，兩人決定架設網站，向外求援。「星系動物園」2007 年 7 月上線，該網站請求外界協助做的工作很簡單：檢視一張星系圖片，分辨這是螺旋星系還是橢圓星系。若這是一個螺旋星系，其旋臂以順時鐘抑或逆時鐘方向轉？這是一個恆星嗎？這是星系併吞（merging galaxies）嗎？就這樣，總共六個按鈕供你選擇。

　　結果，志願參與者踴躍到令人難以置信！電台、電視、英國廣播公司新聞網站（BBC News Online）都報導了這項計畫，人們非常喜愛它，短短幾天就湧入超過十萬名志願參與者。在網站啟動後不到二十四小時，我們就開始每小時收到近七萬筆完成辨識分類的結果，資料庫裡的每張星系圖片都有多人檢視過，因此不會有任何偏差。

不過，最令人驚訝的是：這些業餘的志願幫手辨察到訓練

有素的天文學家們所忽視未察的重要東西。「所有天文學家都傾向於認為帶點藍色的星系是螺旋星系，不是橢圓星系，」辛普森說：「因為我們從受過的訓練中獲得此認知，對我們這些天文學家而言，這是星系的性質，但一般大眾沒有這成見。所以，當發現藍色橢圓星系之類的罕見現象時，非常有用。」

Zooniverse 的幾項計畫仍然是觀察外太空，但在此同時，它也邀請志願者回顧以往的東西。例如，著名的「舊年代氣候」（Old Weather）計畫，志願者把英國皇家海軍在一次大戰左右時期的天氣紀錄誌轉成數位格式，呈現地球的過往氣候資料。另一項「古代生活」（Ancient Lives）計畫，志願者為大約一百年前從埃及的一個古代廢墟中挖掘出來、存放於牛津大學賽克勒圖書館（Sackler Library）的莎草紙文獻編輯目錄。

公開邀請科學家提出新挑戰的 Zooniverse，目前已經張貼了它開站以來的第一個生物醫學計畫「滾動細胞」（Cell Slider），邀請線上志願者協助辨識癌細胞。辛普森說：「許多醫學研究與視覺型態辨識有關，我們希望這個計畫能有幫助。」進軍生物醫學使 Zooniverse 跨入一個可能具有龐大經濟和社會潛力的新領域，請參見下一章更多討論。

Zooniverse 現在有超過八十萬人註冊，還有更多未註冊、但已做出貢獻者，從這數字可見仰賴群眾的潛力有多麼巨大。辛普森提及一個經常被引用的計算，由堪稱最具影響力的集體智慧提倡者克雷・薛基（Clay Shirky）在其著作《下班時間扭轉未來》（*Cognitive Surplus*）中所提出。薛基指出，整個維

基百科大約花了一億小時的工作建造出來，這是美國成年人每年用來看電視時間的 1% 的二十分之一。我們全都可以善加運用「認知剩餘」（cognitive surplus），把我們的閒暇時間用來做出更多貢獻。

　　一些組織現在把 Zooniverse 開創的這種方法應用於其他的科學、環境，以及社會計畫上。例如 CrowdCrafting.org 提出包括基礎科學、語言學、社群媒體分析等等廣泛領域的集體智慧挑戰，另一個組織 SkyTruth 則是運用群眾協助分析衛星影像開放資料，共同密切關注企業活動造成的環境影響。創立 SkyTruth 的地質學家約翰・阿默斯（John Amos）在 2010 年自行分析這些影像，展示英國石油公司的墨西哥灣漏油事件造成的環境衝擊，遠比官方估計來得嚴重。SkyTruth 在 2013 年推出幾項有關水力壓裂法（fracking，譯註：用高壓把含有化學劑的大量水和沙子注入至地下頁岩以開採天然氣的方法）的計畫，其中包括「FrackFinder」計畫，徵募大批志願者分析衛星拍攝到的賓州地區影像，有能源公司在賓州當地使用水力壓裂法開採天然氣。SkyTruth 的使命是：「若你能看到情況，你就能改變它。」

　　這些網站激發大批群眾的志願參與，反觀一些付錢請人們參與枯燥乏味、一成不變的工作的大型資料蜂巢模式計畫，獲致的成功反而很有限。研究顯示，付錢請人們做「人類智能任務」（human intelligence tasks）的亞馬遜「Mechanical Turk」群眾外包平台，若是付的錢愈多，就能吸引愈多的參與者。但

是，更高的酬勞未必獲致更好的工作成果。工作性質、參與的社群性質，這些似乎才是左右投入程度和成效的主要因素。

實現商業潛力

　　克雷·薛基在其探討群眾外包的著作《鄉民都來了》（*Here Comes Everybody*）中如此總結集體智慧的力量：「我們習慣於『以愛為出發點，只能成就小事；以賺錢為出發點，可以成就大事』的世界；愛驅使人們做一個蛋糕；錢驅使人們寫就一部百科全書。但現在，我們可以因為愛而成就大事。」

　　這使得那些想運用集體智慧來建立事業的人產生一個疑問：必須使人們愛上你的計畫，才能讓他們貢獻最大努力嗎？若你確實做到了這點，他們會分文不取，免費為你做事嗎？非營利事業組織 Zooniverse、CrowdCrafting.org、Stack Exchange Network，以及 CrunchBase 等公司，皆使用此方法而奏效，但有沒有你必須結合愛與金錢才能獲得最佳成果的情況呢？

　　顯然是有的，而且，聯邦政府已經為此樹立了模範。歐巴馬政府設立「Challenge.gov」網站，旨在讓大眾和政府協力解決問題。這個網站除了提供大眾幫助政府和獲得肯定的機會，也頒發獎金給提出最佳解決方案者。「Challenge.gov」提出的挑戰與問題很廣泛，例如幫美國鑄幣廠設計一款棒球紀念硬幣，或是設計行動科技方法來幫助避免大學生過量飲酒，其中有幾項挑戰聚焦於使用政府開放資料來開發對企業或消費者有益的新應用。這個網站有時也充當企業育成中心，創立以政府資料為基礎的新事業。

開放式創新和眾包服務平台意諾新，以及資料導向公司如Kaggle 和 TopCoder 的例子顯示，視當地結合激勵與獎酬，可以找到企業需要的知識與人才。把困難的研究問題張貼出來作為徵求外界協助解決的公開挑戰，這是雙贏的做法，一方面，它讓創新者有機會獲得他人的肯定，贏得一些獎金；另一方面，它使公司在需要時可以找到重要的人才來提供幫助。

　　為何意諾新在為客戶面臨的挑戰與問題尋找創新解答方面做得如此成功，曾任該公司執行長暨總裁五年的史普拉德林有他的感想與洞見。他告訴我，意諾新吸引了很多聰穎、有創意、框外思考的問題解決者。「我們張貼出來的資料相關挑戰往往吸引數以千計嫻熟科技的問題解決者，」他說：「這些人多半有數學和統計學方面的背景，他們常以團隊方式合作解決問題。」意諾新平台上的許多競賽會張貼一個領先者公布欄，顯示每一支團隊目前的得分和排名，並且即時顯示目前哪一支團隊提出的解方產生最佳結果。史普拉德林表示，這種方法創造出強烈的「競爭動態」，往往激發出突破性結果。「這激發參賽者的腎上腺素分泌、智商，以及自負心。優異的問題解決者想在領先者公布欄上名列前茅。」他說。

　　史普拉德林表示，想了解意諾新成功原因的研究學者已做了詳盡調查，研究發現，成功的問題解決者主要受到三項因素的激勵：他們想要挑戰將會產生重要影響的計畫；他們想成為解決問題者精英群的一員；他們想贏得獎項，不論是內因性質的獎勵（例如看到自己提出的解方被付諸實行），或是外部性

質的獎勵（例如金錢或獲得表揚）。

　　史普拉德林告訴我，意諾新發現，問題解決者可分為四種類型，各具有不同的技能與動因。這四種類型是：（1）學生和學者；（2）積極的研究者；（3）相關領域的退休人員；（4）專業的問題解決者。他指出，第三和第四群是最成功的問題解決者，這兩群人也最希望他們的成果能獲得酬勞（欲吸引專業的問題解決者，一定要支付獎金酬勞）。第一和第二群人的解決問題成功率較低，但他們的動因也較不是為了錢，而且，他們的參與率較高。最吸引第一和第二群人的是做好事型的計畫，也就是能夠對公眾利益有所貢獻的挑戰；第三和第四群人最擅於提出特定領域的實用性解方。

　　史普拉德林表示，整體而言，針對意諾新進行的研究結果顯示，想要做出影響是所有參與者的一個主要動因。也就是說，能鼓舞、激勵人心的計畫才可能吸引夠多的參與者，但獎金將驅使問題解決者選擇較誘人的計畫。最後一點，在沒有財務獎酬或獎酬很少的情況之下，人們更願意選擇公益性質的挑戰（例如國際救援行動），而不是選擇私人公司（例如某家製藥公司）提出的挑戰。因此，史普拉德林表示，若你提出的挑戰將有助於提高你公司的獲利，你要是不端出獎金，就別想有人會站出來幫你解決問題。

第 10 章

開放型研究實驗室
——開放式協力創新

在醫藥領域開放資料，有深具說服力的科學理由。不同的實驗室（往往位於不同國家）通力合作，可能是為許多疾病找到病因及療方的最快速途徑。

醫 學博士傑伊‧布萊納（Jay Bradner, MD）是波士頓達納法柏癌症研究中心（Dana-Farber Cancer Institute）的研究員，他和他的團隊在 2010 年時發現一條重要公式：

$$C|C1 = CC = C|C2 = N[C@@H][CC[OC[C][C]C] = O]C3$$
$$= NN = C[C]N3C4 = C2C[C] = C[C]S4C = C1$$

後來，他決定公布這條公式。

在 2010 年 6 月於波士頓進行的 TEDx（譯註：TED 官方認可的會議）上，布萊納敘述這不尋常的旅程：從一系列的實驗室實驗到他所謂的「社會實驗」（social experiment）──把他的癌症研究結果提早公開，讓全世界看到。布萊納任職於很有名望的科學機構，在舉世最知名的癌症研究中心之一指導一個實驗室，但如同他在 TED 會議影片中所言，他就像是「去了波士頓的史密斯博士」〔Dr. Smith Goes to Boston，譯註：類比電影〈華府風雲〉（Mr. Smith Goes to Washington）中的主角 Jefferson Smith，年輕、滿腔理想抱負的新科參議員〕，年輕、充滿理想抱負的科學家，急切想要看到拯救生命的醫療能有快速進展。

和這個領域的許多人一樣，布萊納的動因是個人經驗，他的父親被診斷出罹患胰臟癌，這是非常致命、幾乎無法治療的一種癌症。布萊納回憶當自家遭遇此悲劇時，他非常震驚於一個巨大落差：一方面，有關基因組和癌症的資料極

多，但另一方面，癌症醫療仍然仰賴砷（arsenic）及沙利竇邁（thalidomide）之類的早期抗癌藥物。本身是內科醫生的布萊納再回頭進一步研讀化學，目的是想研發出可以精準抑制癌細胞生長擴散的標靶藥物。

打從一開始，布萊納就看出，透過分享研究發現與成果的開放資料來借助同事的智慧，是一種深具潛力的做法。他開始實驗能夠抑制一種名為「中線癌」（midline carcinoma）的罕見癌症癌細胞的化合物，把研究資料和其他實驗室分享，從牛津大學獲得一些特別有助益的洞察，很快就顯示，他們所謂的「JQ1」化合物可以抑制實驗老鼠身上的中線癌癌細胞成長，拯救牠們的性命。

「我們開始思忖，換作是一家製藥公司，到了這個階段，會怎麼做呢？」布萊納說：「他們大概會把它當成機密，直到他們用這化合物研發出具有療效的基本成分。因此，我們採取相反的做法。我們發表一份研究報告，說明該原型最早階段的研究發現（此研究報告發表於 2010 年 9 月的《自然》雜誌），我們向全世界公布此化合物分子的化學特性。在我們這一行，這種資訊向來是機密。我們對外說明如何製造出此化合物，並寫出我們的電子郵件地址，表示若有人索取的話，我們會免費送給他們化合物分子。」

布萊納的這項嘗試雖是出於理想主義，但從商業角度來看，也可能是個明智之舉。他公布的研究發現離成為核准專利藥還有一段距離，布萊納現在正和他的實驗室把這種化合物發展成

可以進一步進行臨床試驗的藥物。製藥公司及學術界都對布萊納的實驗室研究發現展現極大關注與興趣，說不定會得出超乎布萊納的實驗室所能想像到的救命藥物，而且還可營利。

在布萊納的實驗室對社群生態學做出此大膽嘗試後不久，在研究領域採用開放資料的做法已愈加盛行。科學和研究不再只在實驗室裡進行了，實驗室、基金會，以及政府機構快速以開放資料方式分享研究發現，蔚為一種新的研究模式。此模式通常被稱為「開放式創新」，同事在線上通力合作解決最困難的問題。這種轉變可能使科學研究方式出現一些根本的改變，也將挑戰製藥公司、工程公司，以及其他單位尋求開放式研究的新事業模式。

在醫藥領域開放資料，有深具說服力的科學理由。不同的實驗室（往往位於不同國家）通力合作，可能是為許多疾病找到病因及療方的最快速途徑。《群眾的智慧》一書敘述了一個範例：對抗 2002 年及 2003 年爆發的嚴重急性呼吸道症候群（SARS）。在收到第一份 SARS 病情通報幾個月後，世界衛生組織聯絡十個國家的十一個研究實驗室，請它們通力合作找出病因。科學家同時對相同的病體樣本進行研究，約一星期就辨識出病毒，一個月後確定病因。

多倫多的物理學家暨作家麥克‧尼爾森（Michael Nielsen）在其著作《改革發現之路》（*Reinventing Discovery*，中文暫譯）中敘述開放式創新。尼爾森大力倡導使用開放資料來開啟研究，他寫道：「我相信，改革發現之路是我們這個時代最重

要的改變之一，從現在算起一百年後，當歷史學家回顧時，將把科學區分為兩個時代：網路問世前的科學，以及網路問世後的科學⋯⋯，但這將是顛簸震盪的轉變。」

對於身處「不發表研究成果，就被淘汰」（publish or perish）時代的學術界人士，資料可能是他們職涯成功的關鍵要素，在尚未經過同儕評審和正式發表之前就分享資料，可能被視為背離正道之舉。對於砸下數百萬、甚至數千萬美元研發藥品的製藥公司，公布開放資料可能被視為一種商業風險。但相反的觀點認為，分享資料可能有助於加快研究速度。現在，包括抗疾病為宗旨的基金會和聯邦政府在內，研究計畫的出資贊助者都希望採行能夠加速創新、更快找到新解答的新研究流程。

為促進開放式創新而開放資料

以虛擬團隊方式來謀求解決問題的科學家需要兩樣東西：其一是取得資料；其二是通力合作的網絡。在科學領域，開放資料看似為新概念，其實，這種方法的濫觴遠溯至數十年前。1996 年在百慕達舉行的人類基因組排序國際策略會議上，包括政府贊助的「人類基因組研究計畫」的多位領導人在內，許多全球頂尖生物學家草擬了〈百慕達原則〉（Bermuda Principles）。尼爾森在其著作中敘述：

　　雖然，許多與會者不願意單方面踏出第一步，在正式發表之前分享他們的基因研究發現與成果，但所有人都能看出，若開放分享資料變成普遍實務，整個科學界將因此獲益匪淺。因此，他們商討此議題多日，最終達成協定，也就是現今所知的〈百慕達原則〉，大家應該在線上快速分享所有關於人類基因的研究資料。這項原則並非只是空口說白話，與會的生物學家具有足夠影響力，他們說服幾個大型科學研究機構，立即下令要求其研究人員開始和外界分享有關人類基因組的研究發現與成果，拒絕分享資料的科學家將無法獲得研究經費。此舉改變了這個研究領域。

　　開放知識基金會的共同創辦人暨執行長盧佛斯・帕拉克（Rufus Pollock）指出，在開放資料成為一個通用概念之前，「人類基因組研究計畫」就是開放資料。經過深思熟慮後，該計畫制定了開放分享資料協定，有別於民營公司把更多資料列為保護機密的做法。2013 年 4 月在倫敦接受我訪談時，帕拉克提到麻省理工學院最近的一項研究證實了開放的益處：「麻省理工學院拿賽拉雷基因公司（Celera Genomics）和開放式基因組研究計畫相較，賽拉雷在率先進行排序的一些領域取得專利，但比較顯示，該公司取得專利的做法導致那些領域的後續創新或應用減少 30%。」帕拉克說，把開放分享樹立為基因組研究的共同準則，效益非常大。

　　可惜，「人類基因組研究計畫」雖很成功，卻沒能改變科

學研究界死守資料的習慣，甚至連大型合作計畫也不開放資料。歐巴馬總統在 2013 年宣布投入 1 億美元的大腦研究計畫時，儘管開放知識基金會敦促把它變成開放資料計畫，但該計畫依舊沒有承諾分享資料。不過，近年來，科學界的開放資料運動已有顯著進展，或許正在接近引爆點。

近年間，政府支持的一項國際性行動開始推動科學資料的跨國分享，這是由歐盟委員會（European Commission）、澳州政府，以及美國國家科學基金會共同發起的研究資料聯盟（Research Data Alliance），旨在促進研究資料的分享與交流。這個聯盟透過約二十個特定領域的研究團隊來推動，領域包括農業、天文學、海洋、基因組等等。其他致力於開放分享科學資料的組織，則包括科學與技術資料委員會（Committee on Data for Science and Technology，簡稱 CODATA）、耶魯大學開放資料取用計畫（Yale University Open Data Access Project，簡稱 YODA），祈願它們都能創造好成效。

一些基金會已經開始把開放資料分享列為出資贊助的條件之一，醫學研究基金會認為，開放資料是加速研發出治療方法的途徑，不希望有任何阻礙快速進展的路障。舉例而言，麥克福克斯基金會（Michael J. Fox Foundation）贊助為帕金森氏症尋找生物標記（biological markers）的「帕金森氏症發展生物標記倡議」（Parkinson's Progression Markers Initiative，簡稱 PPMI），就是一項採行開放資料模式的研究計畫。（這是師法更早的一項阿茲海默症腦部造影研究計畫採行的模式。）

透過 PPMI，二十多個臨床研究中心的科學家，發表他們對帕金森氏症血液標記的研究發現，讓其他科學家，可以取得這些完全開放的資料。麥克福克斯基金會如此說明：「所有 PPMI 臨床研究資料和特性生物標記都可供外界即時取得，為世界各地的研究人員提供一項空前資源，幫助加速及統一各地的生物標記確認研究。截至目前為止，已有三十多個國家、四百六十位學術界和產業界科學家下載 PPMI 資料超過五萬次，申請使用 PPMI 生物檢體的生物標記研究有二十一件。」

公開資料的壓力並非只來自研究經費出資者，也來自病患本身。擁有哈佛企管碩士學位的凱蒂‧朱斯帝（Kathy Giusti）曾任職默克製藥廠（Merck Pharmaceuticals）和希爾藥廠（G.. D. Searle & Co.）高階主管。1995 年時，三十七歲的她被診斷出罹患多發性骨髓瘤，卻驚駭地得知竟然沒有針對此疾病的藥物研發。朱斯帝於是創立多發性骨髓瘤研究基金會（Multiple Myeloma Research Foundation），贊助此疾病的研究與藥物研發，並要求此基金會贊助的研究必須釋出開放資料。因為這個基金會的努力，多發性骨髓瘤患者的存活率在過去十年提高了一倍。

朱斯帝本身戰勝了癌症，成為新科學研究模式的強力倡導者，她在 2013 年 4 月接受《快速企業》訪談時說：「頭號問題在於，資料被擋在學術中心和公司的牆內，要是病患知道的話，他們一定會抓狂。這制度和動機真的大有問題。」

有些病患透過 PatientsLikeMe 社群網站來自助。他們在該

網站上敘述自己的疾病、正在服用的藥物、副作用，以及其他的治療資訊，和其他病友交流，互換資訊。此網站是一個營利事業，但懷抱利他主義使命：幫助人們自願性地分享原本基於隱私理由而無法取得的資料。誠如該網站所言：「我們相信，和他人分享你的醫療照護經驗及結果是一件有益的事。怎麼說呢？因為當病患分享實際資料時，就有可能促成全球規模的通力合作，有可能產生療方，最重要的是，有可能促成改變。PatientsLikeMe 網站的宗旨是匯集人們，追求一個更大的目的：加快研究速度，修補一個有缺失的保健制度。」

在開放科學資料方面，最困難的挑戰可能不在於學術性、基金會贊助的研究領域，而是製藥公司從事的商業性科學研究。製藥公司不僅在研發階段嚴密保護資料，在完成研發後，也小心翼翼地控管發布哪些資料。臨床試驗效果好、副作用少的研究較可能見天日，臨床試驗效果不是很理想、副作用較多的研究則多半被列為機密。其結果是，科學文獻往往聚集在新藥的療效及商業潛力，直到藥品問世之後，副作用才顯現出來。

英國的「全面公開臨床試驗資料」（AllTrials）倡議行動旨在推動改革此制度。這是由研發經費贊助者、醫療組織，以及行動人士共同發起的，他們要求公布所有臨床試驗與結果的資料，讓世人清楚知道新藥品的真實利弊。2013 年，此運動贏得一個大勝利，葛蘭素史克藥廠同意公布它的所有臨床試驗資料。

在做出此決定之前，葛蘭素史克藥廠正陷入一個公關問題：該公司剛剛因為不當行銷百釋憂〔Paxil，譯註：學名「帕羅西

汀」，國內引進的藥品名為「克憂果」（Seroxat）〕和威博雋
（Wellbutrin）這兩種抗憂鬱症藥物，支付了 30 億美元的巨額
罰款。在未經美國食品及藥物管理局核准之前，該公司就宣稱
孩童可使用百釋憂，並說威博雋具有治療性功能障礙療效，且
有助於減重（一些人稱它為「快樂、性慾、變瘦丸」）。同意
釋出臨床試驗資料，或許是在該公司最迫切需要建立好聲譽時
的一項好策略。

　　不論葛蘭素史克藥廠的動機為何，公布其臨床試驗資料或
許有助於帶動遲遲未現、但迫切需要的一個趨勢。自葛蘭素史
克藥廠做出此宣布後，一些報導和外流的備忘錄指出，製藥業
計劃回擊，以延續臨床試驗資料保密。不過，「全面公開臨床
試驗資料」倡議行動援據的科學理由充分，且顯著有利於大眾
福祉，該組織相信，這項開放資料運動終將獲得勝利。

開放取閱：改變科學文獻的出版模式

　　線上開放資料風潮的盛行，以及通曉科技人口的成長，為
科學研究與發展開啟了空前的機會，但是，最基本的科技資訊
分享仍然是透過文獻發表。現在有一股新興運動，把發表的研
究資料放到線上，供免費取用，讓研究人員可以搜尋不同、但
相關的文獻，一起分析他們的研究發現。

　　在研究界，開放資料運動名為「開放取閱」（Open Access）：

更自由地分享種種研究資料的一種行動。開放取閱運動已存在多年，但直到幾年前，幾項行動才趨於聚合，朝向同一方向：不僅僅是研究結果，研究結果的背後資料也可能變得比以往更快供人開放取閱。這將為開放式創新帶來新機會、加快研發速度、提供新的研究發表機會，以及促使科學流程更透明化。

艾隆‧史瓦茲（Aaron Swartz）是這個運動的悲劇人物。2013 年 1 月的一、兩週期間，就連只使用網路來收發電子郵件和購物的人，也非常關注這位年輕的網際網路積極行動主義者的故事。美國司法部自 2011 年起控告史瓦茲電腦詐欺及其他相關罪名，在面對可能被起訴和坐牢的風險下，史瓦茲在 2013 年 1 月 11 日上吊自殺。該事件引發社會對司法部的憤慨，並要求對資料的取用訂定新規範。

這故事不僅顯示政府權力的過度延伸，也凸顯我們對公共資料的定義與管制充滿矛盾可議、混淆不清的規則。當史瓦茲想出辦法把官方的法律文件放到網路上供免費取閱時，這構想與行動獲得認可，還演進為一項持續性的大學研究計畫。但是，當他如法炮製於科學研究領域時，卻遭到美國司法部的控告。

2008 年，當時已經是全國知名的網路創業家暨開放資料運動人士史瓦茲決定把美國聯邦法院行政總署的「公共使用法院電子紀錄資料庫」（Public Access to Court Electronic Records，簡稱 PACER）內的檔案放到網路上供免費取用。他利用 PACER 的免費試閱，下載了 19,856,160 頁文件（據報導，若付費下載，得花他 150 萬美元），上傳至一個名為 RECAP（把

PACER 倒著拼字）的網站。可想而知，事後，PACER 很快取消了免費試閱政策，但 RECAP 接著在普林斯頓大學找到了一個家，設立了一個易於使用的網站：www.recapthelaw.org。

律師可以使用 RECAP 網站，免費提供他們去 PACER 付費下載的文件，這是合法行為，因為跟所有其他的美國政府文件一樣，PACER 的紀錄不受版權保護（註：在英國及一些其他國家，政府文件受版權保護）。PACER 對檔案使用者收取管理費，這些人若在線上張貼他們付費取得的文件，不需再付費給政府。

令史瓦茲惹禍上身的，不是釋出下載自 PACER 的文件，而是他的下一個行動：下載受版權保護的學術期刊文獻，意圖將之放到檔案分享網站上。2010 年年底，史瓦茲使用麻省理工學院的電腦系統，連結至內含一千七百多種期刊內容的電子期刊資料庫（JSTOR，譯註：Journal Storage 的簡稱），下載大量文章。雖然，史瓦茲可能意圖免費分享這些文章（此舉將違反版權法），但他到底哪裡做錯了，並不是十分明確。他是以哈佛大學研究人員的身分進入此期刊資料庫，在被捕後，他同意不發布他下載的這些文章，期刊資料庫也聲明表示不會對他提起控訴。但美國司法部仍然控告他，最後以十三項重罪起訴，其中包括五項電腦詐欺罪，以及一項「非法從受保護的電腦取得資訊」罪。

若說史瓦茲是過當起訴和司法追殺下的受害者，開放取閱運動激進人士的矛頭不應瞄向期刊資料庫，它是個非營利組織，

只申請館藏費用來補貼其營運成本；開放取閱運動更應該關切的，是對資訊收取高價格而賺大錢的科學期刊營利事業。2012年的《經濟學人》報導，舉世最大的醫學及其他科學文獻出版公司愛思唯爾（Elsevier）年獲利超過 11 億美元，利潤率高達約 35%。別忘了，這家出版公司旗下的期刊刊登科學研究文獻，並不支付文獻作者和審閱者任何錢，更令科學家和運動人士惱火的是，這些研究是由民眾的錢贊助的！（JSTOR的網站指出，它的期刊大多是人文、社會學，以及各領域科學性質，因此，它獲得的政府資助經費遠低於生物醫學研究。）

學術之春起義

就在史瓦茲事件引發關注的同時，學者和圖書館館員聯合發起開放取閱倡議行動。開放取閱運動在 2012 年達到高峰，被稱為「學術之春」（Academic Spring）。那年 1 月，劍橋大學數學教授提摩西・高爾斯（Timothy Gowers）發起抵制愛思唯爾公司行動，起因於該公司簽署支持一項立法，此立法若通過，將導致政府資助的研究計畫所產生的研究文獻版權更趨嚴密。到了 2012 年年中，已有超過一萬兩千名學者簽署加入此抵制行動之列。

另一個獲得其他開放資料運動組織和許多研究圖書館支持的新團體，是 2012 年 5 月成立的 Access2Research。該團體決

定使用美國「開放政府」的一項工具來推動開放取閱：他們在白宮新設的公民連署請願網站「We the People」上發起連署請願行動，請政府要求由納稅人資助的研究所產生的科學期刊文獻，必須在網際網路上開放以供免費取用。根據「We the People」網站當時規定的門檻，他們的請願提案必須在三十天內取得兩萬五千人的連署，方能獲得聯邦政府回應。他們在兩週內就達此門檻，最終獲得六萬五千人簽名連署。

白宮科技政策辦公室主任約翰‧賀倫（John Holdren）在 2013 年 2 月對此請願做出正面回應表示，白宮科技政策辦公室對此議題已討論一段時日，他在此請願網站上寫道：「歐巴馬政府同意，民眾有權容易取得用納稅人的錢資助的研究成果……，增進大眾取得管道的背後道理非常顯見……。歐巴馬政府承諾，將確保聯邦政府資助的科學研究所產生的結果，以實用形式開放給大眾、產業，以及科學界，……美國人應該有權容易取得他們資助的研究所產生的成果。」

在撰寫此回應文的同一天，賀倫發出一份備忘錄，下令每一個出資贊助研發計畫超過 1 億美元的聯邦機構，必須研商如何在研究成果發表後一年內免費提供給外界。誠如賀倫所言，這項新政策呼應美國國家衛生研究院在 2008 年制定、且非常成功的政策。

賀倫的這份備忘錄也指示，聯邦機構研議如何使聯邦資助研究計畫與成果變成開放資料的方案。為鼓勵開放思維，白宮還宣布一項「變革鬥士」競賽，表彰幫助促使科學研究資訊變

得更易於取用的人士。這項競賽在 2013 年 6 月宣布得獎者，並稱讚這些人的貢獻：「提供免費取得資料或科學研究產生的文獻；或是領導使用開放科學資料的研究工作。」可見，在歐巴馬政府看來，科學研究文獻的發表和開放資料息息相關。

新的政府政策雖受歡迎，但未必走得夠遠。等研究文獻發表一年後才可以免費取用，對研究界而言過於漫長。在賀倫做出上述回應的一週前，美國參眾兩院議員連署提出〈平等取用科技研究成果法〉（Fair Access to Science and Technology Research Act，簡稱 FASTR 法），要求凡是由納稅人出資贊助的科學研究，在研究成果發表後的六個月內必須以可使用的形式在線上公開。

一些頂尖的研究人員並未等待新政策生效，他們發展出新的研究文獻發表模式，免費或低價提供資訊。三位倍受尊崇的生物學家在 2000 年共同創立公共科學圖書館（Public Library of Science，簡稱 PLoS），這個非營利組織透過幾份線上期刊，把經過同儕評審的研究文獻免費開放給公眾使用。這個組織的創辦人是：派翠克・布朗（Patrick O. Brown），史丹福大學醫學院生物化學教授暨霍華休斯醫學研究中心審查者；麥克・艾森（Michael Eisen），加州大學柏克萊分校基因學教授；哈洛德・瓦慕斯（Harold Varmus），1989 年諾貝爾生理學／醫學獎得主，曾任美國國家衛生研究院院長、美國國家癌症研究中心主任。

開放取閱運動背後有兩股重要動因：其一，專業人員期望

看到科學昌盛；其二，對現行制度的不滿。PloS 共同創辦人麥克‧艾森的弟弟強納生‧艾森（Jonathan Eisen）是《PloS 生物學》（*PloS Biology*）期刊總編輯，他在一支討論開放取閱運動的動畫影片中敘述他的頓悟：

> 我哥哥創立 PloS 時，我還是不明白這有啥重要性。後來，我們家發生一次緊急醫療事故。半夜三點，我和我太太在醫院，透過醫院龜速的無線網路連結上網、查詢某項醫療資訊，但我無法取閱那該死的研究文獻。醫生無法回答我們提出的疑問，而我們必須對這項醫療做出決定。我是個訓練有素的科學家，有能力閱讀、解釋，以及了解許多這類文獻，但我卻無法取得。
>
> 這對我而言是頓悟的關鍵時刻，我心想：「不會吧，開什麼玩笑！」
>
> 在醫院，我只好在線上購買幾十份研究文獻。問題是，你必須先花錢購買後，才知道哪一份文獻符合你的需要。你願意花 1,200 美元，只為了得知它們合不合用嗎？沒人說研究文獻應該免費，但我們應該要有一個合理的模式。說到底，是納稅人和政府出錢贊助這些研究，為什麼不能讓這些知識被廣為取用，為什麼要如此限制人們取得這些知識？

跡象顯示，科學文獻的出版已開始朝向開放取閱，科學家

的參與帶來了一些幫助。歐盟委託進行的一項近期調查發現，2011 年發表的所有科學研究報告當中，有半數可以在線上免費取得。另一項調查發現（這項調查報告本身也以開放取閱模式發表），以開放資料模式發表的基因研究報告被引用的次數，比非開放性質的研究報告被引用的次數還要多，這種趨勢已持續至少五年了。

現行的科學文獻出版制度，看在生長於網際網路時代的未來世代科學家眼裡，恐怕是老舊到難以置信、難以接受的東西。傑克・安佐卡（Jack Andraka）年僅十幾歲，大概都可以當哈洛德・瓦慕斯的孫子了。這個來自馬里蘭州的神童，在 2012 年贏得英特爾國際科學與工程競賽（Intel International Science and Engineering Fair）大獎。安佐卡被比喻為「年輕的愛迪生」不是沒有道理的，一位科學記者如此敘述他的成就：「他發明了一種新穎的試紙，可用以檢測胰腺癌、卵巢癌和肺癌，五分鐘就可以得出結果，只需花 5 美分。這種檢測法比現行的診斷法快上 168 倍，便宜 26,000 倍，靈敏度高出 400 倍。」雖然，這種檢測法目前仍處於早期試驗階段，離臨床使用尚遠，但就一位年僅十七歲的科學家而言，已經是一個不錯的開始。

為研發出這項可能的科學突破，安佐卡必須設法繞過現行的科學文獻出版制度。他運用所能找到的開放取閱資源、使用 Google 和維基百科進行大量研究，還向一位訂閱昂貴期刊的良師益友借了一些期刊。安佐卡現在想做什麼呢？他說他要繼續做新的生物醫學研究計畫，並且進行公開演講，闡揚開放取閱

的重要性。

　　開放取閱聽起來非常有道理，但並非容易實現之事，就連花錢訂閱科學期刊的學術機構也面臨這麼做的困難。若一個新模式需要學術機構付費出版其研究成果，它們要付出的費用可能比現今訂閱高價期刊的花費還要高。

　　美國生理學學會執行長馬丁・法蘭克博士（Martin Frank）在《新英格蘭醫學期刊》上撰文指出：「若要哈佛醫學院出版其人員在 2010 年撰寫的一萬篇文章，它得花 1,350 萬美元（以一篇 1,350 美元來估算），遠遠高於它那一年的期刊採購預算 375 萬美元。因此，研究密集型機構將負擔免費提供研究文獻的成本，補貼研究密集度降低的機構，包括製藥公司在內。」開放取閱這個議題已引發熱烈討論。

實現商業潛力

　　開放式創新帶來一項挑戰：讓科學知識變成開放資料，可幫助研究界和整個社會，但產生這些資料的研究需要經費，該如何在效益和成本之間求取平衡呢？擁有劍橋大學經濟學博士學位的帕拉克，在 2004 年共同創辦了提倡開放各種資訊的開放知識基金會。帕拉克及其基金會同仁的目的，是讓人們能夠分享資訊與資料，以利通力合作。

　　帕拉克向我闡釋，為何以資訊和知識為中心的通力合作，其經濟效益優於以物質為中心的通力合作。「一塊土地讓每人分得一片，並不會使這塊地產生最大效益，」他說：「但把知識讓所有人分享，就會使社會蒙受最大益處。如同傑弗遜所言：『從我這裡取得一個思想的人，就如同點亮我的一支蠟燭的人，照亮了他自己，但並不會因此為我帶來黑暗。』」

　　但問題是，首先要如何支付知識的創造？一個典型的方法是，保護智慧財產權一段期間，如同專利法那樣，但這種方法可能延遲科學資料的公開。帕拉克說：「絕對不是只有一種選擇，舉例而言，你可以讓政府、慈善機構或利用群眾集資方式提供資金，或是以志願方式創造知識，或是有互補性產品（例如 CD 是免費的，但你可以賣演唱會門票）等等。」

　　「重點是，我們每一次限制知識與資料的取得，就會蒙受損失。以科學研究為例，大量的科學研究是由大眾出錢贊助的，

但許多研究成果被封閉，導致我們失去其龐大價值。若我們花錯錢，或是花在效率較差的研究上，我們就無法獲得救命的醫療方法，這是社會的一大成本。我們不應該限制知識的取得，把資料鎖在專有的資料庫或期刊，應該予以開放。」

史隆基金會贊助推動多項大規模的資料分享計畫，包括開放知識基金會的一項經濟學計畫和維基百科。史隆基金會副總裁暨計畫總監丹尼爾‧高洛夫使用「公共財」概念，分析開放資料的經濟效益。公共財是一種非敵對性（nonrival）且非排他性（nonexclusive）的財貨。非敵對性指的是一個人使用此財貨，並不會造成他人更難以使用此財貨，或使用此財貨的效用降低；非排他性指的是人人都可以使用此財貨。

公共財的典型例子包括燈塔、公園、思想、國防，開放資料也是一種公共財。但是，公共財的資金取得困難。高洛夫說：「相較於乾脆開放，之後就那樣擺著，沒有維修或改進，其實還有許多更好的可能方式可茲設計收費、商業模式或交叉補貼制度，以照顧公眾利益。舉例來說，有時候，為了保持基本的資料進行更新，以維持其正確性、完備性、實用性，對附加價值服務或特藏資料收取費用是合理之舉。」

在開放式創新的廣泛領域，有一些立即的機會可讓該理論付諸實施。所有製藥公司應該考慮的一項開放資料行動，是參與「全面公開臨床試驗資料」，此運動提出了非常具有說服力的理由，可望獲得推進動能。藥品缺乏成效、或具有危險副作用的新報導不斷出現，製藥公司只向大眾及醫療界科學家公布

正面研究成果的做法已很難被接受，採行公開臨床試驗資料概念與做法的製藥公司，將可有望成為產業領先者。

另一個商機是：為研究文獻的出版發展新的事業模式。開放取閱運動承認出版公司角色的重要與必要性，但這些運動人士合理地認為，在免費供應所有研究文獻和出版每年訂閱費數千美元的期刊之間，應該有一個更合理的做法。知名科技資訊與圖書出版公司歐萊禮媒體（O'Reilly Media）創辦人提姆·歐萊禮（Tim O'Reilly）和其他人共同創立了一家名為「PeerJ」的新公司，發行由同儕評審的科學期刊。採行的營運模式是讓研究人員支付一次性的低廉費用，成為終身會員，可以在這些期刊上免費發表研究論文（譯註：PeerJ 僅收取一次費用，分三個等級：99 美元的會員每年可免費發表一篇研究論文，199美元的會員每年 2 篇，299 美元的會員不限發表篇數。這些期刊供免費閱讀與下載）。包括維康基金會（Wellcome Trust）在內，一些研究贊助機構表示，若支付出版成本可幫助促使研究成果更加開放給外界，它們願意贊助此經費。科學文獻出版業是一個重要產業，如今也是一個實驗商業模式創新的領域。

最重要的問題是，開放資料和開放式創新能否為生物科技業和製藥業帶來正面改變。傑伊·布萊納及其研究團隊發現了一條可能有助於研發癌症藥物的公式，他採取絕大多數製藥公司認為不可思議的做法：公布此公式。但是，一項尚處於早期階段的原始藥物，不同於已經準備問世的藥品；此原始藥物和布萊納的實驗室裡研發的其他潛在療方，離商機還有好一段路

要走。

其實，開放資料行動在科學領域的效益與潛在商機，可能比外表所見來得大。唐‧泰普史考特（Don Tapscott）和安東尼‧威廉斯（Anthony Williams）在其合著《維基經濟學》（Wikinomics）中介紹了開放式創新的最理想範例：人類基因組研究計畫。

他們在書中寫道：「人類基因組研究計畫是一個關鍵分水嶺，一群製藥公司放棄它們各自閉門造車的人類基因組研究計畫，支持開放式通力合作。這些公司的做法，我們稱之為『競爭前知識共享空間』（precompetitive knowledge commons）。這是一種新的通力合作研發方法，志趣相投的公司（有時是互為競爭者的公司）創造產業知識與流程的共同池，運用這些知識與流程來發展出新創新及產業。」

兩位作者指出，這些製藥公司看出，在仍處於基本研究資料、尚未邁入商業應用的「競爭前」階段，共享知識有相當大的好處。尤其是一九九〇年代中期，小型生技公司取得研發專利，使得大製藥公司將來勢必得付高價才能使用這些專利。

「一家製藥公司看到了可以完全改寫此遊戲規則的另一種選擇，」泰普史考特和威廉斯寫道。默克製藥廠和華盛頓大學醫學院在 1995 年共同成立「默克基因索引庫」（Merck Gene Index），此資料庫裡的基因排序資料全部公開，到了 1998 年，已公布了超過八十萬組基因排序。「但是，默克製藥廠為何要做出這項據估計將花該公司數百萬美元的投資呢？……跟許多

製藥公司一樣，默克把基因排序視為投入要素（原料），而非最終產品，其業務是研發和銷售藥品，而非兜售基因資料和研究工具。把基因排序資料放到開放的公領域，默克此舉是搶先生技公司一步，使它們日後無法以高授權費和交易成本來阻礙默克取得關鍵投入要素。幸好默克想出這一招，因為其他製藥公司也有受限於上游基因資訊專利的憂慮。」

布萊納公布成為開放資料的研究發現，為製藥公司提供可以進一步發展的工具，不會阻礙它們研發出競爭性藥品的能力。我在 2013 年 8 月和布萊納交談時，他也看到了證實這點的跡象。

布萊納雖明確表示：「這不是一項商業性質的實驗，是公共衛生領域的一項實驗」，但他也很高興看到他的研究產生的影響及商業潛力。他說，自公布這條公式後，「資料量、速度、品質，以及再生力出現驚人發展，毫無疑問地，這加速了創新。」此外，他也見到幾家生技和製藥公司加入利用行列，「它們認知到，這種品質及免費提供給它們的資料是個大好機會」。

布萊納表示，真正的考驗在於，他的開放式創新能否激發出他和他的實驗室想像到新的應用。這個疑問的答案似乎是肯定的，他針對資料傳送的實驗室進行調查，初步檢視一百多個回應顯示，這些實驗室絕大多數在過去並未研究這項化合物，它們現在為這條公式尋找新的使用途徑。布萊納說，結果顯示，他的研究發現：「可應用於人類乳突病毒、愛滋病病毒，以及心臟衰竭，這些機會遠超過我們一開始的範圍。」

　　布萊納談到把生物研究資料公諸於世所帶來的成功，基因
資料是首要例子。他希望這個「實驗性做法」也能對化學研究
領域帶來相同的效益。

　　一些大型製藥公司已經嘗試開放式創新。禮來公司推出「開
放式創新藥物研發」（Open Innovation Drug Discovery）計
畫，旨在促使外面的研究者和禮來公司的科學家建立連結，通
力合作尋找也許能夠製成藥物的化合物。葛蘭素史克藥廠、諾
華（Novartis）、阿斯特捷利康（AstraZeneca），以及其他製
藥公司已經釋出有關瘧疾、肺結核，以及其他發生於開發中國
家疾病的藥物開放資料。誠如《維基經濟學》一書所言：「（製
藥公司）這麼做未必能賺什麼錢，但至少能增進公司形象，又
能利用一條低風險、低成本途徑，來立足於開發中國家市場。」

　　不過，截至目前為止，大型製藥公司並未在更賺錢的藥品
相關研發工作中，支持這種開放資料做法。現在，應該有製藥
公司踏出嘗試的一步，試試在藥品研發工作中應用「競爭前知
識共享空間」的做法，看是否能夠在加速創新的同時，也能保
有獲利。

商業環境——開放資料的新趨勢

第 11 章

隱私、安全性，以及個人資料的價值

在未來，有可能因為個人資料保險庫的其他用途，以及人們愈加關切個人隱私，使得個人資料保險庫變得非常盛行，新類型的交易也應運而生。在此同時，個人資料保險庫至少為個人提供新形式的控管，並在愈來愈令人不安的數位世界開啟新的可能性。

昇陽電腦公司（Sun Microsystems）執行長史考特‧麥尼利（Scott McNealy）在 1999 年時告訴一群通曉科技的聽眾：「你們反正已經沒有隱私可言了，學著習慣這點吧。」不過，馬克吐溫大概會說，「隱私已亡」的說詞可能過於誇張，不論我們現在還保有多少隱私或失去多少隱私，沒有人能夠「習慣這點」，至少在短期內無法做到。

本書撰寫之際，美國正為了隱私和個人資料的議題陷入激辯。美國人想知道，國安局到底從網路和電話通話紀錄中獲取多少有關人民的資料，他們是如何獲取的，我們又該有多憂心。等到本書出版時，大概已有幾本討論此主題的著作問世了，更別提有多少相關的文章、部落格貼文，以及評論持續湧現。

有關國安局作為的議論，其實和開放資料無關，因為國安局從未想過要公布它蒐集到的資料，甚至連它的工作性質也不打算公布。愛德華‧史諾登披露祕密文件的行為也不算是開放資料；真正的資料開放應該是由具有權力釋出資料者為之，並且有明確的公共目的。但是，國安局的稜鏡計畫曝光所引發的激烈議論，可能把我們帶向一個引爆點，關切個人資料如何被處理及使用，以及法律如何保護隱私。其結果可能包括私人企業推出解決方案，在新的、更好的規範下，帶來企業及個人開放資料的新商機。

其實，有關個人資料和個人資料應該開放到什麼程度，早已存在一系列辯論，國安局的稜鏡計畫只不過是一個最近的話題，當然，它也是最令人心神不寧的話題。美國國會和聯邦貿

易委員會（Federal Trade Commission）早已在檢視資料經紀商，亦即那些從無數源頭蒐集資料後轉賣給企業的公司。企業買了這些資料後，使用它來向消費者行銷產品。有家長發出警訊指出，一家公司蒐集小孩的學校紀錄，雖然，這家公司的目的是想幫助小孩改進在學校的表現。有公開資料庫顯示誰擁有槍支，以及這些人住哪裡。這令擁槍者感到不安，也引發槍支所有權是否應該保密，以及美國憲法第二條修正案涵蓋範圍的議論（譯註：美國憲法第二條修正案明訂人民有持有及攜帶武器的權利」）。每天有不計其數的人嘗試再一次去了解臉書的隱私條款，狐疑到底臉書掌握了多少有關他們的資料。多數人對個人資訊只有一個關切：他們想盡可能保有更多的隱私。

現在，從科技創業者到世界經濟論壇（World Economic Forum）的研究員，一群創新者準備推動轉變。伴隨資料分析師、創業家，以及政策制定者了解到個人資料的價值，新的解決方案也應運而生。新的思維主張別把個人資料保密，應該將之釋出，但前提是個人願意也同意。

他們想像的新世界是：消費者透過「個人資料保險庫」（personal data vault）控管自己的資訊。此資料庫內有關他們的生活、購買習慣、偏好等等的事實，個人可以選擇釋出部分資訊作為開放資料，幫助他們獲得更好的交易、工作機會或其他益處。弔詭的是，幫助人們控管他們本身的資料，反而能促成一個有更多個人開放資料的世界。這些個人開放資料有助於改善大眾健康與福祉，改變消費市場。

　　這個構想是由幾位世界頂尖的電腦學家提出的，世界經濟論壇加以發展，並促成了一些受矚目的新創公司。雖有前景，但離實現還遠。那些構成最大隱私疑慮的公司還未加入支持此解決方案的行列，例如 Google 和臉書，並未把建立個人資料保險庫納入它們的隱私策略。不過，這個新範式的一些含義已經很明確：

- 現行的「接受／不接受」隱私協議格式已經老掉牙了，必須有所改變。現行模式並未賦予消費者任何實質掌控，也無法反映個人資料如何被使用及傳播。
- 在此同時，新類型的工具可讓個人控管自己的資料如何被使用。個人資料保險庫既可把個人資料控管權交到消費者手中，又能創造新商機。這概念雖已存在多年，但把資料儲存在雲端的做法問世後，也許終於可以使這概念更容易實現。個人資料保險庫除了可以提供隱私保護，還能讓消費者藉由出售個人資料取用權而獲利，為科技公司創造新機會，也讓企業可以使用個人資料來打造新的行銷策略。
- 任何組織在釋出內含個人資訊的資料時，將格外謹慎，僅僅去除個人身分資訊的簡單方法並不足夠。不過，使用新的科技解決方案，遵守資料未顯現個人資訊之下，仍然可以進行人口結構資料探勘的工作。

- 「內建保護隱私設計」（privacy by design）的概念——在資料管理的技術中內建保護隱私的設計，將成為新解決方案中的一個重要部分。

現在的消費者獲得什麼保護？

隱私法既混亂、又複雜，歐盟有一套逐漸成形的統一隱私法，美國（及其他國家）的國際性企業必須遵守；反觀在美國，隱私法拼拼湊湊，較不明確，也較乏成效。

美國有一些法規保護特定種類的個人資料。例如，〈公平信用報告法〉（Fair Credit Reporting Act）賦予個人查看自己的財務資料、並在必要時做出修正的權利；還有其他法規讓美國人有權保密其健康和教育資料，有權查看政府握有他們的哪些資訊。從某些層面來說，較之於政府，民營公司有更寬鬆的餘地可以分享個人資料（例如透過購買及銷售郵寄名單），也沒有明確法規規範它們可以如何在線上使用個人資料。

歐巴馬政府正在研擬全盤性的消費者隱私保護法，使美國更接近歐洲的模式。白宮在 2012 年 2 月發布〈網路世界的消費者資料隱私〉（Consumr Data Privacy in a Networked World）報告，呼籲國會通過一部消費者隱私權利法案，《紐約時報》對此評論：「美國長久以來對於隱私抱持的是『不受侵犯之權利』（the right to be left alone）觀點，白宮倡議更現代化的隱

私概念應該是：控管商業資料的權利。」

　　白宮的這份報告中寫道：「考慮到個人資料的敏感性，以及若是資料不正確，將對消費者帶來不利後果的風險之下，應該讓消費者有權利以容易使用的格式去存取及修正個人資料。」這段話不僅強調消費者有權修改資料紀錄中的錯誤，也隱含應該讓消費者能夠下載他們的個人資料（以本書第 3 章敘述的方式下載）。不過，截至本書撰寫之際，國會尚未對這些提議做出回應。

　　資料隱私之所以呈現目前的混亂狀況，部分原因是法律落後於科技所致。研究數位隱私等議題的非營利組織民主與科技中心（Center for Democracy & Technology）的公共政策副總吉米‧鄧普西（Jim Dempsey）提出此見解。在國安局的稜鏡計畫曝光前幾個月，我們針對隱私議題進行交談，他說：「我們的主要研究計畫之一是，把美國憲法第四條修正案中保障人們不受無理搜索和拘捕的權利，進一步擴大涵蓋線上資料。」

　　鄧普西提到，美國憲法第四條修正案曾經被擴大解釋而涵蓋新類型的通訊技術，但那是在這些通訊技術已問世多年之後：

　　　　一八七〇年代，美國聯邦最高法院處理一樁控訴案，此案涉及政府主張它們有權在犯罪調查過程中開啟私人郵件。政府聲稱，犯罪被告在寄出郵件後，就已經放棄了不受搜索與拘捕的權利保障，因為寄出郵件後，此權利就交給了政府機關。最高法院判決，郵件也受到憲法第四條修

正案的保障，在沒有搜索或逮捕令下，政府不得開啟私人郵件。

1928 年，一樁政府竊聽電話的案子上訴到最高法院。政府聲稱，當你打電話時，就已經自願放棄了你的權利。這一回，最高法院贊同政府的主張。一直到了 1967 年，最高法院才終於判決憲法第四條修正案提供的權利保障也適用於電話通訊。之後，國會在 1968 年通過〈聯邦政府竊聽法〉（Wiretap Act），明訂政府必須依循一套標準程序取得法院授權後，才可以截聽電話通訊內容。

現在呢？你的電子郵件呢？大概所有人都認為，透過網際網路傳送的電子郵件，或是複製儲存於你的電腦中或列印出來擺在你的辦公桌上的電子郵件，都受到隱私保護。但是，在傳送出去後，電子郵件仍舊儲存於第三方，有些人議論，那些電子郵件是否也受到隱私保護。我們主張，儲存於第三方的通訊內容也應該受到憲法第四條修正案提供的保障，就如同寄出的信或電話通訊內容受到的隱私保障一樣。

我們也認為，同理適用於儲存於雲端的任何文件或資料。我們的主張是，所有私人通訊與文件、草稿、私人相片等等，凡是我們現在透過雲端服務儲存的東西，都應該適用最高法院之前做出的保障判決，第三方握有的那些資料必須受到隱私保障。

在此發展背景下，政府釋出更多開放資料的行動，以及我在本書中論述的開放資料益處，全都為已經不穩固的隱私保障法規與制度帶來新的挑戰。本書第 2 章提到，歐巴馬總統在 2013 年 5 月宣布「開放資料政策」（第 13 章將有更多的討論），實施這項新的聯邦政策時，將必須更謹慎處理資料隱私的課題。

政府機構在釋出愈來愈多的開放資料時，必須謹慎避免引發所謂的「馬賽克效應」（mosaic effect）：釋出的每一筆資料本身安全無虞，但駭客可以把所有資料結合起來，拼湊出個人的身分及活動面貌。「開放資料政策」團隊要員、聯邦副科技長尼克・辛奈（Nick Sinai）告訴我：「此政策明白保護私人資訊的必要性，明白可能引發馬賽克效應的隱憂。因此，我們有一套檢查準則和規定，政府機構在釋出涉及個人隱私的資料時，必須經過這些檢查。有種種技術可用以防止個人身分被辨識出來，包括掩蔽、在特定紀錄中故意置入輕微的錯誤，以及其他掩飾性統計技巧。」

個人資料統一理論

關於個人資料的開放，有一個重要的矛盾點：釋出個人資料作為開放資料，對整個社會和個人都有益處；但是，若未謹慎控管資料，開放之後對個人隱私的損害將遠超過益處。現在出現了解決此矛盾的一條可能途徑，我們或可稱之為個人資料

統一理論。

　　提出此理論的先驅之一是電腦學家艾力克斯・潘特蘭（Alex "Sandy" Pentland），目前負責指導麻省理工學院的人類動力學實驗室（Human Dynamics Laboratory）和媒體實驗室創業計畫（Media Lab Entrepreneurship Program），同時也是世界經濟論壇的大數據和個人資料倡議行動共同領導人。潘特蘭對現代社會的「資料排氣」做過先進分析，這些分析顯示，在取得個人同意後，以安全、保護隱私的方式分析人們的行動電話通訊紀錄，能提供種種線索，包括犯罪率、個人或社區的身體健康等等。

　　潘特蘭及其同仁在研究中使用大量私人持有的資料集，但他據理闡釋，釋出更多個人資料供研究分析使用，將造福所有人。他也幫助建立一個安全使用個人資料的模式。

　　首先要問的是，為何有人願意公布他們的個人資料呢？有些理由是利他性質。潘特蘭的研究顯示，在獲得個人同意之下，透過個人的手機通訊紀錄追蹤個人的行為與行動，可以看出廣泛人口的型態，有助於預測何時將爆發大規模流行性感冒，或是有助於設計出能夠控管交通、節省能源、對抗全球暖化問題的城市。

　　目前已經出現了目的較沒那麼崇高、但與個人更息息相關的應用。一家名為 TrueCar 的公司（世界經濟論壇引用此公司作為應用個人資料的一個例子）運用個人資料進行分析，為消費者提供透明化的購車真實成本。該公司的網站上說明，它從

知名的汽車業資料匯總者取得個人的購車資料，分析這些資料之後，提供當地汽車價格的更正確面貌，幫助購車者得知其他人以什麼價格買到他們想要的車款。這家創立於 2005 年的公司聲稱，若以汽車製造商建議其經銷商的售價為比較基準，它的服務已經為消費者節省了近 20 億美元。

　　想要充分實現釋出個人資料的益處，必須使人們自願地、安全地、有選擇性地開放他們的資料，為此，潘特蘭提出一個解決方案，他稱之為「資料新政」（New Deal on Data）。此方法係以經討論多時的法律課題為基礎，提議建立一個明確的、但目前尚不存在的個人資料所有權。在為 2009 年世界經濟論壇會議撰寫的一篇文章中，潘特蘭簡明敘述他的提議：

　　　　朝向開放資訊市場的第一步，是賦予人們對自身資料的所有權。欲定義何謂「擁有你自己的資料」，最簡單的方法是，回溯古老的英格蘭普通法中有關所有權的三項基本信條，分別針對擁有權（possession right）、使用權（use right），以及處置權（disposal right）：

1. 你有權擁有你的資料。公司應該扮演你的資料的瑞士銀行戶頭角色，你開設一個帳戶（若可能的話，以匿名方式開設），你可以隨心所欲地移除你的資料。
2. 身為資料所有權人，你完全掌控你的資料如何使用，若你不高興某公司使用你的資料的方式，你可以移除所有

資料。此公司欲使用你的資料時，必須事先取得你的同意，此公司不僅要以白話清楚解釋資料用途，也要定期提醒你可以選擇退出（終止公司繼續使用你的資料）。

3. 你有權除去或發送你的資料，若你想摧毀它或移除它，或是把它移至他處，悉聽尊便。

　　這個簡單、但極富新意的提議影響美國政府、歐盟和世界經濟論壇對於資料隱私的思維。世界經濟論壇推出一項多年期研究計畫，重新思考個人資料的現今用途，並且已經產生了幾份研究報告。最新的報告是 2013 年 2 月出爐的〈釋放個人資料的價值〉（Unlocking the Value of Personal Data），其結論是：個人資料具有社會重要性和顯著的經濟價值。這份報告也提出一個架構，用以管理個人資料的使用，以盡可能發揮個人資料的潛在價值。

　　世界經濟論壇首先質疑現行的二元性使用者授權合約（亦即只讓你選擇「同意」或「不同意」）的實用性，認為這不是取得個人同意使用其資料的有效方法。這種合約實際上並未提供個人一個合理選擇，不過，姑且把這事實擺在一邊，這種合約是律師所謂的「附合契約」（contracts of adhesion），完全以賣方的條款來讓人們選擇接受或不接受，也就是「要不要，隨便你」，這根本已經稱不上是真正的「協議」了。（順帶一提的是，據估計，若要一般的網際網路使用者去閱讀他「接受」的每份條款，他一年得花三十天做這件事。）就算現行的隱私

合約有意義，它們也不讓個人對其資料擁有安全且有用的控管權。

世界經濟論壇的這份報告指出：「組織必須更有成效且更有效率地對個人賦權，爭取他們的參與，不能只是在蒐集資料的起始點提供他們『同意或不同意』的二元性選擇。個人需要行使控管與選擇的新方法，尤其是當資料的使用將對他們產生最大影響時。他們需要更加了解釋出個人資料以供使用的價值，才能做出明智的抉擇。」

這份研究報告支持更深入檢視「個人資料保險庫」的概念。如下圖顯示（取自這份研究報告），個人資料保險庫可讓個人儲存他們的資料（這些資料蒐集自零售商、服務供應商、政府），並且選擇性地提供給想要使用這些資料的企業。人們可以把他們的資料釋出成為開放資料，但這必須是出自他們的意願，基於他們的選擇。

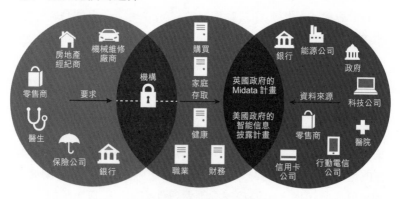

個人資料保險庫的概念

也許有人覺得聽起來像是個未來主義觀點，但是，和數位科技一樣，未來已經近在眼前。世界經濟論壇的這份研究報告把個人資料保險庫定義為：「安全的私人雲端，個人可以透過網路和行動器材應用程式存取……，它們賦予個人控管其資料的權利，讓人們能夠匯總、儲存、尋找、安全地分享有關於自己和自身生活的資料，並從這些資料中獲取益處。」這些工具已經存在，並且正在開始改變技術人員、消費者，以及企業對種種交易的想法。

消費者為了樂趣和益處，控管自己的資料

讓個人控管自己的資料，這是一個顛覆傳統行銷策略的激進概念。《意向經濟》（*The Intention Economy*，中文暫譯）一書作者達克・席爾斯（Doc Searls）指出，由廠商主導的「顧客關係管理」（Custome Relationship Management，簡稱CRM）盛行已久，但很快就會出現由消費者主導的「廠商關係管理」（Vendor Relationship Management，簡稱VRM）。在這個新世界，消費者掌控自己的資料；廠商可以把觸角伸向最有可能成為其顧客的消費者，付錢取得向他們行銷的權利。對無數的消費者而言，這將是對電話行銷者的終極復仇；對企業而言，這將形成一個友善消費者且有效率的市場，並且能夠保護個人隱私。

　　席爾斯相信，個人資料保險庫是實現此境界的關鍵。他在這本書中多次提及位於華盛頓的 Personal.com 公司，這是最早建立個人資料保險庫供消費者使用的公司之一。幫助你建立一個安全的個人資料保險庫，儲存廣泛的個人資料，只有在你的許可下，才可以存取。該公司承諾幫助你把所有生活細節儲存在一個安全地，減少管理許多密碼、信用卡卡號，以及其他容易遺失或忘記的數位資料的麻煩。這個網站的行動器材應用程式附有精心設計的、針對種種個人資料的功能選項，讓你可以安全保存，和家人分享，或是選擇和更多人分享。該網站也支持「內建保護隱私設計」的原則，從一開始就在資料處理過程中內建隱私保護措施。

　　Personal.com 的總裁暨執行長謝恩‧葛林（Shane Green）在 2012 年底接受《經濟學人》訪談時估計，消費者若同意提供他們的個人資料給願意付錢取得潛在顧客資料的零售商，消費者最終每年可以獲得約 1,000 美元的收益和節省。Personal.com 一開始免費提供服務，但該公司在 2013 年 6 月宣布，它將開始對每一個個人資料保險庫收取 29.99 美元的年費。該公司打算不直接向消費者收費，而是向銀行、保險公司或學校等機構收費，這些機構可以轉而向其顧客提供此服務，作為吸引顧客的一項益處。

　　就個人資料控管可幫助企業行銷和改善整個社會的這個大願景而言，Personal.com 提供的這項終身管理工具只不過是序曲而已，該網站已經發展出一項名為「Fill It」的應用程式，讓

人們可以藉由上傳來自其個人資料保險庫的資料（加入了密碼保護），自動填寫種種表格。該網站首先以政府機構（例如華盛頓特區車輛管理局）使用的表格來測試「Fill It」功能，發現它有助於減輕填寫這些表格的繁複程序。

　　Personal.com 現在和美國教育部合作，讓申請及獲得聯邦助學貸款的學生，可以上傳他們的申請資料到個人資料保險庫裡。如此一來，他們每年在重填聯邦助學貸款表格，或是填寫其他表格時，就可以重複使用這些資料。有超過兩千萬人取得聯邦助學貸款，政府估計，填寫這些冗長、詳細的表格，每年總計得花超過三千萬小時。使用儲存於個人資料保險庫裡的資料，也可以使填寫的表格內容更正確，或許能幫助學生更有效取得貸款。

　　Personal.com 也和世界經濟論壇的全球資料議程委員會（Global Agenda Council on Data）及其夥伴合作，推廣使用自動化表格填寫應用程式。世界經濟論壇在其 2013 年 2 月發表的研究報告中估計：「這將可以使全球每年節省一百億小時，改善公共部門和私人企業的服務……。自動化表格填寫可促成更有效率的線上、行動及親身互動；使公共部門和私人企業的組織發展出新類型的、經個人同意的資料導向服務；為個人和企業帶來顯著的新經濟效益；改善政府的服務品質；**可能**節省數億、甚至數十億美元的減少安全漏洞費用。」這段文字最後雖使用了「可能」這字眼，但其希望仍相當濃厚。

顛覆網際網路的基本事業模式

　　本書第 7 章提到的新創企業 Reputation.com 也提供幫助個人控管資料的服務，我和該公司創辦人暨執行長佛第克會面時，聊到了資料隱私的未來。蓄長髮的佛第克是個活力充沛的創業家，外貌和典型的哈佛法學院畢業生很不一樣，但他兼具法學素養和商業技巧，為他的高知名度新創公司設立遠大目標。佛第克很有抱負，他告訴我：「我想顛覆網際網路的基本事業模式」。

　　「咱們來看網際網路上創造的頭一批財富，隨便說個數字，例如 1 兆美元，」他說：「把硬體公司和網際網路服務供應商排除之外，剩餘的財富，廣告占了絕大部分。這意味的是，矽谷很擅於資助那些擅長創造東西後免費供你使用、但蒐集並販賣你的資料的創業者。我並不是說這是邪惡的生意，但這種交易基本上就是身為用戶的你放棄了所有控管，放棄了定義你自己和控管你的資料流向的所有途徑。而且，用戶本身並不知道這點。我畢業於哈佛法學院，可是，幾乎所有的網際網路服務條款都令我一頭霧水。」

　　佛第克繼續說：「這種基本事業模式的基礎，就是令你搞不清楚他們怎麼使用你的資料。基本上，從法律和經濟學的角度來說，你不可能一邊拿此作為你的核心價值主張，一邊又說你非常關心顧客的隱私，你不可能兼顧兩者。我決心做的事，便是嘗試讓用戶再度回歸網際網路的核心。」

佛第克相信，透過他的公司和其他公司提供的工具，控管及使用個人資料可以創造數兆美元的經濟價值。他的計算如下：「首先，想像完全砍除廣告業務，顛覆它，把你放在每個交易的核心。接著，想想這世上仰賴資料的每一個經紀業務，要是你對一個資料經紀商的價值是一年 2,000 美元，假設有一億個像你這樣的人，把 2,000 美元乘以一億人，你看，這是多好的生意。」

佛第克說，Reputation.com 能讓你使用你的資料，為你帶來四種不同的好處：「第一種好處是提供，通常指的是折扣，但也可能是提供工作機會。」若你張貼可搜尋到的有關於你的資料，可以幫助潛在雇主找到你。

「第二種好處是狀態。」舉例而言，照理說，若你遷居他處或改變了其他環境或狀況，像飛行累積哩程之類的福利應該要很容易繼續保持有效才對，但實際往往不然。若你讓你的一些個人資料可供外界看見，提供個人化福利的航空公司或其他公司便很容易找到你，讓你的原有福利繼續保持有效。

「第三種好處是現金。若某人來到汽車經銷商處試駕一款車，這對豪華車製造商而言大約是 2,000 美元的名目價值。這 2,000 美元是指兩樣東西的價值：第一，有一個買得起這款車的人自己上門，這是潛在顧客自選顧客群區隔，省了車商工夫；第二是意向性（intentionality），若你自己上門，你大概已經準備買車了。」換言之，若取得個人資料有助於廠商引進希望濃厚的潛在顧客，廠商自然願意花錢取得個人資料。就上述這

個例子而言，佛第克說：「身為廠商的你大概可以付 100 美元來購買很多人的資料，例如已經大學畢業的人、過去十年從大學畢業的人、從某些大學畢業的人，以及從研究所畢業的人等等。」

控管資料的第四種好處最明顯：「隱私。你可以上網瀏覽和購物，而且完全匿名。你去亞馬遜網站買了東西，他們將永遠無法得知任何有關你的實際資訊，只知道你的存在，你有個地址，你有能力付錢。你給他們的地址是一個混淆不明的地址，它是經由某個第三方，把你購買的東西送到你家。」

第四種最基本的益處是其他三種益處的基礎，其原理是：當資料變成由消費者自己控管的更稀有資源時，資料就會變得更有價值。在一個更多人把自己的資料儲存在安全保險庫裡的世界，廠商可能提供更優惠的交易、特別的顧客服務、甚至是現金，給那些願意提供資料、使廠商易於找到他們的消費者。

這種事業模式引人好奇，但成效還有待檢驗。截至 2012 年底，Reputation.com 獲得 6,700 萬美元的創投融資，但公司還未賺半毛錢。可以確定的是，不經一番奮鬥，上兆美元的線上廣告產業是不會輕易投降的。

很多行銷業者對 Reputation.com 的事業模式抱持懷疑態度。行銷專家暨華頓商學院教授彼得・費德（Peter Fader）告訴《科技評論》雜誌：「其實，人口結構和其他的個人檔案鮮少有用處，只是一些公司迷惑不清罷了，」他強調，行銷者已經在蒐集的消費者行為資料更為重要。此外，費德也相信，消

費者將會排斥自己控管資料，他說：「管理自己的個人資料所需花費的工夫，將大於這麼做所產生的益處。」

Communispace 的資深研究員卡翠納·勒曼（Katrina Lerman）最近張貼了一篇部落格文章〈開放資料市場的探險〉，挖苦地描述一名消費者決定嘗試管理自己個人資料的故事。勒曼的文章這麼描述：「費德里柯·贊尼爾（Federico Zannier）是研究所學生，過去當過商業顧問，……自（2013年）2月起，贊尼爾鉅細靡遺地記錄他的所有線上行動，包括 HTML 網頁、螢幕截圖、網路攝影機影像、GPS 地點、應用程式日誌，甚至還畫出他的滑鼠游標位置。接著，他在 Kickstarter 平台提出一項名為『A Bite of Me』計畫，提供他的個人資料，從一天2美元起跳。他不僅很快就達到500美元的目標，而且，到了月底，他已經取得了近3,000美元，其中包括三個人付200美元購買他的全部 7GB 量資料……。贊尼爾能否成為第一位新類型的資料供應商呢？」大概不會。

不過，就算個人資料保險庫不會在一夕之間成為革命性的行銷概念，它們仍可能因為個人理由而實現。《意向經濟》一書作者席爾斯對此寫過不少論述，包括 2012 年初在其部落格上撰寫的一篇全面性分析，以下是該文的部分節錄：

Personal.com、Connect.me、Singly、MyDex、Azigo、Oig、Glome、Kynetx、the Locker Project 或其他的 VRM（廠商關係管理）公司和發展計畫的存在，絕非只

是仲介個人資料而已。它們的存在主要是讓個人能對他們的生活、他們和組織的關係、他們的人際關係，以及他們和自我的關係有更多的控管。

　　行銷業者願意直接向人們購買他們的個人資料做什麼呢？……其實，過去從不存在人們銷售其個人資料的市場，但我們確知的是，個人資料有其使用價值……。想想你生活裡所有可以被數位化及儲存的個人資料：相片、影片、信件、文本、電子郵件、你本身及其他人的聯絡資訊、學校及事業紀錄、收支帳單、醫療和健身資料、行事曆……。

　　所有 VRM 的開發者……從事的事業是幫助個人了解並成為在市場上獨立自主的角色，並非只是使他們成為廠商行銷訊息瞄準得更準確的對象。他們參與的 VRM 運動朝向為個人提供獨立及參與的工具。舉例而言，我們正在研議可以提出主張的服務條款，例如，個人可以主張：「除了你的這個網站，不要追蹤我；你蒐集了我的什麼資料，請以我指定的形式告知我。」這跟販售什麼沒有關係，這和關係有關，與交易無關。

　　欲使一個全新的行銷模式出現，我們需要達到一個有更多人使用個人資料保險庫的引爆點，進而促成了新的行銷模式。在未來，有可能因為個人資料保險庫的其他用途，以及人們愈加關切個人隱私，使得個人資料保險庫變得非常盛行，新類型的交易也應運而生。在此同時，個人資料保險庫至少為個人提

供新形式的控管，並在愈來愈令人不安的數位世界開啟新的可
能性。

實現商業潛力

個人資料這個新焦點對企業有一些重要含義，以下是值得企業考量的一些基本策略。

尊重顧客隱私

這是現今趨勢中最基本的啟示，我們全都讀過有關公司以顧客不欲之方式使用其資料的報導及文章。這麼做的公司很多，並非只有 Google 和臉書而已。企業必須有心理準備，社會及人們關切隱私的聲音將愈來愈高漲，國會也許不會採取全面行動，但就算只是一再舉辦針對資料經紀商營運方式疑慮的聽證會，網際網路隱私及相關議題也會引起群眾意識行動。承諾、且徹底實踐保護顧客隱私的公司，將能在吸引和留住顧客方面獲得競爭優勢。

讓顧客可以存取自己的資料，並幫助他們控管這些資料

如今，「人們應該有權存取和控管他們本身的資料」這個概念已被廣為接受，此概念進一步引出「智能信息披露」、「個人資料保險庫」等概念，以及控管消費者資料和隱私保護方法的問世。消費者將會期望能夠存取自己的資料，具前瞻思維的公司應該為他們提供此權利。此外，未來可能會有更多消費者

質疑，他們所接受的線上公司契約，是否使得這些公司得以掌控他們的資料；他們也可能會開始要求得知，資料經紀商取得了他們的哪些資訊。

嘗試顧客導向的行銷方法

在新的隱私疑慮趨勢中，我們可以預期將有更多消費者使用網站和應用程式，用以儲存、記錄和分析有關他們的財務、購買及喜好的資料。企業可以對消費者提供誘因，徵求他們以開放資料形式分享這些資訊，並幫助消費者找到符合他們需求的產品或服務。相較於讓消費者當廣告與行銷的被動接收者，這種做法能使公司更有成效及有效率地觸及消費者。最大的機會在於購買價值最大的高檔產品與服務，例如汽車、電子產品、旅遊、房地產。

探索隱私商機

個人資料保護可能成為一項重要的商業動力，一些創業者現在已經認知或相信這點。果真如此，將會出現幫助消費者透過個人資料保險庫、軟體解決方案，以及應用程式來保護個人資料的許多商機。公司若使用資料保險庫來確保顧客隱私，將能和顧客發展涉及敏感資料的更直接、密切關係。

Personal.com 的政策長暨法律總顧問喬許‧蓋爾波（Josh Galper）在寫給我的電子郵件中談到，已經有企業開始使用該

公司的服務了：「我們為企業及其他機構提供的主要服務是和它們合作，為它們的顧客及會員提供品牌聯名的個人資料保險庫，裡頭已有預先存入的、與他們的帳戶有關的資訊，顧客可以分享和再使用這些資訊，例如從其他器材採取這些資訊，安全地和親近的人分享這些資訊，或是使用『Fill It』自動填寫表格功能。這不僅使人們可以控管自己的資訊，打破目前的資訊封閉塔，這種雙向資料與文件交換也是一種顯著改進的前端辦公室解決方案，促進顧客與公司之間的連結和資訊交換，對企業和個人是雙贏。」蓋爾波表示，目前，Personal.com 的企業客戶主要是保險業、教育業和金融業。

「我們以品牌聯名合作的對象，也包括專門銷售個人資料保險庫給顧客的公司，這種資料保險庫含有『隨身攜帶你自己的資料』（Bring Your Own Data，BYOD）的應用程式功能提供特殊用途，例如電子錢包、密碼保險庫，或是重要檔案如遺囑和財務文件。光是由個人擁有及控管的原則，就可以看出這些保險庫的技術與實務操作方式。」

「最後一點，」蓋爾波寫道：「企業也可以在 Personal.com 網站註冊成為資料庫所有權人，讓公司同仁可以彼此安全地分享重要資料及檔案，例如密碼、聯邦快遞（FedEx）帳號，以及他們希望加密及透過保險庫、而非透過電子郵件之類工具來分享的敏感檔案。再者，公司也可以使用『Fill It』自動填寫表格功能，從其資料庫裡取得資料，來填寫政府機關的表格或其他表格。」

第 12 章

在透明化社會做生意

在過去，調查性新聞工作者仰賴己力，挖掘資訊，
而他們調查的對象則是極力隱藏資訊，大企業的
財務資訊尤其難以挖掘和解開糾結。不過，近年
來，這情形有了改變，金融業和企業的營運變得
更透明化，這有益於大眾和經濟的健全性。

開放資料對記者和行動主義者而言是個恩賜，但對這些人選擇調查的政府及企業而言卻是個嚴峻的事實。伴隨愈來愈多資料的開放，已有愈來愈多的記者和行動組織想出使用開放資料的方法。他們分析有關政府合約、政治獻金、保健公司，以及種種企業的資料；他們的使命是使用資料來平衡政府和企業之間，以及政府和大眾之間的力量。他們的成功傳達了一個訊息：一切愈來愈透明，愈來愈難以隱藏。

這種新興的資料偵探使用科技來分析資料，並把結果公諸於世。倡導透明化的陽光基金會，有一個擁有近二十名軟體開發師的科技實驗室，其目標是使政府活動和政府與企業之間的關係透明化。全球見證組織（Global Witness）分析企業和財金資料，以揭發洗錢活動；政府監督計畫組織（Project on Government Oversight）分析聯邦政府合約及包商。由湯姆‧史坦柏格（Tom Steinberg）創立及領導的英國線上民主計畫「我的社會」（MySociety），設立許多網站，從事各種公民運動，其中的一項活動是公布援據〈資訊自由法〉取得的資料。ProPublica 和公共誠信中心（Center for Public Integrity）等獨立新聞報導與調查組織深入挖掘醫療保健業者的資料，這些組織也使用已經公開的資料，並且施壓政府機構公布更多的資料，在必要時，它們會訴諸法庭，且經常獲勝。

資料偵探提供了對政府及企業的第三方監督，拜他們的努力所賜，政府及企業如今身處一個更難以機密運作的世界。政府與企業機構現在的風險管理工作之一是，它們必須假設，不

論它們做什麼事，最終都有可能會被揭露。

電腦輔助新聞報導的濫觴

資料導向新聞報導的現代紀元應該回溯至 1973 年，那是調查性新聞報導深具指標性的一年。那年五月，鮑伯‧伍沃德（Bob Woodward）和卡爾‧伯恩斯坦（Carl Bernstein）因為在《華盛頓郵報》上的水門事件醜聞報導，共同贏得普立茲新聞獎。那年年初，尼克森總統的多位高級助理認罪並辭職；年底，尼克森在演說上說：「我不是騙子。」但在翌年被迫辭職。歷史容或有種種解讀，但說是調查性新聞報導把這位總統拉下台，一點也不為過。

不過，從新聞學的角度來看，那一年最重要的事件應該是幾乎不為世人注意的一個引爆點：印第安納大學出版公司在那一年出版奈特萊德新聞集團（Knight Ridder）旗下記者菲利普‧梅伊爾（Philip Meyer）撰寫的《精確新聞學》（*Precision Journalism*，中文暫譯）一書初版。水門事件使大批記者想成為下一個伍沃德或伯恩斯坦，梅伊爾的這本著作為他們提供了以新的資料導向方法，來從事調查性新聞報導的工具。伍沃德和伯恩斯坦安排在深夜時和線人在停車場會面，梅伊爾則是教新聞從業者如何使用數量方法和主機型電腦去取得真相。

梅伊爾以紐曼新聞獎學金（Nieman Journalism Fellowship）

就讀哈佛大學時，開始發展後來被稱之為「電腦輔助新聞報導」
（computer-assisted reporting）的概念與方法。1967 年，他飛
至底特律，幫助《底特律自由報》（*Detroit Free Press*）的同仁
報導那年底特律市的暴動事件時，應用了這個概念與方法。在
那個緊張紛亂的新聞編輯部，有關暴動者的教育背景和人口結
構，眾說紛紜，梅伊爾提出使用民意調查來查出真相的新概念。
由該報和密西根大學通力合作的這項民意調查獲得一些驚人發
現，包括許多受過大學教育的人參與了暴動。此系列報導使《底
特律自由報》贏得普立茲新聞獎，梅伊爾也認知到，他發掘了
新工具。

在撰寫《精確新聞學》一書時，一位同事建議把梅伊爾的
方法稱為「精確新聞學」，有別於當時所謂的「新新聞學」（new
journalism）——一種主觀的新聞報導方式，記者在報導中提出
主觀敘述，並放入自己的意見。現在來看，「新新聞學」已然
是相當老掉牙的東西。可是，梅伊爾當年提出的新聞報導概念
與方法，現今依舊應時。他的這本著作目前仍付梓，已經發行
到了第四版，且一再更新以跟進新科技。

監督組織和記者現今使用的「電腦輔助新聞報導」已經演
進至使用開放資料。過去四十年，新聞工作者學會如何分析資
料以偵察出弊病、揭露政府支出型態，以及追蹤人口結構趨勢
等等。現在有不少非營利組織使用相同的方法，來幫助它們的
資料導向政策分析及倡議工作。

所有這些深入挖掘資料的行動所引導出的結果是：企業、

政府、公共機構，以及大型非營利組織如今全都身處於透明的玻璃屋，全世界有大批專家知道如何刺探它們的祕密。伴隨更多資料被釋出成為開放資料，資料偵探的工作將更繁忙了。全美、乃至於全球的報業或許式微，但記者使用的調查性新聞報導方法的影響力卻是不減反增。

舊學派，新技巧

查爾斯‧路易士（Charles Lewis）歷經過三種好職業，他當過記者和非營利組織的領導人，現在則是美國大學（American University）的教授。我前往美國大學傳播學院採訪他，他的辦公室牆上貼了幾幅同事及友人送他的幽默漫畫及文章，其中有一張早已停刊的政治雜誌《喬治》（George）封面，封面人物是他。還有一篇文章封他為「教父」——不是電影裡那位唐柯里昂（Don Corleone）的王國教父，而是「非營利組織調查性報導教父」。不過，不同於馬龍白蘭度飾演的兇惡角色，路易士和藹可親，講述其人生歷練過的工作時，既專業又爽朗。

「我從事調查性報導工作至今已有三十多年，」他告訴我。路易士曾在華盛頓特區美國廣播公司（ABC）新聞部和紐約哥倫比亞廣播公司（CBS）的〈六十分鐘〉（60 Minutes）節目工作，並於 1989 年在自己家中創立非營利組織「公共誠信中心」。十五年來，這個中心已成長為一個極具影響力的調查性

新聞報導組織，發行過贏得獎項的三百多份報導和十四本書。「我擁有兩個政治學學位，」他說：「我們的報導方法大致上是結合政治學和新聞學這兩個領域的最佳元素。我想做比政治學更重要、更易於理解的徹底研究，以及比一般所見更為深入的報導。」

路易士表示，公共誠信中心的策略聚焦於「沒人閱讀過的公共資料」。該中心發表過許多獨家報導，包括哈里伯頓公司（Halliburton Company）在伊拉克及阿富汗戰爭中承包政府計畫的詳細內幕。當網路在一九九〇年代起飛時，調查性報導記者人數也激增，他們使用網際網路作為取得資料及文件的新管道。路易士說：「一九九〇年代初期，調查性新聞記者與編輯組織（Investigative Reporters and Editors）成立全國電腦輔助新聞報導協會（National Institute for Computer-Assisted Reporting，簡稱 NICAR），此協會最近一次的年會有六百人參與，參加人數不斷增加，可喜的是，其中有愈來愈多二十幾歲和三十幾歲的年輕人。」

調查性報導跟進科技發展腳步，路易士的組織走在最前方，他很驕傲地指出：「公共誠信中心最近剛完成了電腦輔助新聞報導史上規模最大的計畫。」該中心推動政府釋出重要保健資訊作為開放資料，接著以革命性的方式使用這些資料。

該中心決定仔細檢視聯邦醫療保險。路易士據其觀察，形容這是一個「蔓生而龐大複雜、猶如沼澤般陷入困境的體制」。該中心的研究人員很想調查此體制的弊病，卻發現他們需要的

紀錄資料並不對外開放，於是，他們和《華爾街日報》的東家道瓊公司（Dow Jones & Company）聯袂要求衛生與公眾服務部提供紀錄資料，但後者堅持不肯釋出。「他們於是向地區法院提出訴請，」路易士說：「衛生與公眾服務部最終不情願地提供紀錄資料，公共誠信中心和《華爾街日報》總計支付大約12,000 美元。」

「他們檢視幾億筆紀錄，」路易士說：「最後從中看出，人們因為一個問題而上二十四小時的急診中心或小診所，但最後的帳單上卻增加了很多項目，於是，聯邦醫療保險原本只需支付 100 美元的，最終卻付了 700 美元。」

路易士指出，公共誠信中心的研究人員「辨察出大約一111 億美元的醫療保險詐欺，這可是非常龐大的數字。這份研究報告出來後，不到兩個月，衛生與公眾服務部的督察長宣布，他們將調查公共誠信中心揭發的詐欺情事。一家報紙和一個非營利組織能夠發起此計畫，拉出資料集，核對比較，抓出問題。」

這對新聞工作者和優良治理而言是一大勝利，但仍然不足。1979 年的一項法院禁制令，禁止記者把可疑收費紀錄牽連至個別醫生身上。2013 年 5 月，佛羅里達州傑克遜維爾地區法院解除這數十年前的禁制令，理由是，隱私法的解釋在這三十三年間已經改變。此決定意味的是，公共誠信中心的調查將不只影響整個聯邦醫療保險，也可能影響特定的保健服務提供者及其實務。

　　這項針對聯邦醫療保險的調查報導規模及影響性或許是空前，但許多其他的調查性報導也對保健業施加了一些壓力。現今最能持續發揮成效的資料導向調查，當屬非營利組織ProPublica所發起的調查。該組織創立於2008年，目前約有四十名工作人員。

　　和公共誠信中心的聯邦醫療保險調查團隊一樣，ProPublica組織有時也為了爭取資料釋出成為開放資料而奮鬥。幾年前，該組織決定調查美國的洗腎治療，為此，他們引據〈資訊自由法〉，要求相關單位提供資料，經過冗長協商之後才終於取得。資料到手後，該組織經過一番調查，挖掘出洗腎治療存在嚴重的成本及安全性問題。ProPublica在2010年設立一個洗腎中心追蹤系統資料庫網站（Dialysis Facility Tracker），幫助病患找到最佳治療。2011年，在愛荷華州共和黨籍參議員查爾斯・葛拉斯利（Charles Grassley）的質疑下，聯邦醫療保險與醫療補助服務中心宣布將把洗腎中心的更多資料開放給大眾，「更多的監督和更透明化對消費者有益，」葛拉斯利參議員說：「這些是早就該採取的行動，不應該在調查性媒體揭發和國會的施壓下才有所作為。」

　　ProPublica組織追查多項公共利益議題的資料，包括政府紓困方案和非營利組織的財務，不過，該組織產生最大影響的研究計畫，是使用開放資料進行的保健業調查。該組織的「處方者調查」（Prescriber Checkup）資料庫網站，能讓你比較聯邦醫療保險處方藥福利方案下，個別醫生開立處方的型態；「流

向醫生的錢」（Dollors for Doctors）資料庫網站追蹤製藥公司付給醫生和其他醫護專業人員多少錢，以鼓勵他們開立它們的產品；「護理之家視察員」（Nursing Home Inspector）資料庫網站讓你可以根據管理當局的報告，辨識出任何一州的低品質護理之家。

全美和全球各地還有很多富有進取心的新聞工作者，正尋求他們可以分析而產生影響的開放資料。路易士指出，《亞特蘭大立憲報》（*Atlanta Journal-Constitution*）調查整個喬治亞州的高中測驗成績，發現不少可疑的高分。該報進行機率分析後，以極具公信力的方式指出，校方對測驗成績動手腳。這篇報導引發的結果是：已退休的督學和另外三十四名教育人員被控勒索及偷竊等罪名。

報紙及其他的新聞組織也採行一種創新的調查方法，邀請讀者參與開放資料的蒐集、分析，以及改善工作。舉例而言，ProPublica 組織邀請大眾協助建立一個有關 2012 年大選期間、競選廣告資金募集的資料庫。不過，新聞眾包行動的世界冠軍得主，應該要屬英國的《衛報》。該報自 2009 年起，便取得英國國會議員的詳細花費報告，並邀請其讀者協助逐筆檢視這些花費。這工作儼然變成一項全國性消遣活動，《衛報》讀者很樂意去檢視他們選出的民意代表到底把他們的錢花在哪裡，該報持續報導調查結果。自那時起，更多國會議員捨棄計程車，改搭地鐵。

企業透明化的背後驅動力

在過去，調查性新聞工作者仰賴己力，挖掘資訊，而他們調查的對象則是極力隱藏資訊，大企業的財務資訊尤其難以挖掘和解開糾結。不過，近年來，這情形有了改變，金融業和企業的營運變得更透明化，這有益於大眾和經濟的健全性。

欲了解為什麼，只需回溯幾年前的情形。在我看來，我們這個年代最駭人的一部電影不是什麼僵屍片或烏托邦科幻片，而是 HBO 改編自安德魯・羅斯・索爾金（Andrew Ross Sorkin）的著作《大到不能倒》（*Too Big to Fail*）的同名電影，描述 2008 年的金融危機。

HBO 把這部電影拍成像典型災難片中的場景：由威廉赫特（William Hurt）飾演的財政部長亨利・鮑爾森（Henry "Hank" Paulson）在一場會議中因為壓力過大，中場離席去洗手間嘔吐；由比利克魯達（Billy Crudup）飾演的紐約聯邦儲備銀行總裁（譯註：後來接替鮑爾森成為財政部長）提摩西・蓋斯納（Timothy Geithner）在手機上不停地咒罵。整個氣氛宛如九〇年代末期那些地球末日影片，接二連三撞擊地球的隕石已經夷平巴黎，另一群隕石正朝紐約和華盛頓市而來；差別是，在這部影片裡，巴黎是已經在 2008 年 9 月破產的雷曼兄弟（Lehman Brothers），命在旦夕的紐約和華盛頓市則是美國國際集團（AIG）和貝爾斯登（Bear Stearns）。

2011 年上映的這部電影裡有一幕場景是：新聞與評論網站

「每日野獸」（The Daily Beast）報導，蓋斯納在接受採訪時承認，美國的財金領導人內心一如外表所見地驚恐：「情況分崩離析，我們束手無策……，現實生活中就是要做出種種選擇，但此刻，我們沒有好選擇。我們目睹這龐大金融體系的形成，卻沒有加諸任何有力的束縛。」

金融體系的崩潰有幾個導因，其一是缺乏透明度，也就是資料開放不足。在餘波中，金融危機成為主張應該公布更多企業、金融機構，以及其營運方式資料的最具說服力論述。行動人士、創業者、投資人、監管當局和企業結合起來，形成一股倡議開放資料的新驅動力。這股新的透明化運動將對新聞工作者和資料偵探有所幫助，最終也對投資人有益。

從這場金融危機中，我們看到的最糟情事之一是，沒有人真正了解大型金融機構的結構，或許連金融機構本身也不了解。在雷曼兄弟破產後，一項國際性銀行業調查研究報告指出：「雷曼兄弟集團旗下有兩千九百八十五家法人機構在五十多個國家營運，……包含受監管機構和不受監管機構，構成一個複雜體系，……一家公司的交易可以記帳在另一家公司。」就算監管當局已經對雷曼兄弟起疑，他們也將發現，幾乎不可能看透雷曼兄弟旗下近三千張臉孔，在該公司崩潰之前及時採取行動。

雷曼兄弟如是，絕大多數大型金融機構和許多大企業亦如是。美國及其他國家的公司法人已經發展成非常複雜的所有權、子公司，以及董事會治理結構，有時是為了稅務，有時是為了營運，有時是因為它們透過購併等行動而成長。為了更易於了

解這些複雜的公司，並使它們更有效地當責，愈來愈需要開放資料。

　　金融危機後，2010 年通過的〈多德 - 法蘭克華爾街改革與消費者保護法〉要求在許多層面提高透明化程度，此法案明述的第一個目的是：「藉由改進金融體系的當責制和透明化，以促進美國的金融穩定。」此法案第七章「華爾街的透明化與當責」要求信用違約風險交換（credit default swap）和信用衍生性金融商品的交易必須更透明化；第九章「投資人保護及證券業監管之改善」授權證管會發布對金融產品與服務的銷售點揭露規範，並要求定期取得股東對高階主管薪酬的核准；第十章要求設立消費者金融保護局，明訂該局有權改進多種金融產品的透明化與資訊揭露。

　　實施這類政府命令的同時，一些民營公司也幫助提升企業與金融機構的透明化程度。倫敦 ODI 育成的 OpenCorporates 已經建立龐大的公司開放資料庫，深入分析企業結構，並畫出這些結構，使它們更易於了解。

　　高盛集團（Goldman Sachs）旗下有一千四百七十五個在美國註冊的子公司，以及七百三十九個在開曼群島註冊的子公司。OpenCorporates 的共同創辦人暨執行長克里斯‧塔格，說明他們對高盛集團進行深入分析後得出的結果：「用國家來區分檢視，尤其可以顯示高盛集團和摩根史坦利這類公司的情形，看出開曼群島對這些網絡有多重要。」科技新聞與部落格網站 GigaOm 張貼一篇採訪塔格的文章，提及塔格所言：「根據這

些資料，你可以做一份學術研究，但大概只有六、七個人會閱讀。把這些資料放進單一一個開放的資料集裡，你幾乎就能自動產生這樣的副產品。」OpenCorporates 在開放授權基礎下，把它的分析結果免費釋出作為開放資料，但它的事業模式也包含收費提供附加服務。

若你認為這類行動是由反企業激進分子所驅動，則你應該聽聽英國保守黨籍首相大衛·卡麥隆（David Cameron）在2013 年 1 月出席於瑞士達沃斯舉行的世界經濟論壇時所說的話。英國已接下 2013 年 6 月八大工業國（G8）高峰會主辦國棒子，卡麥隆出席世界經濟論壇會議是要提出他的優先議程。他在會中談到貿易、稅務、透明化，以及這三者之間的關係，並闡釋開放資料為當務之急的理由。以下節錄他的部分談話內容：

> 我們需要政府以及公司營運狀況更加透明化，……這聽起來像是反企業、反富和加稅議程嗎？絕對不是，這絕對是對企業有利的議程。我大概是各位所知政治領導人當中最支持企業界的一個……，但我也堅信，若你想要開放型經濟、低稅負、自由企業經濟，你必須訂定遊戲規則，並做好堅定執行這些規則的準備……。這是更合宜的公司、更合理的稅務，以及更合宜的規範的願景；是開放型社會、開放型經濟，以及開放型政府的願景。

把政府攤在陽光下

資料導向研究不僅改變了調查性報導，也滋生出新型的公共利益非營利組織，它們和記者一樣，使用調查性資料分析方法來調查政府和企業的營運，以及政府和企業之間的關係。

名稱取得非常貼切的陽光基金會創立於 2006 年，堪稱是這類組織當中最具影響力、技巧最純熟的一個。陽光基金會的創辦人艾倫・米勒（Ellen Miller）此前創設及領導過兩個聚焦於金錢和政治的非營利組織，繼而創立陽光基金會。我們在 2013 年春天會面時，她告訴我：「創立陽光基金會的初始洞見來自新聞工作者，他們的工作使我心生感觸，覺得若能更易取得有關金錢、權力、影響力、那些錢用來買什麼，以及它如何影響政府等等的資料，他們就更容易撰寫具有說服力的報導，激發人們討論與辯論不負責任的政府作為。」

陽光基金會創立之初，便聰明地借鏡於 Google，設立陽光實驗室作為內部創新中心。此實驗室的第一任主任是葛瑞格・艾林（Greg Elin）。陽光實驗室現在有近二十名人員，接二連三地開發出創新的應用程式，其中一些被用於揭露官員和民間部門金錢的關係。例如 2012 年大選時，該基金會開發出一種名為「Ad Hawk」的智慧型手機應用程式。你只要把手機對著電視機，讓它聽電視上正在播放的政治廣告，手機上的「Ad Hawk」應用程式就能告訴你該廣告的贊助商／金主是誰。

陽光實驗室開發出來的應用程式當中，最被廣為使用的一

種是「影響力瀏覽器」（Influence Explorer），結合了十個與金錢、政治，以及影響力有關的資料集。米勒向我解說，該應用程式如何顯示某大公司是某項遊說行動和競選獻金的最大金主之一、該公司有多少位高階主管進入聯邦顧問委員會、該公司收到多少聯邦補助和合約，以及該公司被美國環保署引證了多少次。米勒說：「你可以開啟一個網頁，看某個工會、某個企業、某位企業主管，或是任何單位的檔案資料，以及它們在州和聯邦層級的影響力資料。」

聯邦政府計畫或工程的包商現在得有所準備，它們受到愈來愈多的外界監視。政府監督計畫組織多年來聚焦於提高政府合約的透明化程度，新的政府開放資料運動可能促使政府公布更多更詳盡易讀的政府合約資訊。若你的公司和聯邦政府有生意往來，你的事業將變得比以往更透明；若你的公司想爭取政府計畫或工程合約，你將可以取得對現有包商的更多洞察，這可能對你的競爭有所幫助。

州政府計畫或工程的包商也同樣得預備回應一些疑問，尤其是那些獲得州政府補貼的廠商。非營利組織「Good Jobs First」蒐集了政府如何補貼企業，以說服它們在州內營運的相關資料。《紐約時報》敘述及批評這種實務的「美國的企業補貼」系列報導，有很多資料即是取自該組織。甚至，還有一款iPhone的應用程式「BizVizz」，能讓你立即取得政府補貼企業的相關資訊。在州預算吃緊、州政府裁員，以及失業率居高不下的年代，這類補貼企業的做法很可能受到大眾抨擊。

實現商業潛力

在許多企業眼中，透明化社會為它們帶來挑戰，而非機會。但值得一提的是，記者能加以利用的政府開放資料，企業同樣也可以取得。此外，最常援用〈資訊自由法〉的就是企業，儘管〈資訊自由法〉的原始目的並非商業情報，但商業情報卻成了此法案的重要副產品（參見下一章更多討論）。每個企業都應該知道〈資訊自由法〉的用處，也知道如何使用它作為一項商業情報工具。

就防禦面來說，企業必須知道，它們現在身處比以往更透明的經營環境。新聞工作者和監督團體比以往更擅於探查大企業、政府，以及兩者之間的關係。他們倡議大眾關切聯邦支出、政府合約、企業透明化、遊說、競選獻金，這些全都是可能影響企業及其投資人的重要公民議題。

本章提及的組織正在做具有影響力的事，公民及企業都應該追蹤與關切。這些組織包括：

- 公共誠信中心
- 全球見證組織
- Good Jobs First 組織
- 英國線上民主計畫「我的社會」
- OpenCorporates 公司

- 政府監督計畫組織
- ProPublica
- 陽光基金會

透明化社會影響所及，並非只有大企業而已，在政府系統追蹤下的個人執業者（例如由政府醫療保險計畫給付費用的醫護服務提供者）可能會發現，他們的商業實務被公諸於世，成為開放資料。

佛羅里達州傑克遜維爾地區法院在 2013 年 5 月判決，在聯邦醫療保險計畫下，保健服務提供者的紀錄資料應讓公眾取得。此判決可能成為一個標竿性決定，業務或服務提供者的名稱／姓名可能變得比以往更公開。法院的這項判決，係基於在現行實務及照顧公共利益下，對隱私法做出的新解釋。此理由論述會不會被廣為應用，會不會受到挑戰，會不會被實施，目前尚不得而知。截至本書撰寫之際，衛生與公眾服務部尚未決定如何在保護隱私，以及根據法院判決開放資料這兩者之間求取平衡。

大體而言，我們可以審慎預期，大大小小企業的更多營運資料將變成開放資料。此變化的含義相當明確：以令大眾覺得公正誠實且有道德的方式做生意（至於合法，那就更不必說了）。若你不這麼做，那就得做好為自己辯護的準備。

有人可能會覺得，這聽起來和企業再熟悉不過的「企業當責」（corporate accountability）概念很相似。不過，一些趨勢

的聚合，已經形成對企業開放資料的新需求：

- 世界金融市場的幾近崩潰，促使公眾施壓及一些新立法的通過，要求金融機構更透明化；
- 政府機構下令，產業必須讓財務及營運狀況更加透明化；
- 公共利益團體和新聞工作者運用他們的資料探勘專長，對私人企業的了解比以往更多；
- 或許，最重要的是，投資人、商業分析師，以及企業本身要求他們投資或生意往來的公司更加透明化。

這其中存在機會，形成我稱之為「企業信譽」（corporate credibility）的新紀元。企業如今已不能只是講求透明化和當責而已，而是要主動揭露開放資料，以贏得大眾的信心與信賴。憂懼這種趨勢的公司應該認知兩點：第一，這是無可避免的趨勢；第二，這最終對企業有益。現在已經有太多的公開資料了，公司已經無法再隱藏它們不想讓外界知道的東西。伴隨企業的透明化，許多公司將採行更好的營運實務，壯大它們的事業，吸引新投資。

第 13 章

政府與資料
──為開放世界制定規範

政府開放運動如何促成更多政府資料的開放、這
創造了什麼機會,其商業含義,以及政府接下來
應該採行的作為。

2013 年 5 月 9 日，《紐約時報》和《華爾街日報》的頭
條新聞都是有關美國國會對利比亞班加西（Benghazi）的
美國領事館遭恐怖攻擊事件所舉辦的聽證會，《今日美國報》
（*USA Today*）的焦點新聞是俄亥俄州克利夫蘭市的綁架與性
侵案新發展，多數媒體持續報導歐巴馬政府的國稅局醜聞。除
了《華盛頓郵報》刊登了一篇短短的報導外，幾乎所有媒體都
忽略了這一年最重要的科技新聞之一，這是一樁可能在未來十
年影響科技、企業界和政府的重大事件。

那一天，歐巴馬總統在造訪德州奧斯汀市的一個科技中心
時，宣布一項行政命令及「開放資料政策」。此政策對企業界、
政府，以及美國民眾具有革命性的潛在影響。歐巴馬總統透過
此政策，承諾：「我們將開放更多的政府資料，讓人們更容易
找到及使用這些資料，這將有助於促成更多的新創公司，有助
於創造更多的事業……，幫助更多創業家推出我們甚至還未能
想像到的產品與服務。」

科技媒體、部落客，以及開放資料和開放政府運動的長
期奮鬥人士，全都稱許此新聞為一個里程碑。次週，《石板》
（*Slate*）雜誌刊登一篇評論此政策的文章，由知名科技資訊與
圖書出版公司歐萊禮媒體旗下，負責報導開放政府運動多年的
艾力克斯‧霍華（Alex Howard）執筆，文章標題是：「歐巴馬
這個月所做最棒的一件事」。霍華在文中寫道：「在開放政府
資料（納稅人的錢建立的資訊）供民眾、創業者、政治人物，
以及其他人取得的行動路上，這堪稱是截至目前為止最大一步

的邁進。」

開放資料運動的長期倡導人士，無不對此新的「開放資料政策」給予高度好評，紛紛做出諸如以下的稱許：「自1966年〈資訊自由法〉通過以來，這份備忘錄是聯邦政府在資訊政策上最顯著的進步」；「白宮定義的『開放資料』將改變我們的政府」；「我們非常振奮，總統以及努力的幕僚認真傾聽，並積極追求一個更堅實的開放資料願景。」

這項新政策不僅對開放政府運動人士而言是好消息，也將幫助那些需要使用政府開放資料的美國企業。「開放資料政策」做了一件就政府備忘錄而言相當不尋常的事：它不僅勾勒出一個遠大願景，還包含非常明確的方針。聯邦副科技長尼克‧辛奈（Nick Sinai）告訴我：「我們想確保此備忘錄可開始運作，這並非只是一個勾選原則政策，而是應該確實地變成政府機構的核心DNA，政府機構應該把開放資料視為重要且有價值、必須達成的使命目標。」

想了解這項新政策的含義，你必須先了解聯邦資料系統有多麼混亂。一百多個聯邦機構各有各的資料蒐集規則；各有各的資料管理系統；公布資料與否，也是各有各的規定。根據一項深入的調查研究估計，聯邦政府使用高達一萬種不同的資訊系統，其中許多已是有二、三十年歷史的老舊系統，大多數的系統互不相容。嘗試改變系統的人把它比喻為電影〈法櫃奇兵〉（Raiders of the Lost Ark）結局中，那個裡頭擺放了無數木箱的政府祕密倉庫。差別在於，你必須想像那些木箱以各種語言

標示，包括中世紀的英語，搞不好還有古象形文字呢。

此行政命令及「開放資料政策」裡的指令，最終將使企業、組織，以及個人可以取得政府資料（除非是敏感或機密資料）、分析資料，以及把來自不同政府機構的資料結合起來。此政策將把政府資料轉變成機器可讀取格式，亦即電腦可以讀取和處理的格式。舉例而言，可下載的 Excel 試算表格式預算資料就是機器可讀取的資料，手寫的相同預算資料表則非機器可讀取。

「開放資料政策」為政府開放資料訂定了七項重要標準，明訂政府釋出的開放資料必須是：

- 開放公眾使用。政府機構必須開放資料，除非涉及隱私、機密、安全性或其他限制。
- 易用。能方便擷取、下載、索引及搜尋。
- 充分說明。幫助使用者應用此資料。
- 可再使用。開放授權，供無限制使用。
- 完整。盡可能釋出蒐集時取得的原始資料。
- 及時。盡快釋出實用的資料。
- 釋出後管理。必須設置一個接洽點，在資料釋出後，幫助人們使用每個資料集。

此政策也指示每個政府機構應該注意資料品質，並從資料使用者取得反饋意見。這是截至目前為止，最明確地邀請企業和聯邦政府聯繫，讓聯邦政府知道它們的資料需求。

「開放資料政策」是一套政府倡議與行動當中的一部分。這些倡議與行動並非只有來自美國聯邦政府，也有來自州政府和地方政府，以及其他國家的領導階層。本章內容探討政府開放運動如何促成更多政府資料的開放、這創造了什麼機會、其商業含義，以及政府接下來應該採行的作為。

技客，政策鑽研者，解放運動人士，政府開放資料

　　歐巴馬政府對開放資料運動的投入，肇始於他上任第一天。2009 年 1 月 21 日，他發布一份有關透明化和開放政府的備忘錄，要求建立一個透明、公眾參與、通力合作的制度。歐巴馬在此備忘錄中寫道：「我的政府將致力於創造空前程度的政府開放性，」他稱聯邦資料為一項國家資產，並說：「政府機構應該運用新科技，把有關它們的營運與決策的資訊放到線上，迅速提供給大眾。」接著，歐巴馬政府快速發布幾項政府人事命令和備忘錄，設立「Data.gov」，作為政府開放資料的中央化平台。後來，聯邦科技長朴陶德和資訊長史帝夫・范洛克（Steve VanRoekel）宣布一項新的數位政府策略，推動政府處理資料方式的現代化。

　　政府開放資料運動的驅動力始於何處呢？歐巴馬總統上任前，開放資料運動就已經存在。此運動是由技能、詞彙，以及專長領域迥異的兩類人通力合作所驅動的，這兩類人是技客

（geeks）和政策鑽研者（wonks，或譯政策專家）。技客是電腦科學專家，開發工具以供分析不斷增大的資料集，從中獲得更具啟示的洞察。政策鑽研者想出使用電腦運算能力的創新方法來改善政府，研擬更聰明的商業策略，加速創新。這兩類人的智慧與技能結合起來，得出實用、開放、能對公共利益及經濟成長產生影響的資料集。

第三群人為加速開放資料運動貢獻力量，他們是解放運動人士（liberators）。他們來自政府內外，背景多樣化，致力於促使資料廣為開放，不僅開放給電腦實驗室和智庫的人員，也開放給應用程式開發者、新聞工作者、政策分析師、創業者，或是有疑慮而想使用資料的民眾。這些解放運動人士受到科技進步的激勵，想看看科技能如何推動他們關心的領域進步。他們致力於推動所謂的「資料民主」（data democracy），相信這對社會及商業將產生影響。

歐巴馬政府的開放資料政策與行動衍生自一個更大的開放政府願景，此願景包含釋出開放資料，並讓公民參與政府治理。結合這兩個元素的開放政府行動，力量尤其強大。舉例而言，參與式預算規劃運動（participatroy budgeting）建立和市民分享預算資料的系統，使他們能夠幫助決定該如何花用部分預算。此運動始於巴西南部最大城市阿雷格里港（Porto Alegre），如今已推展至全球約一千五百個城市。

開放政府的理念，以及相應的開放資料行動，現在已經演進成國際性運動。英國首相卡麥隆響應歐巴馬總統的透明化呼

籲，他說：「透明化是我們的政府議程核心元素。」英美兩國共同領導一項國際運動：已有六十幾個國家加入「開放政府夥伴」（Open Government Partnership）運動，致力於釋出政府資料成為開放資料。

在英國，推動開放資料的政府當局已經啟動和其全國選民討論資料開放議題，2013 年初被任命的英國內閣辦公室透明化暨開放資料總監保羅‧墨比（Paul Maltby）致力於促進民眾參與。我和他會面時，他已經上任三個月，正在發展一種兼顧商業需要和公共利益的開放資料方法。

不同於美國版本的「Data.gov」，讓政府機構以自己的方式張貼它們想公布的資料，英國的「Data.gov.uk」是由使用資料者共同創作。墨比告訴我：「我們有一個開放資料使用群，這其中包括大企業、小創業者、行動組織，他們和我的團隊共同合作，列出使用者想要什麼資料，資料項目清單上有哪些是有價值、他們真正想要的。簡言之，他們提出一份優先開放資料清單。」墨比表示：「如今，這不僅是中央政府的議程，也是一個使用者導向的議程。」

最近，有分析師嘗試估計歐洲及英國公共部門資料的潛在價值。這指的是公眾可以取得、但因為要收費或有再使用的限制，因此還稱不上是真正開放的資料。德勤顧問公司的一項研究估計，在英國，這類資料約值 30 億美元至 90 億美元；資訊經濟學專家葛拉罕‧維克里（Graham Vickery）所做的一項研究則估計，在整個歐盟，這類資料的價值約介於 300 億到 1,400

億歐元之間。這兩項研究都指出公共部門資料的廣泛用處，從資料的直接使用（例如設立新的資訊型網站和應用程式），到更大價值的間接益處（例如為資料分析技術創造市場，或是提升政府效率）。

看出此潛在經濟效益後，歐盟也和英國一樣，採行使公共部門資料自動成為開放資料的政策；換言之，除非有不能開放資料的正當理由，否則，政府資料將釋出成為開放資料。援據維克里的研究，歐盟估計，這項改變每年將可為歐洲的公共部門資訊增加約 400 億歐元的價值。在英國的領導下，G8 國家現在也採行相似政策。

回到美國，和許多國家一樣，聯邦政策將對以下三大類開放資料產生重大影響：

- 由政府資助的科學資料蒐集或創造，例如天氣資料或政府資助的醫學研究。這類資料是可供進一步研究、分析，以及商業發展的公共資源，我已經在前面章節討論過這類資料。

- 有關政府工作的資料，例如政府支出或政府計畫的運作。這類資料的重要性在於可以促使政府對人民當責，也可能為想爭取政府計畫或工程的包商及其他企業提供商機。

- 受監管產業的相關資料，可能是政府蒐集的資料，或是業者本身在政府命令下提供的資料。要求公布

這類資料是愈來愈普遍的規範形式，對企業有直接的影響。

政府的透明化：有關政府工作的資料

「USASpending.gov」網站自 2007 年起為大眾提供政府支出摘要報告，這是歐巴馬擔任參議員時，和奧克拉荷馬州共和黨籍參議員湯姆・柯伯恩（Tom Coburn）連署立法下獲致的結果。這個網站是政府釋出開放資料，以提高政府透明化程度的首批重大行動之一，也是倡導優良政府運動人士努力多年所獲致的成果。

不過，「USASpending.gov」網站公布的聯邦政府支出資料並不充分，它沒有條列分解對政府包商或轉包商的付款，沒有包含政府員工的薪資資料，約三分之二的聯邦計畫沒有傳送資料至該網站，其他計畫提供的報告資料也和計畫不一致，或是資料中遺漏一些重要資訊。不意外地，「USASpending.gov」網站公布的聯邦政府支出資料並不確實，陽光基金會的最近分析顯示，高達 1.55 兆美元的支出資料錯誤。

在「USASpending.gov」網站的問題太過明顯的同時，2009 年通過的〈美國復甦與再投資法〉（American Recovery and Reinvestment Act）卻顯示，更好的政府資料其實是有可能做到的。此法案嚴格要求，超過 8,000 億美元的刺激經濟支出

必須確實追蹤，為監督這些支出而成立的復甦方案當責與透明委員會（Recovery Accountability and Transparency Board），要求以標準化資料格式直接報告刺激經濟經費的使用。該委員會在線上公布這些資料，以及取得這些錢的公司的所在地郵遞區號，讓大眾可以要求這些公司當責。在此制度下，首度可以在一處看到所有政府機構如何使用經費的情形，有助於防止大批資金被浪費與詐欺。

受〈美國復甦與再投資法〉的啟示，一些國會議員決定讓其餘的聯邦預算也採行相同標準，其中，最重要的法案是本書第4章曾簡短提及的〈數位當責與透明法〉，要求聯邦政府把它的所有支出資料細節標準化及公布。

發起資料透明化聯盟、推動此法案的哈德森‧赫利斯特認為，為幫助實現「開放資料政策」願景，此法案是必要。他告訴我，雖然，該政策訂定了目標和「開放資料」的定義，但是：「聯邦政府的現行報告制度和追蹤其支出及運作的資料庫不符此定義，我們需要〈數位當責與透明法〉來改變政府的支出和運作，使混亂、無法取得的文件變成開放資料，以實現真正的當責。」

赫利斯特表示，有了這法案：「我們就能避免對特定法律的財政後果產生歧見，因為我們將可以自動地勾勒出那些後果。我們將可以追蹤一筆錢在政府支出中不同階段的使用情形，從最初的國會決定，到經費的最終處置。我們將能自動地檢查每一筆補助金和每一只政府合約，找出詐欺線索。我們將能自動

校對花在某項計畫上的金額,以及此計畫的成效。」

不論下一任美國總統是共和黨籍或民主黨籍,開放政府資料的行動應該都會持續下去。在這個兩黨壁壘分明的國家,這恐怕是少數能夠獲得兩黨一致支持的行動。〈數位當責與透明法〉獲得參眾兩院兩黨議員的強力支持,開放政府資料行動具有一種自由意志主義的訴求:為人民提供他們在做出決定時所需要的資訊,同時也幫助他們監督他們的政府。

企業也需要資訊自由

另一個存在已久的政府透明化工具〈資訊自由法〉不僅對公共利益有助益,對企業也有助益。1966 年通過的〈資訊自由法〉,是舉世第二個這樣的立法,瑞典早兩世紀開了先河。2009 年,為提高〈資訊自由法〉的成效,美國國家檔案館內設立政府資訊服務處(Office of Government Information Services),扮演類似〈資訊自由法〉的民眾投訴辦公室,和執行此法的聯邦機構合作,協調資料申請人和受理申請單位之間的糾紛。該處處長蜜莉安・尼斯貝(Miriam Nisbet)告訴我:「〈資訊自由法〉的概念很簡單,就是你可以向任何政府機構要求任何你想要的資訊。」

人們常以為,〈資訊自由法〉是追根究柢的新聞工作者使用的工具,事實上,援據此法向聯邦機構申請資料者當中,新

聞工作者只佔了 6%。援引〈資訊自由法〉，向聯邦機構申請
資料者當中有大量是公司，它們想了解其他公司，以及那些公
司和政府的生意往來。〈資訊自由法〉幫助這些公司做競爭分
析、評估潛在的事業夥伴，以及評估投資風險。

現在，〈資訊自由法〉對於那些有資源可以充分利用此制
度的事業最有助益。《華爾街日報》在 2013 年調查過去五年間
援據此法申請資料的十萬多筆案件，發現有大量申請案件來自
投資公司和避險基金。一位投資經理稱此為「資訊武器競賽」，
這些公司請求涉及保健、能源，以及其他領域業務的政府機構
提供它們轄下公司及產品的資訊。例如，美國食品及藥物管理
局收到很多的資訊申請案提供各種藥品的「不良反應報告」，
因為這是藥品可能有問題的潛在跡象，其製造公司的股價可能
因此下跌。

理論上，任何企業都可以使用其他公司援據〈資訊自由法〉
申請取得的資料，一個政府機構在此法之下釋出的資訊，應該
是任何人都有權使用的公開資訊。

但問題在於，援據此法釋出的資料分散於各處，難以對這
些資料做出最佳利用。聯邦機構有一百多個，每個機構底下有
多個局處，平均每年處理約六十五萬件這類資料申請案件，這
還不包括向政府機構（例如社會安全局）申請自己紀錄的人們，
或是認為自己被聯邦調查局盯上而想看看自己檔案的人。不同
的政府機構對援據〈資訊自由法〉申請資料案件的處理方式不
同，也沒有制式方式可茲協調相關申請案件的回應。

唯有以可搜尋、可下載的電子格式，〈資訊自由法〉制度才能有效率地提供巨量實用資訊；換言之，就是必須以開放資料形式提供。現在，政府資訊服務處已計劃這麼做。它和美國環保署及其他聯邦機構合作設立「FOIA Online」，此電子系統可以跨機構處理資料申請案件及文件。「設立此線上系統的概念是一站式處理資料申請案件，了解你的資料申請案處理得如何了，也看看還有誰申請什麼資料，以及哪些資料已經被釋出」，尼斯貝說。

　　不幸的是，政府並未規定所有聯邦機構必須使用這套電子系統，迄今只有幾個聯邦機構加入。可能需要非政府的計畫來加速促使〈資訊自由法〉成為一個更有成效的開放資料源頭。目前，除了英國線上民主計畫「我的社會」援據英國的資訊自由法所設立的「WhatDoTheyKnow」網站，以及其他國家的類似網站，位於紐澤西州的非營利組織 MuckRock 也提供線上格式，讓人們更容易使用 FOIA Online 系統。美國國會目前也在討論如何改革 FOIA，以提升運作者和使用者的效率與成效。

以開放資料作為一項監管工具

　　歐巴馬主政下的聯邦機構嘗試採行所謂的「輕觸」（light touch）監管：它們是否改善其監管的產業，但並未實際告訴它們要做什麼。透過開放資料來提高透明度，就是一種有效的輕

觸監管形式，藉由要求企業做出更好的資訊揭露（例如消費者金融保護局根據〈多德‑法蘭克華爾街改革與消費者保護法〉要求金融機構改進金融商品的透明化與資訊揭露），政府機構可幫助消費者做出購買抉擇，並改善市場。企業本身可以透過支持透明化來遵守現行法規，避免出現更多煩苛法規的風險。

〈多德‑法蘭克華爾街改革與消費者保護法〉的背後基本理念是：開放資料可以改變企業與市場。此理念驅策出許多監管政策。哈佛大學法學院教授凱斯‧桑思坦在新著《更簡單：政府的未來》（*Simpler: The Future of Government*，中文暫譯）中探討這種新的政府監管模式。由阿肯‧馮（Archon Fung）、瑪麗‧葛拉罕（Mary Graham），以及大衛‧魏爾（David Weil）等學者在哈佛甘迺迪政府學院主持的透明政策研究計畫（Transparency Policy Project）稱這種監管方法為「目的性透明化」（targeted transparency）：使用政府規定的透明化來達到監管目的。

一個典型的例子是「有毒物質排放登錄庫」（Toxics Release Inventory，簡稱 TRI）。這是 1984 年印度伯帕爾（Bhopal）一座農藥工廠爆發氰化物毒氣外洩導致慘劇事件後，美國國會通過立法要求設立的制度。在 TRI 監管制度下，廠商每年必須向環保署申報其廠房與設施排放至空氣及水中的化學物質。地方報紙使用 TRI 資料，公布了一些污染最嚴重的情事，大致而言，涉事公司都快速採取清理行動。

非營利組織「效能政府研究中心」（Center for Effective

Government）的開放政府政策議題主任西恩・摩爾頓（Sean Moulton）回顧該中心早年使用 TRI 資料的工作。該中心在一九八〇年代末期開始使用 TRI 資料，當時還沒有網路，該中心建立「知的權利網路」（Right to Know Network），使用撥接服務來發布資訊。儘管不便捷，但這種形式的透明化行動發揮了影響。

「把資訊提供給大眾，這麼簡單的行動就創造了巨大壓力，促使這類有毒物質的排放量減少，」摩爾頓說：「並無法規要求這些公司減少排放量，但自八〇年代末期以來，我們已經見到這些有毒物質排放量減少了 60% 或 70%。這些年來，環保署的規範加入了新化學物質和新產業，但型態全都相同：一開始的排放量很高，但持續降低。」他指出，很多公司並不知道它們的排放量有多高，尤其是那些規模大、分權化的化學公司，看到數字後才得知。

雖然，這類開放資料令涉及的公司臉色難看，但因為有開放資料的鞭策，它們的事業營運得以改善。公共政策教授詹姆斯・漢彌爾頓（James Hamilton）在其詳細研究 TRI 的著作《用揭露來監管》（*Regulation Through Revelation*，中文暫譯）中指出：「TRI 改變了決策與辯論，數量研究顯示，有毒物質排放量的資訊使投資人、記者和居民獲得消息。⋯⋯個案研究顯示，TRI 使一些經理人覺察他們以往不知情的環境污染排放物質情況，促使許多公司採取行動，降低其 TRI 數值。」

儘管華盛頓特區存在反管制氛圍，但我們可以預期，類似

TRI 的透明化要求將會愈來愈多。欲使立法當局通過規範公司營運方式的法規，雖非易事，但是，監管當局、投資人，以及大眾有權知道公司營運狀況，這也是個難以反駁的論點。再者，聯邦機構有相當的空間可以通過規範，要求公司透明化和釋出資訊成為開放資料。舉例而言，美國國會雖未能通過「排碳總量管制與排碳權交易制度」（cap and trade），令環保行動人士非常失望，但環保署設立了一個網站，顯示美國各地的溫室效應氣體排放情況。

公開資料與公共安全

聯邦政府和一些州政府及地方政府向來在公布安全性資料方面做得特別積極，在美國消費品安全委員會的領導下，幾個政府機構合作設立「SaferProducts.gov」網站，更容易報告產品安全性問題，「Recalls.gov」網站則是發出產品召回警訊。在產品召回方面的一個問題是，有六個政府機構進行處理，包括環保署、美國海岸防衛隊，這些機構現在把它們的資料放到同一個平台上，使大眾可以在一處取得所有關於產品召回的資訊。

「Recalls.gov」網站和行動器材應用程式讓消費者能搜尋產品召回資訊，無需傷神哪個產品歸屬哪一個政府機構管轄，行動器材應用程式對於前往舊貨店或庭院拍賣購買二手貨的消費者尤其實用，因為產品召回資訊無法觸及這些售貨點。非政府

組織如「SaferKidsAndHomes」和「WeMakeItSafer」網站也使用這些資訊來幫助大眾。

2009 年秋天開設的「Foodsafety.gov」網站,係由美國疾病控制與預防中心(Centers for Disease Control and Prevention)、美國食品藥物管理局,以及美國農業部等機構通力合作下的產物。這些機構在一套糾葛複雜的法規下共同監管食品安全性,令消費者不知道該去哪裡找到資訊。這個網站把所有資訊匯總於同一個平台,消費者可以在此網站上找到有關問題漢堡或污染起司的警訊,無需去傷神到底哪個聯邦機構管轄哪些項目。

公路安全性也獲得了新關注。美國運輸部在 2012 年推出「SaferBus」行動器材應用程式(在美國,巴士每年載運七億五千萬名常客)。接著,運輸部在 2013 年和美國國家公路交通安全管理局(National Highway Traffics Safety Administration,簡稱 NHTSA)合作推出「SaferCar」應用程式,讓使用者可以搜尋 NHTSA 的車輛安全性評比(根據品牌及車款)、找到汽車座椅安裝協助、申訴車輛安全性問題、找尋汽車召回資訊,以及訂閱汽車召回自動通知服務。

「SaferCar」行動應用程式使用 NHTSA 多年來的工作成果,該機構有車輛碰撞事故統計資料庫(這些是開放資料),還有一個「消費者申訴案件搜尋引擎」,可供消費者根據品牌、車款、年份這三項資料來搜尋消費者對車輛安全性的申訴案件。這些資源可能一直未被充分利用,例如,它們也許原本可以幫

助消費者發現導致 2009 年大規模召回的豐田汽車煞車系統問題。

最著名的汽車資訊網站之一 CARFAX 使用很多的政府及其他源頭資料，提供二手車的歷史紀錄與安全性資訊。該網站自稱：「CARFAX 從三萬四千多個源頭取得資料，包括美國和加拿大各地方的汽車監理機構和許多警察局與消防局、修車廠、汽車拍賣廠等等。CARFAX 的資料庫是北美地區最充分的車輛歷史紀錄資料庫，內含超過六十億筆紀錄。」

消費者組織也以新方式使用政府的安全性問題開放資料。《消費者報告》期刊取用聯邦網站「醫院比較」（Hospital Compare），外加其他資訊如州政府的資料，對兩千多家醫院做出安全性評比，並提供另外兩千家醫院的其他資訊。這是政府開放資料促成智能信息披露，以幫助消費者做出重要選擇的最佳範例之一。

Socrata（參見第 4 章）是一個專門為聯邦政府、州政府，以及地方政府提供開放資料服務的平台，其執行長暨總裁凱文・梅里特跟我談到地方政府如紐約市和舊金山市（兩者皆為這個網站的客戶）提供安全性資料的方式。他說：「舉例而言，紐約市的開放資料平台上有機器可讀取且快速更新的餐廳安全性檢查資料，Yelp 能讓消費者知道他們喜愛的餐廳的衛生清潔程度；Trulia 和 Appalicious 網站使用舊金山市的開放資料平台上提供的住宅資料，讓想要租屋者和購買者知道他們感興趣的住屋建物的安全性。」

開放政府運動風吹到了地方層級

除了安全性方面的資料，現在有愈來愈多州政府和地方政府朝向開放更多有用的資料。舊金山市是早期先鋒之一，前市長蓋文‧紐森（Gavin Newsom）在前著作《市民城》（*Citizenville*，中文暫譯）中對此有詳細敘述。其實，開放資料也幫助地方政府更了解其主政的城市。現任芝加哥市長拉姆‧艾曼紐（Rahm Emanuel）上任後設立了一個名為「聚合雲端」（convergence cloud）的網站「metrochicagodata.org」，把芝加哥市、伊利諾州，以及庫克郡（Cook County）的公開資料匯總於同一個平台上，這是全美第一個這樣的整合網站。

紐約市長麥克‧彭博（Michael Bloomberg）成立一個「技客隊」（geek squad），正式名稱是政策與策略規劃處（Office of Policy and Strategic Planning），天天分析該市的資料，以從中取得新洞察。例如，該處分析資料，辨察有哪些餐廳把油膩污水排放到該市的下水道；安排時間輔導低收入居民；計算警察局對進行中的犯罪情事平均每件花多少時間做出反應（結果是九分鐘又六秒）。該處分析組組長麥克‧弗勞爾斯（Michael Flowers）告訴《紐約時報》：「我們這個單位其實就是一個『紐約學』辦公室。」

紐約州設立了「Data.NY.gov」網站，作為為企業商家和民眾提供資源的中心。該平台以站內站方式，為在該州內營運的企業與商家提供資源、公告工作機會、公布該州的預算資料、

提供紐約州最佳的釣魚地點指南，還設置了玩該州彩券的隨機號碼產生機。堪薩斯州正在建立一個線上中心，供企業向州政府呈報資料，以及使用州政府提供的資料。

紐約州立大學阿爾巴尼分校的公私協力政府科技中心（Center for Technology in Government）和世界各地的國家與地方層級政府合作，推動公共部門創新，增進政府能力，創造公共價值，並支持優良政府。該中心的工作顯示，開放資料幫助全球各地國家與地方政府的潛力才剛開始發揮。

該中心主任泰莉莎・帕度（Theresa Pardo）在電子郵件中告訴我：「從北京到紐約賓漢頓（Binghamton），從紐約阿爾巴尼市（Albany）到奈及利亞阿布加市（Abuja），現在已有大大小小的城市支持開放資料的理念與潛力，市政府領導人致力為政府開放資料計畫的實行創造必要條件。但各城市面臨的挑戰不一，有些城市有堅實的基礎建設，有些城市才剛開始現代化。最困難的工作並不一定是技術方面的挑戰，開放政府資料始於領導人採取行動顛覆內部政策與實務，確保政府資料的誕生，不僅必須是電子格式，而且要開放。」

使用開放資料來促進建設發展

在開發中國家，一般手機和智慧型手機已變得無所不在，不少國家層級政府贊助使用行動網路的開放資料計畫，以幫助

人民。這麼做可以把廣闊的都會區變成「智慧城市」（smart city），使用資料來明顯促進成長。在發生災難時，人們可以使用手機，立即把資料傳送給政府的救援工作者。一個名為「Ushahidi」（譯註：在非洲 Swahili 語中，意指「見證、見證者、證詞」）的組織所開發的軟體，幫助肯亞政府監視大選後暴動事件的舉報，後來，在 2010 年海地大地震發生後，發揮了幫助協調救援行動的功效。

世界銀行視開放資料為促進經濟發展的一項工具，在全球各地資助一些相關計畫。這些計畫包括支援一些城市地區的基本地圖繪製工作，從肯亞的基貝拉（Kibera）貧民窟，到坦尚尼亞的三蘭港（Dar es Salaam）。世界銀行也贊助開放發展技術聯盟（Open Development Technology Alliance），並為其「打擊貧窮」（Striking Poverty）計畫設立一個網站，在世界各地使用創新和開放資料來推動消弭貧窮的行動。

這些行動並非總是奏效，至少不是立竿見影。例如，在非洲推行的「Huduma」（譯註：在非洲 Swahii 語中，意指「服務」）計畫，蒐集有關城市問題的資料，讓地方政府能設法解決，但在計畫推出的頭一年，只有少數人參與。那裡的人民顯然不相信有任何人會真的採取行動，修補他們舉報的道路坑洞。

怎樣的行動產生最佳成效呢？一項名為「探索開放資料在開發中國家產生的新影響」（Exploring the Emerging Impacts of Open Data in Developing Countries）的計畫嘗試解答這個疑問。該計畫的網站上報告個案研究結果，並作為探討開放資

料與建設發展之間關連性的一個論壇。2013 年 6 月，幾個民間社會團體宣布發起「全球開放資料倡議」活動，鼓勵世界各地的開放資料和透明化行動。

在許多國家，透過集體智慧產生的一種特別類型的開放資料，已經成為舉報貪腐情事、揭露政府影響力、打擊不公平訂價制度的一項工具。這些公民調查平台既有助於改善民主政府，也有助於創造一個更開放的商業環境，以下是這類平台的一些例子：

- 印度網站「我付出賄賂」（IpaidABride）邀請人們匿名舉報他們必須賄賂政府官員才能獲得所需幫助的情事，創造出「貪腐的市場價格」資料，幫助人們學習如何在不付出賄賂之下取得政府協助。

- 在俄羅斯，以眾包方式反貪腐的組織「Rospil」已經獲致大規模成功，哈佛商學院對此案例進行過研究。截至 2011 年年底，Rospil 已經預防了約 13 億美元的可疑政府合約發給事先承諾給予回扣以取得業務的公司。

- 在非政府組織、國家政府的成功通力合作之下，南非地區藥物與診斷取得計畫（South African Regional Programme on Access to Medicines and Diagnostics，簡稱 SARPAM）取得多國籍製藥公司的價格讓步。SARPAM 徵募病患使用智慧型手機報

告他們支付各種藥品的價格，當發現相同藥品在不同地區（例如安哥拉和辛巴威）的售價差異甚大時，SARPAM 便把證據呈報給政府，讓政府使用這些證據，有效和藥廠談判出更低的價格。

● 在智利，有一個新設立的網站平台「Poderopedia」，上頭說明商界名人和政治人物之間的關係，意圖使民眾更了解這些影響力圈。此網站仰賴公共資源和眾包方式取得資料。

實現商業潛力

　　這一章的內容把我們帶回本書一開始談到的重點：政府在提供開放資料給大眾及企業使用方面，扮演重要的驅動力角色。若要充分探討政府可以採取的行動，包括在釋出開放資料方面，以及推動開放政府方面，得寫上好幾本書。以下提供一些建議，主要聚焦於美國聯邦政府可採取的行動，這些行動對企業能產生最大槓桿效益。

維持中央的開放資料資源

　　聯邦政府持續把聯邦開放資料的中央庫房「Data.gov」變得更易於使用和更實用，並且打算進一步改善。身為實行開放資料政策的一部分，聯邦政府也在舉世最大的開放源碼軟體社群網站 GitHub 上建立了「開放資料計畫」（Project Open Data）。對於從事與開放資料相關工作的人或組織，這些資源都將非常有用。州政府和地方政府也同樣可以設立中央的開放資料中心，如同紐約市、紐約州、堪薩斯州、芝加哥市等等政府採取的行動。

針對開放資料的治理，通過兩黨支持的立法

　　在這個對國會的成事能力已幾近絕望、放棄的國家，我們

仍可期待兩黨共同支持通過務實、對企業有益的開放資料及隱私立法。以下是三個立即的機會：

- 通過〈數位當責與透明法〉（簡稱 DATA Act）。此法案已經贏得廣泛支持，幾乎所有議員都贊同聯邦支出必須更透明化，國會應該加速通過此法案，這是歐巴馬政府已經展開的「開放資料政策」的合理下一步。（譯註：本書撰寫之際，此法案尚未通過。實際上，美國參議院已在 2014 年 4 月 10 日通過此法案，眾議院於 4 月 28 日通過，並經美國總統簽署後，於 5 月 9 日起正式生效。）

- 建立一部消費者隱私權利法案。白宮建議通過一部消費者隱私權利法案（參見第 11 章），這是正確的第一步，現在，我們需要立法，使之生效。在研議隱私權利法案時，美國或許可以學習歐盟的資料保護政策。在資料可以被輕易複製與散播之下，美國和歐盟都必須思考，一旦建立了隱私權利法，技術上要如何執行。

- 改革〈資訊自由法〉（FOIA）。自 1966 年通過以來，聯邦〈資訊自由法〉已歷經過兩次重大修改，全都對此法有強化之效，現在，不論政府內外，皆有許多人認為該再一次修改了。新的修法提議應該包括設立一個中央化的網站，處理援據〈資訊自由法〉

提出的資料申請案，強化 FOIA 的民眾投訴專員辦公
室，要求政府機構主動在線上張貼更多民眾感興趣
的資訊，不要等民眾提出正式申請。這些改變將使
得更多已經經由 FOIA 申請的資料變成開放資料。

更有效地使用政府的科技經費

聯邦、州，以及地方政府用以管理資訊的既有舊系統，若
是換作在今日建置的話，將無法通過審核。政府有時花太多錢
在糟糕的科技上，換作是私人企業，不可能容許這種情事。如
第 4 章所述，目前用以管理聯邦政府科技相關工程發包案的制
度構成一大障礙，必須有所改變。州政府和地方政府或許有更
大的彈性可以嘗試新科技，它們應該善加利用此彈性。這裡舉
一個範例，紐約市投資 100 萬美元（不到該市總預算 1% 的
五百分之一），招募一小群年輕、熱誠的科技人才開始探勘分
析該市的龐大資料，從中汲取重要洞察。

改善資料品質

在聯邦機構開始釋出更多開放資料，並遵循政策指示，發
布有關資料品質的資訊之下，我們可以預期將會出現很多難堪
時刻，因為很多的政府資料不全、不正確或幾乎無法使用，這
已經是一個公開的祕密。如前文所述，陽光基金會的分析顯示，
「USASpending.gov」網站公布的聯邦政府支出資料有高達 1.55

兆美元的資料錯誤，這還只是一個例子而已。舉例而言，一些政府機構蒐集的資料普遍存在地理問題，若你嘗試去對照地圖、查看環保署管轄的工廠的座落位置，你會發現，有些工廠落在中國、太平洋或波士頓港口內。政府機構應該對它們的資料庫進行一些清理工作，要求其轄下的企業提供品質更好的資料，或是使用更創新的解決方案，例如向群眾外包求援。

以創新方式徵求利害關係人的參與

截至目前為止，聯邦政府的釋出開放資料主要是以單向方式為之，其做法通常是，政府機構決定釋出某個資料集，便把資料張貼在「Data.gov」或另一個網站上，期望人們會使用它。我們在白宮專責智能信息披露小組的工作中碰到幾個例子，創

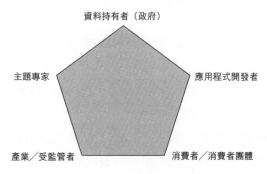

需求導向資料揭露：多群利害關係人參與

業者想要使用的政府資料無法取得，或是未以適當的格式提供。我個人認為，政府往往以供給面的觀點來釋出資料，未能考慮需求面。因此，我提出「需求導向資料揭露」的概念，徵求所有利害關係人參與，如附圖所示。

「開放資料政策」特別徵求外界對其開放資料計畫提出意見，這是好事，政府機構應認真看待這指示，確實邀請對使用開放資料最感興趣的利害關係人參與。

繼續利用聯邦挑戰來鼓勵創新

聯邦網站「Challenge.gov」應用了「集體智慧」的最佳理念，聯邦機構應該繼續使用它，尤其是，它們應該提出挑戰，邀請人們使用政府的開放資料資源來解決商業、社會或科學問題。還有其他的公民參與方法，包括聯邦政府贊助的駭客松、白宮改革鬥士（White House Champions of Change）系列，都可以扮演類似角色。

使政府資助的研究計畫成果資料盡可能開放

如本書第 10 章所述，新的聯邦政策要求研究文獻免費開放，美國參眾兩院議員連署提出的〈平等取用科技研究成果法〉，這些都是很應時的行動，不過，這些開放取閱政策仍有待進一步發展與實行。新的聯邦政策應該要求絕大多數聯邦政府資助的科學研究計畫相關資料與成果應該全部成為開放資

料，而非只是發表摘要文獻而已。該是美國政府採取行動，使其資助的研究計畫充分且免費開放其研究成果的時候了，畢竟，這些資金來自納稅人，這些研究成果也應該成為公共資產。

第 14 章

開放資料的未來

開放資料是一股正面的破壞力量,為商業、社會,以及消費者提供大好機會。了解開放資料、懂得如何善加使用開放資料的人,將能對未來做好最佳準備。

本書敘述廣泛的企業、政府機構，以及創新者尋找利用開放資料的新方式，撰寫此書既令人鼓舞、又富有挑戰性。鼓舞人心是因為看到這麼多創新、令人振奮的工作正在進行；富有挑戰性是因為這個領域變化如此快速，難以跟上變化腳步。在接近完成本書之際，我仍然見到新公司以全新獨特的方式使用開放資料，例如：

- 瑞士蘇黎世保險集團（Zurich Insurance）現在銷售一種名為「蘇黎世風險室」（Zurich Risk Room）的全球風險分析工具給全球企業，使用 3D 模擬繪圖，立體呈現各國落在什麼風險種類與水準，包括環境風險、政治風險、社會風險等等。你可以想像進入一個虛擬房間，其中一個角落是極樂世界，另一個角落是末日世界，絕大多數國家落在這兩者之間。蘇黎世保險集團敘述：「這項先進的應用程式使用可以取得的風險相關公開資料，包括用水存量、能源價格波動、政治動盪等等，顯示許多種類風險的複雜互動。」外加一項特別好處：你可以把它下載到你的 iPad 上。

- 總部位於紐約市的科學關係（Relationship Science LLC）資訊服務公司被稱為「1% 的名片架」，這是既復古、又正確的比喻。運用 6,000 萬美元創投資金創立的這家公司有八百名員工，大多數位於印度

工作。該公司提供的工具，能讓你看出舉世最具影響力人士之間的關係脈絡，並讓你和這些人建立人脈。該公司的資料庫裡有兩百多萬名影響力人士的資料，包括這些人的私人和社交資訊，銀行人員若願意支付一筆可觀年費的話，就能使用這些資料來和他們建立關係。該平台就像個超級 LinkedIn，但不同的是，它不仰賴人們註冊加入，而是使用公開的開放資料來建立資料庫。

- 總部位於芝加哥的 Food Genius 建立了一個取自超過十萬家獨立與連鎖餐廳的菜單資料庫，資料包含每道菜色的價格、材料，以及調理與烹飪。該公司使用一萬四千種材料、方法，以及概念的描述符（descriptors）來分析這些菜餚，並且使用這些資料來辨察趨勢，以幫助食品業。該公司執行長賈斯汀‧麥斯（Justin Mass）告訴科技新聞與部落格網站 GigaOm：「大食品公司相信，創新始於獨立廚房。問題在於，像卡夫食品（Kraft）這樣的公司，其產品發展壽命週期為兩年左右。另一方面，獨立餐廳可以在三十分鐘內構思和烹飪出一道新菜色。」

開放資料革命將為我們帶來更多這類無人能準確預測到的創新。想想看，幾年前，連能夠看出開放資料革命來臨的人都還不多呢！我們可以預期，本書敘述的趨勢將會繼續發展下去。

我們可以預期，將有更多大大小小的企業藉由使用開放資料而
誕生或成長；各級政府將會釋出更多高價值的資料集；將會出
現更多分析資料的方法，從中挖掘市場洞察，管理品牌，預測
趨勢；也將出現更多使用開放式創新來進行的種種研究。在此
背景下，以下簡短摘要提供給既有企業和創業者的一些重要建
議，最後則是展望開放資料的未來。

給創業者的建議

開放資料是一項豐富、免費的資源，開放資料已經孕育出
各式各樣的新創公司，包括聚焦於消費者的網站、B2B 服務、
資料管理科技公司等等。所有類型的開放資料新創公司都可使
用下述方法。

使用開放資料作為發展事業的新資源。 我們已經看到資料
的價值主張反轉過來的現象。在過去，擁有資料者（尤其是大
數據）比未擁有資料者獲得更大、更多的機會。雖然，在許多
領域，這仍是事實，但新現象是：使用免費的開放資料，也可
以建立成功的事業。開放資料為資料分析工具、資料分析專業，
以及資料的解讀創造更高價值。

聚焦於大機會：保健、財務、能源、教育等領域。 如前文
所述，幾乎任何種類的開放資料都可以作為建造事業的基礎，
不過，新創事業的最大機會很可能存在於政府（至少聯邦政府）

側重釋出開放資料的這四大領域。

探索選擇引擎和智能信息披露應用程式的商機。智能信息披露為消費者提供一項強而有力的工具，為線上新創事業創造了一個新領域，截至目前為止，似乎還沒有一個公司搞懂如何對這種形式的開放資料做出最佳利用。英國現在有大規模的選擇引擎，但顧客滿意度甚低；美國有一些選擇引擎，例如BillShrink網站，受到用戶的歡迎，但事業規模無法擴大。因此，可為這類迫切需要的消費者服務找到正確事業模式者，將獲得商機。

幫助消費者利用個人資料的價值。在現今這個重視個人隱私權的社會，將有更多人對自我控管個人資料感興趣，並且選擇性地分享個人資料以自利。個人資料的價值才剛開始被認知，商機尚有待開發。雖已經出現提供個人資料保險庫的事業，但還有許多可利用個人資料的其他應用商機。

為政府及企業提供新的資料解決方案。聯邦政府、州政府，以及地方政府的資料集管理糟糕情況令人驚訝，但好消息是，各級政府現在已開始認知到它們需要協助。若政府能成功改革其計畫與工程發包流程，則為政府提供資料管理服務可望成為一個成長產業，為新的包商提供更多機會。

留意不尋常的開放資料商機。藉由蒐集餐廳菜單和食譜來打造一個成功的事業，這是一條很不尋常的事業途徑，但 Food Genius 就是走這途徑創立的，其創辦人展現天分，看到別人未能看到的一個商機。雖然，開放資料的大商機領域已漸漸明朗，

但仍有無數其他領域存在建立更利基型事業的機會，這類機會
未必不能締造顯著的成功。若你已經具有某個領域的專長，並
看到了一個消費者需求，那麼，使用開放資料來幫助滿足此需
求的大好機會應該存在，正等待你的發掘。

給既有公司的建議

開放資料為既有公司帶來改善現行營運、評估新事業夥伴，
以及更有效管理投資的機會；開放資料也可作為和顧客建立連
結及提高顧客忠誠度的工具。

使用開放資料來評估事業夥伴和潛在投資機會。在證管會
要求公司提供報告，新數位投資服務以及提供公司資料庫的網
站如 OpenCorporates 和 Duedil 出現之下，有關公開上市和未
上市公司的資料比以往更多，而且，這些資料是以更實用的格
式呈現，考慮尋找事業夥伴或潛在投資對象的企業或金融公司，
在其盡職調查工作中應該使用這些新資料源頭。

釋出並使用「環境、社會，以及治理」（ESG）資料。現
在已有非常多公司釋出 ESG 資料，以至於不這麼做的公司可能
會受到懷疑。愈來愈多的投資人、股東，以及消費者要求公司
公布這些資料。釋出 ESG 資料，更重要的是，一開始就採行注
重永續的事業經營實務，將有助於吸引投資資本、優秀人才，
以及消費者的認同。

藉由對顧客提供他們的個人資料，建立顧客忠誠度。有充分證據顯示，消費者對自己的資料感興趣，不論是他們的醫療紀錄、行動電話帳單，或是購物史。在英國，大型能源公司、電信公司，以及至少一家大型零售業者，現在已把顧客本身的資料提供給他們，以此作為建立顧客忠誠度的一種策略。一些美國的電力公司也採取相同做法，在所有消費者產業，企業都有使用此方法的機會。

使用社交網路，實行社群媒體客服。相較於多數的焦點團體座談會，評價網站、部落格，以及推特網站更能讓你了解你公司的聲譽（好評或壞評）。監視社交網路以及從社交網路上產生的資料，可作為行銷情報的一個重要源頭。另一方面，別只是使用網路來推銷或傳達品牌訊息，要多加利用社群媒體來回應顧客的疑慮，這種社群媒體客服可以成為有效的品牌發展策略。

嘗試開放式創新。提早分享科學研究資料，未必只是一種理想主義行為，也可能是一門好生意。以製藥公司為例，公布早期研究結果作為開放資料，有可能顯著加快研發。當然，這麼做對大眾健康的益處很明確，但潛在商業益處則是未定數。

學習在透明化世界營運。真正重要的專有資訊——例如公司對其顧客的分析、公司的事業策略，或是公司的內部研發，當然不能變成開放資料，也不會有人提出這樣的建議。但是，影響更廣世界的事業營運層面——例如公司的環境紀錄、勞工史、政治獻金、遵守法規的紀錄，這些已經快速變成公開資料。

企業應該預期未來將會出現更多政府法規要求企業釋出更多這些層面的資料,也將有更多專家擅於解讀這些資料。

尋求公私協力的機會。聯邦政府也許能和可以幫助政府釋出更多實用資料的公司合作,一方面,這有助於增進公共服務,另一方面也是因為這些公司本身想要分析這些資料。政府的開放資料政策聚焦於為資料的管理制定規範,而不是詳細說明該如何使用政府蒐集到的資料,私人企業可幫助把這些龐大的資源化為實用。最好的例子應該是 Google 自 2010 年起,不收分文地幫助美國專利商標局釋出該機構的資料供大眾免費取得,Google 現在以容易搜尋的格式提供專利及商標資料,最早的資料可回溯至 1790 年。

展望開放資料的未來

上述建議全都是根據我們現在看得到的情形,亦即已存在的開放資料機會,但我們也可以思考開放資料可能在未來十年帶來什麼改變。本書介紹許多開放資料趨勢,其中一些趨勢已近乎確定,一些趨勢則是偏向推測性質,未來充滿種種可能性。

若開放資料能充分發揮潛力,我們將會看到創新、商業、甚至日常生活出現重大變化。下文描繪二○二○年代中期世界的可能面貌。

現在，除了個人資料或受保護的資料，幾乎任何主題的資料都以電腦可讀取及運算的格式放在線上，成為開放資料。你的 3D iPad 可以取得深入且易於使用的保健、房地產、財金趨勢、科學進步、教育等等領域資料，就如同取得《紐約時報》般容易。這些全來自無數免費的聯邦資料集，以及州政府和市政府釋出的資料。如今，這些資料很容易以標準格式下載及使用。

分析軟體伴隨開放資料的爆炸而發展精進，高中學生和一些早熟的初中生如今上先修大學資料學課程，他們經常做的計畫，換作是十年前，恐怕會難倒資料分析師。股市分析計畫尤其熱門，一些最優秀的學生憑藉他們選擇的投資所賺到的錢讀完大學。他們分析證管會的 XBRL 資料，使用預測性分析，並加入一些情緒意見分析以為輔助，據此選擇投資標的。

這些學生的父母或兄姊在資料經濟中創立新事業。現在，幾乎每家科技新創公司都或多或少地使用到開放資料，開放資料如今是工具箱中的一部分，就如同筆記型電腦可 Wi-Fi 無線上網般自然。我們現在已經不再去計算有多少新創公司使用開放資料了，因為不使用的新創公司才是少見的例外。

現在，由於所有重要的資料集都使用相容技術，可交互操作，許多新公司藉由創新的資料混搭（data mashup）起家。一個名為「CityChooser.com」的網站幫助你根據二十項因素來挑選理想的遷居地，很受大學畢業生和退休人士的歡迎。除了教育、安全性，以及通勤時間等等考量因素，CityChooser.com

也納入以下考量資料：文化活動種類、社區心理統計（根據社區居民的意向所做的統計分析）、附近餐廳品質、當地房地產價值的變化預測，以及納入氣候變遷考量後的未來十年、二十年或三十年的當地天氣預測。

　　雖然，最受矚目的是熱門的新創公司，但既有企業也有開放資料的成功故事。許多直接面對消費者的公司變得更有效率、更顧客導向、更聰明行銷，而且營業利潤也明顯提高。許多公司藉由使用開放資料更加了解顧客、提供更好的服務，以及建立堅實的顧客忠誠度。

　　消費者現在慣常期望且獲得針對他們個人需求量身打造的保健與財金服務。例如，在申請房貸時，不再歷經多個月的奔波麻煩，人們把放款者需要的所有相關資料全都儲存在個人資料保險庫裡，只要獲得個人許可，就能輕易上傳。選擇引擎使用此資料來尋找貸款申請人符合資格的房貸，以及其中提供最佳條件的一個，申請人再以數位形式上傳資料給放款者，需要的表格全都以自動方式填寫，95% 的購屋者都能在一週內取得核貸。

　　以往不得人心的產業，如今的消費者滿意度都提高了。無線公司、航空公司、銀行，以及其他直接面對消費者的公司，現已學會如何快速且有效地解決顧客的任何問題。轉捩點出現於彭博公司推出「消費者抱怨指數」，它對各家公司的顧客在網路上的評論進行情緒意見分析後做出公司評比。一些最搶手的商業顧問是社群媒體客服的專家，他們教公司如何取悅顧客、

如何維護及改進在網路上的聲譽。

　　中小型企業找到願意為它們提供資本的新投資人。這些公司釋出營運資料，而且是容易分析的格式，這使它們得以快速顯示自己是不是值得投資的對象。相較於以往，有些公司的失敗速度更快，但這形成了一種天擇，成功的公司會快速成長。

　　現在，有些嚴重的腦部疾病可以有效預防、控管或治療。在科學家同意把為期十年的一項腦部研究計畫變成開放式創新計畫後，研究與發現的速度顯著加快。到了計畫完成的2023年，阿茲海默症的藥物已經研發出來，許多自閉症也開始獲得早期診斷治療。在其他的生物醫學領域，幾家大型製藥公司展開使用新事業模式的大規模開放式創新計畫。

　　一些最棘手的社會問題開始邁入解決之路。都市交通獲得明顯改善，這是因為使用開放資料分析後，規劃出更有效率的公車路線，並且以即時改道方式控管交通流量，Google的無人駕駛車也提供了部分助益。新的「精準農業」（precision agriculture）計畫使用天氣及土壤資料，更成功地幫助農民耕作，顯著提高收成，使全球飢餓問題持續減輕。現在，每年的聯邦預算更趨平衡，在〈數位當責與透明法〉通過後，聯邦預算變得非常透明化。在優良政府運動人士使用開放資料號召民眾施壓之下，迫使黨派意見分歧的國會同意新的刪減支出和稅源方案。

　　最重要的是，開放資料幫助減緩氣候變遷速度，甚至可能有助於有效阻止。在一年間歷經美國南部乾旱、中西部水災、

東北部遭颶風襲擊後，美國開始聚焦於氣候變遷，視之為緊急課題。國會過去雖一直未能通過碳稅法案，但此法案最終獲得通過的可能性提高，促使投資人開始把碳排放量視為一項風險因素。證管會宣布，上市公司必須使用全球報告倡議組織制定的永續指標和報告架構申報它們的永續實務，並公開這些報告作為開放資料，結果，這些資料公布後，公司快速採取行動，改善其永續實務。

在此同時，開放資料激發出一些幫助對抗全球暖化問題、同時又能創造可觀獲利的工程計畫。智慧電網（smart grid）使用開放資料，幫助消費者控管其電力使用，顯著提升全國的節能成效；對天氣資料的進步分析，幫助風力能源公司在風向風速變化型態對其有利的地區建立設施。另一個特別令人鼓舞的發展是，一項國際性開放式創新計畫透過協作，解決了一個阻礙個別實驗室多年的問題，找到一種可用具有價格競爭力的方式創造人工光合作用。在新能源明顯幫助減少排放至大氣層中的二氧化碳之下，我們首度看到阻止氣候變遷的可能性。

當然，回到現在，我們無從確知上述的益處是否真會實現。但若其中的一些益處果真實現，我們將生活於一個更美好的世界，有新的經濟成長動力源頭。開放資料是一股正面的破壞力量，為商業、社會，以及消費者提供大好機會。了解開放資料、懂得如何善加使用開放資料的人，將能對未來做好最佳準備。

歡迎來到開放資料的世界，並預祝你前程一帆風順！

附錄——定義資料類別

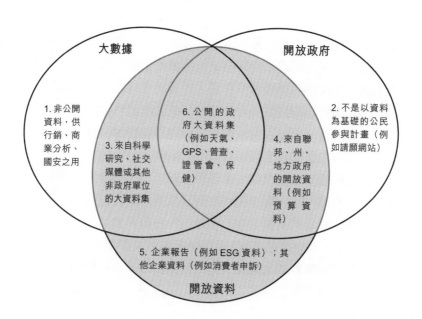

大數據、開放政府、開放資料，這三者密切相關，但不相同。我用上頁維恩圖來呈現彼此的關連性。

大數據和開放政府的定義並不明確。基本上，大數據指的是非常大的資料集，這涉及主觀判斷，且取決於技術：今天的大數據在資料分析和電腦運算技術更進步的幾年後，可能就不是那麼大了。開放政府是幾個概念的結合，包括：邀請公民參與政府的通力合作策略；政府公布有關其營運的資料，例如聯邦預算資料；政府釋出所蒐集的公共利益相關資料，例如健康、環境、各產業的資料。

針對本書，我選擇一個簡單且廣義的開放資料定義：可取得的公開資料，民眾、公司及組織可以使用這些資料來建立新創企業、分析型態與趨勢、做出資料導向的決策，以及解決複雜問題。另有人對開放資料提出更詳盡的定義，但不論是怎樣的定義，開放資料都具有兩個基本性質：資料必須開放讓任何人使用；資料必須授權可再使用。各種開放資料的開放程度雖不一，但應該以相當容易使用及分析的形式提供。此外，一般也認為，開放資料應該免費，或是收費低廉。

從上述基本定義出發，這些概念的交集定義出六類資料，如前述維恩圖所示。以下扼要說明這六類資料及其案例。（大數據和開放政府的交集只有一個類別，沒有其他類別。這個交集內的資料全都是開放資料：公開的政府大資料集。）

1. 非開放資料的大數據。有很多大數據屬於此類別，包括一些具有高度商業價值的大數據。大型零售商持有的顧客購買

習慣資料、醫院保存的病患資料，或是銀行擁有的信用卡卡主資料，全都是這個類別。此類資料為持有者所擁有，可用於創造商業價值和事業優勢。國安資料，例如國安局蒐集的資料，也屬於這個類別。

2. 非開放資料的開放政府行動。這包括純粹聚焦於公民參與的開放政府行動。例如，白宮設立了一個請願網站「We the People」，聽取人民的意見。這個網站的資料雖公開，但除了連署人數，發布開放資料並非它的主要目的。

3. 大型、開放的非政府資料。本書第 9 和第 10 章敘述的科學資料分享和公民科學計畫，包括來自天文觀察、來自大型生物醫學研究計畫如人類基因組研究計畫，或是來自其他源頭的大數據，透過開放、分享的方法，實現其最大價值。這類研究計畫當中有些是政府出資的計畫，但並不是政府資料，因為這些資料通常並非政府機構所持有、維持或分析。這個類別也包含來自推特及其他社群媒體、可被分析的資料。

4. 非大數據的開放政府資料。政府資料未必是大數據，也並非一定要是大數據才有價值，聯邦政府、州政府和地方政府的適量資料一旦開放，也可以產生大影響。這類資料助長參與式預算規劃行動，世界各地許多城市邀請其市民檢視市政府的預算，幫助決定如何使用預算。這類資料也使得種種應用程式出現，幫助人們使用公車、健康診所等等城市服務。

5. 非政府、非大數據的開放資料。包括私人企業的資料，公司為其目的而選擇公開的資料。例如為了滿足潛在投資人，

或是為了增進公司的聲譽。環境、社會及治理（ESG）指標屬於此類別。此外，聲譽資料——例如來自顧客抱怨申訴的資料，也可以對事業產生大影響。

6. 開放的政府大數據（三者的交集）。這類資料集可能是所有類別當中最具影響力者。政府機構有能力和資金蒐集非常龐大數量的資料。開放這些資料，將能產生很多顯著的經濟效益。國家天氣資料和 GPS 資料是最常被提到的例子，美國普查資料、證管會，以及衛生與公眾服務部蒐集的資料也屬於這一類。在第 13 章敘述的新「開放資料政策」下，這類資料很可能會變得更大、更豐富、更重要。

詞彙表

　　這份詞彙表參考及引用許多文獻及其他資料來源（例如維基百科）的定義；有些詞彙是綜合幾個參考資料後，我自己撰寫的定義。我的目的並不是要提出最精確的定義，或是調和每個術語的種種定義，只是要讓讀者獲得一個基本了解，揭開開放資料世界的神祕面紗。

　　匿名化（anonymization）：匿名化係指消除資料集中的所有個人識別，例如姓名、地址、信用卡卡號、出生日期、身份證號碼。匿名化得出的資料可被用於分析及分享，而不會危及任何人的隱私。雖說匿名化流程是為了保護隱私，但並不一定能做到萬無一失，請參見「馬賽克效應」。

應用程式介面（application programming interface，簡稱 API）：應用程式介面讓應用程式或網站彼此之間可以溝通，以及使用對方的軟體和資料。舉例而言，某聯邦機構提供的應用程式介面使外界程式設計師能夠存取該機構的軟體，處理它的一些資料，以開發出也能夠使用其他資料和軟體的應用程式。

大數據（Big Data）：大數據的定義與說明有各種版本，麥肯錫全球研究所（McKinsey Global Institute）的說明如下：「大數據係指資料量規模大到無法以一般的資料庫軟體工具來擷取、儲存、管理和分析的資料集。這個定義相當主觀，得看你定義一資料集必須有多大才能被視為大數據。……我們認為，隨著技術的與時精進，可稱之為大數據的資料量規模將增大。」麥肯錫全球研究所的這份研究報告也指出，一產業認為可稱之為大數據的資料量規模，在擁有更強大分析工具的另一個產業可能認為不夠大。其他對於大數據的定義還加入了三個基本特質：資料的變化速度（velocity）、可得的資料種類（variety），以及資料量（volume），此稱為大數據的「三個 V」。

選擇引擎（choice engine）：一互動式網站或應用程式，使用有關產品及服務的資料，來幫助消費者選擇最符合他們需求的選項，目前的例子包括用以訂機位或飯店旅館的旅遊網站。選擇引擎也可能用以執行智能信息披露（參見後文定義）。

集體智慧（collective intelligence）：維基百科對集體智慧的定義是：「由許多人通力合作和競爭、並以共識決產生的共享或群體的智慧」。線上金融時報詞典（Financial Times Lexicon）的說明稍有不同：「集體智慧或眾包係指運用大批人的力量，集體解決一個困難問題。其理念是，一群人能夠比單一個人更有效率地解決問題，提供更佳的洞察和更好的解答。」這個名詞被用以涵蓋本書第 9 和第 10 章所敘述、各種以集體方式解決問題的行動。

　　電算社會學（computational social science）：使用大資料集來研究公共衛生、社會趨勢、政治活動等議題，例如分析線上請願的反應，或是使用手機通訊紀錄來預測公共安全或犯罪的趨勢。

　　電腦輔助新聞報導（computer-assisted reporting）：維基百科的定義：「電腦輔助新聞報導係指使用電腦來蒐集與分析撰寫新聞報導的必要資料……。記者經常蒐集資料庫裡的資訊，分析試算表和統計軟體裡的公共檔案，用地理資訊系統繪圖來研究政治及人口結構變化。」如本書第 12 章所述，電腦輔助新聞報導的誕生，歸功於新聞工作者菲利普・梅伊爾。

　　企業信譽（corporate credibility）：本書（參見第 6 章）使用該名詞敘述企業主動公布其營運相關資料，包括財務、環

境／社會／治理（ESG）績效指標等等，以改善公司的品牌聲譽、吸引投資及事業夥伴、回應大眾和利害關係人的疑慮，以及建立外界對公司的信賴。本書作者提出此名詞，以和「企業當責」或「企業透明度」有所區別。

企業社會責任（corporate social responsibility，簡稱CSR）：www.csrwire.com 網站對這個廣義名詞的定義是：「結合事業營運與價值觀，公司的政策及行動反映包括投資人、顧客、員工、社區及環境在內的所有利害關係人的利益。」企業社會責任包含很多項目，從減輕污染，到慈善捐獻和年輕人就業方案等等。一些企業領導人批評此概念，認為公司可能使用CSR 來改善形象，卻未能處理核心營運或政策問題。近年來，許多公司改用 ESG（環境、社會、治理）績效指標，更明確且可以公布成為開放資料。

群眾外包（簡稱眾包，crowdsourcing）：《連線》雜誌記者郝傑夫（Jeff Howe）和馬克・羅賓斯（Mark Robinson）在2006 年提出的名詞。在那篇文章發表後不久，郝傑夫在其部落格上貼文，為此名詞定義如下：「簡單地定義，眾包指的是一公司或機構以公開徵求方式，把原本由員工執行的一項工作外包給一群無明確定義的人（通常是大批人）。眾包可能採取同儕生產形式（亦即此工作以通力合作方式執行），但也往往是由單獨的個人執行。眾包的重要前提條件是使用公開徵求方式，

使用大批潛在的勞工。」近年，「眾包」變成一個更通用的名詞，泛指以資料和資訊為基礎的線上協作。一項調查統計，有四十多種定義，請參見本書第 9 和第 10 章對於協作方法的討論。

資料（data）：美國聯邦政府的中央資料網站 Data.gov 提出的定義：「代表某個或某套概念的一個數值或一群數值。經過分析後，資料變成資訊，可能和其他資料結合，以萃取含義和提供背景脈絡。資料的含義可能因為背景脈絡不同而有所改變。」資料不同於更籠統的「資訊」，因為資料可以被電腦以量化方式儲存、呈現及分析。文件中的文本往往被稱為「非結構式資料」（unstructured data），以有別於電腦資料庫裡的組織化資料。

資料挖掘（data discovery）：透過自然、直覺的研究流程來尋找有用的資料，相似於使用 Google 或其他搜尋引擎的過程。這包含「發現」使用者可能不知道與某個主題有關的資料。資料挖掘有時也被稱為「資料探索」（data exploration）。

資料飛地（data enclave）：一種工具，讓一個封閉的研究人員社群可以分享太敏感而不能廣為分享的資料集。舉例而言，芝加哥大學的全國民意研究中心（National Opinion Research Center，簡稱 NORC）就設有一個資料飛地。

資料排氣（data exhaust）：《大數據》一書的說明如下：「資料排氣是人們留下的數位足跡，指的是人們在行為和活動中產生的副產品——資料。在網際網路上，它指的是使用者的線上互動：他們點選了什麼，他們瀏覽一網頁多久，他們的滑鼠游標停留過何處，他們輸入了什麼等等。」資料排氣的其他例子包括手機的各種紀錄資料，例如打過的電話號碼或發話地點。

抱緊資料不放症（data-hugging disorder）：（開放資料運動人士用此言挖苦，政府機構緊握住所蒐集到的資料，而不願意釋出的傾向。

搜刮資料（data scraping）：設計程式，讓電腦進入特定種類的網站，有系統地從資料庫裡複製想要的資訊。例如，搜尋信用卡相關網站，以匯編並建立一個有關信用卡條款和收費的資料庫。

資料庫（datatbase）：根據維基百科：「資料庫是組織化資料的集成，資料的組織通常是呈現重要的事實層面（例如旅館空房數），以支援搜尋要求提供此資訊的流程（例如搜尋尚有空房的旅館）」。一資料庫把資訊組織成一或多個資料集，以使它可被用於分析和解決問題。

資料狂歡會（Datapalooza）：由現任聯邦科技長朴陶德在

擔任衛生與公眾服務部科技長時催生的開放資料盛會，邀集政府專家、創業家、企業界，以及其他領域人士與會，為政府開放資料尋找新用途。健康資料狂歡會（Health Datapalooza）是這類活動中第一個、也是規模最大的一個。能源、教育，以及其他產業也舉辦過這種活動。

資料集（dataset）：Data.gov 網站的說明如下：「資料集是組織化的資料集成，資料集的最基本代表是以表格形式呈現的資料元，每一欄代表一特定變數，每一行是對應該欄變數的一個數值。資料集也可能以非表格形式呈現資訊，例如可延伸標示語言檔案、地理空間資料檔案、影像檔案等等。」

需求導向資料揭露（demand-driven data disclosure）：本書作者提出的一個名詞，這種諮詢流程邀請主題專家、應用程式開發者、產業人士、消費者團體和其他人士，以及握有及管理資料的政府機構參與，幫助這些政府機構辨識並釋出對大眾最有用的資料集。

環境、社會及治理報告（ESG reporting）：向大眾公布公司營運的環境、社會，以及治理等層面績效。這個名詞有時被用以替代「企業社會責任」（CSR），但更常被用以描述一個比 CSR 更易衡量的量化方法。ESG 報告可能是公司公布的重要開放資料，也可能是政府規定公司提出的申報，以因應倡議

組織的要求，或是緣於其他考量。

可延伸商業報告語言（Extensible Business Reporting Language）：參見 XBRL。

可延伸標示語言（extended mark-up language）：參見 XML。

鏈結開放資料五星等級分類（Five-star linked open data）：全球資訊網發明人提姆·柏納李提出的一套分類法，用以代表開放資料的實用程度（從最不實用到最實用）。一星級是以任何格式把資料放到網路上，並開放授權，容許再使用；五星級是機器可讀取的關聯數據鏈結資料。其基礎概念是：資料可能以不同的「開放」程度釋出，但所有開放資料都必須在網路上公開提供，並且開放授權，容許再使用。

地理空間資料（geospatial data）：和一個人、組織、設施、自然物，或是其他實體的所處地理位置有關的資料。地理空間資料可能與永久位置有關，或是被用以追蹤一物體或人的歷時移動。例如以 GPS 追蹤智慧型手機所在地點的資料，或是環保署為控制污染而監視的廠房資料。地理空間資料也可用於在地圖上呈現地區（例如繪出一個國家的國界線），或是在地圖上呈現有地理特色的景點（例如一個湖泊或一座山）。

駭客松（hackathon）：根據維基百科：「駭客松是一種活動，電腦程式設計師和其他從事軟體開發者如繪圖設計師、介面設計師、專案經理人，密切通力合作進行軟體開發專案。……駭客松通常為期一天至一週不等，有些駭客松專門針對教育或社會目的，但很多駭客松的目的是開發出實用的軟體。駭客松多半有明確的聚焦，這可能包括使用的程式語言、作業系統、應用程式、應用程式介面、主題、程式設計師的人口結構群。」

　　資訊（information）：美國聯邦政府建置於軟體開發網站GitHub 上的「開放資料專案」（Project Open Data：project-open-data.github.io）如此定義：「根據政府的定義，資訊係指知識的任何溝通或呈現，例如以任何媒體或形式呈現的事實、資料或意見，包括以文字、數字、繪圖、製圖、敘事、視聽形式。」此定義隱含所有資料都是一種形式的資訊，但並非所有資訊都是以立即可供分析的形式呈現的資料。

　　可交互操作性（interoperability）：可以從不同源頭一起分析不同的資料集，不會受阻於資料結構或呈現方式的差異性。

　　法人機構識別碼（Legal Entity Identifier，簡稱 LEI）：美國財政部的解釋：「LEI 是一種參考碼，用以辨識從事金融交易的個別法人機構。目前有許多方法可用以辨識架構，但沒有針對跨市場及跨領地法人機構的全球統一辨識系統。LEI 的目

的是成為金融資料的支柱，這是第一套全球性的法人辨識系統，可幫助風險經理人和監管當局立即且準確辨識金融交易的當事人。」

輕觸監管（light-touch regulation）：歐巴馬政府的許多官員用該名詞來描述，政府機構可以在不實際告訴其轄下產業該怎麼做之下，依然能改善它們的營運方式。例如，政府機構可以要求企業釋出更多有關其價格及收費的透明化資料（如同運輸部對航空業採取的做法），這麼一來，市場力量自然會制衡價格與收費。「目的性透明化」經常被用於輕觸監管。

鏈結資料（linked data）：就如同每個網站有一個網址，鏈結資料對每一筆資料指定一個網址，使人們可以經由網路連結至資料。不同於傳統的資料庫，不同鏈結資料元素之間的連結，可以不受限地延伸及成長。鏈結資料對於連結和分析來自不同資料庫的不同種類資料特別有用，例如連結不同政府機構的政府資料。鏈結資料是語意網的核心概念，參見：Tim Berners-Lee, James Hendler, and Ora Lassia, "The Semantic Web," *Scientific American*, May 17, 2001。

機器可讀取（machine readable）：機器可讀取資料，是以電腦可處理及分析的格式所儲存的數位資訊，這些格式使電子資料盡可能便於使用。機器可讀取資料的例子包括可立即輸

入試算表和資料庫應用程式的格式。反觀那些直接影印或含有非結構敘事文本的電腦檔案，通常就不是機器可讀取格式。

混搭（mashup）：根據維基百科：「在網路發展領域，混搭指的是一網頁或網路應用程式結合使用來自二或更多來源的資料、圖像或功能，創造出新的服務。」這個名詞隱含容易、快速、整合，經常使用開放的應用程式介面（API）和資料來源而產生更豐富的結果，此結果未必是製作原始資料的初始理由。混搭的主要特色是結合、視覺化、匯總，其重點是使現有資料變得更實用，提供個人及專業者使用。」資料混搭（data mashup）的主要結合資訊是資料。例如，把環境開放資料和醫院住院資料結合起來後予以視覺化，以顯示空氣品質和氣喘之間的關係。

元資料（metadata）：Data.gov 的詞彙解釋如下：「元資料描述資料的一些特徵或屬性；也就是說，元資料是『描述資料的資料』。……元資料可能描述某個資料如何呈現、可接受的數值範圍、應該如何標示、此資料和其他資料之間的關係，元資料也可能提供其他重要的資訊，例如責任管理者、相關法規、資料取得管理政策等等。」元資料也可能包含資料品質的評量。

摩爾定律（Moore's Law）：英特爾公司共同創辦人高登‧

摩爾的觀察心得：電腦處理器的運算能力每兩年增強一倍。
摩爾定律也和希捷科技公司（Seagate Technology）技術長馬
克‧克萊德（Mark Kryder）提出的「克萊德定律」（Kryder's
Law）有關。克萊德的觀察心得是：硬碟儲存量也是每兩年增
長一倍。

馬賽克效應（mosaic effect）：把取自匿名資料集的資料
和其他資料拼湊起來，可能發現資料被蒐集者的身分。資訊放
在隔離的個別資料集裡時，可能不會有個人身分被發現或是其
他重要利益（例如安全性）受到威脅的風險，但是，當和其他
資訊結合起來，就可能構成這種風險。政府機構在打算釋出資
料前，必須考慮其他已公開資料（以任何媒體、任何形式，以
及來自任何源頭的公開資料），研判現有已開放資料和打算開
放的資料若結合起來的話，是否可能導致個人身分被發現或構
成其他安全性風險。

我的資料行動（美國：MyData；英國：midata）：美國和
英國政府分別主導的行動，旨在把政府握有的個人資料提供給
人民。這種資料的「開放」有特別含義：不是對公眾開放，而
是只安全地、個別地提供給相關的個人。例如個人的健康紀錄、
能源使用情形資料、教育紀錄。這可能是政府機構持有的個人
資料（例如退伍軍人事務部持有的健康紀錄），由政府機構釋
出給個人；或是非政府機構持有的資料（例如能源使用情形資

料），政府和持有資料的公司研議後釋出。

單一報告（One Report）：艾科里斯和克魯哲斯的合著《整合財務與永續的單一報告》的定義：「單一報告指的是製作單一一份報告，結合公司年報中的財務性資訊與敘述性資訊，以及公司的『企業社會責任報告』或『企業永續報告』中的非財務性資訊（例如環境、社會，以及治理等議題）與敘述性資訊。……單一報告涉及使用網際網路來提供書面報告無法做到的整合報告，例如透過分析工具，讓使用者能自行做財務性和非財務性資訊的分析。」

開放取閱（Open Access）：開放取閱運動致力於使科學研究結果（尤其是公共資助的研究）快速且免費提供給公眾。雖然，此運動大多聚焦在取閱發表於科學期刊上的研究報告，但也涵蓋分享研究資料本身所帶來的潛在益處。

開放資料（Open Data）：本書所指的開放資料是：「可取得的公開資料，讓人們、公司，以及組織能使用這些公開資料來創立新事業、分析型態與趨勢、做出資料導向決策，以及解決複雜問題。」此定義涵蓋所有種類的公開提供資料，包括來自推特網站的資料，以及私人企業釋出的資料。另外也有其他的開放資料定義聚焦於政府開放資料，定義得更為詳細。三十位開放政府運動人士，包括陽光基金會贊助的開放知識基

金會代表，在 2007 年開會後提出一份具有影響力的文件，內容列出十項開放資料原則，聯邦政府使用一套類似的原則來定義開放資料。所有開放資料的定義都包含一個核心特質：開放資料必須開放授權，容許再使用資料。開放資料運動人士普遍認為，開放資料應該免費提供或是收費極低廉，但截至目前為止，這似乎還未被接受為一項絕對必要條件。有關前述會議得出的十項開放資料原則，請參見：http://sunlightfoundation.com/policy/documents/ten-open-data-principles。

開放定義（Open Definition）：開放定義首先由開放知識基金會於 2006 年提出，是一個針對資料或內容而定義的「開放」架構，其最簡明的說明如下：「一資料或內容開放，係指免費提供任何人使用、再使用及散播，至多只針對標示方式（attribution）及／或相同分享方式（share-alike）訂定條款。」有關開放定義的更詳細內容，請參見 http://opendefinition.org。

開放政府（Open Government）：本書第 13 章敘述的開放政府運動聚焦於提高聯邦政府、州政府及地方政府的透明化、參與，以及通力合作。實務上，開放政府的措施包括：（1）政府公布有關其營運的資料（透明化）；（2）政府開放擁抱民眾的意見與投入（參與）；（3）政府邀請民眾共同尋找問題的解方，例如透過駭客松或其他的挑戰（通力合作）；（4）政府釋

出所蒐集的公眾利益相關資料（例如健康、環境、各產業資料）成為開放資料，以輔助前三項行動。科技出版商提姆・歐萊禮稱這第四項行動為「以政府作為平台」。

開放式創新（open innovation）：加州大學柏克萊分校教授亨利・伽斯柏（Henry Chesbrough）在其著作《開放式創新》中定義此概念如下：「開放式創新使用有目的的知識輸入與輸出，以加速內部創新，拓展使用創新的外部市場。這種創新模式本諸的理念是，企業在尋求發展技術時，除了使用內部的點子，可以、也應該使用外界的點子和問世途徑。」

開放授權（open license）：根據 http://opendefinition.org 的說明：「廣義地說，開放授權是在沒有或僅有極少限制條件下，容許取用、再使用，以及散播一件作品……。例如一個網站上的一篇文章在開放授權下提供使用，就是免費供任何人列印與分享，可被刊載於另一個網站上或是刊物上；可做出修改或增文；可以全篇或擷取其中一部分放入另一篇文章中；可被用來作為另一個媒體（例如錄音帶或一部影片）上某件作品的基礎，可被用來做許多其他的事。」創作共用（Creative Commons，簡稱創用）授權，是開放授權的一個常見例子。

開放源碼軟體（open-source software）：根據維基百科：「開放源碼軟體是一種原始碼可任意取用的電腦軟體，版權持

有人以開放源碼授權方式，免費提供任何人為任何目的而研究、修改及散播此軟體。開放源碼軟體經常是以公開、協作方式開發出來的。」開放源碼軟體通常會附帶一些限制條件，例如只能和簽署相同授權者分享，或是軟體的再使用必須取得准許。

個人資料保險庫（personal data vault）：又稱為「個人資料倉」（personal data store）或「個人資料櫃」（personal data locker），是一種應用程式，讓個人安全牢固地儲存其個人資料，讓他們可以在資產的控管下，選擇性地讓第三方取得他們的資料。例如，個人可以使用儲存在個人資料保險庫裡的資料，以自動化填寫政府機構的表格，或是讓廠商取用他們的個人資料，以換取折扣或其他交易作為回報——「廠商關係管理」。

個人可識別資訊（personally identifiable information，**簡稱 PII**）：根據維基百科：「在資訊安全性當中被使用的個人可識別資訊，係指可單獨使用或在其他資訊中使用，以辨識、聯繫或找到個人的資訊，或是在一脈絡背景中用以辨識個人的資訊。」

拍位元、千兆位元（petabyte，**簡稱 PB**）：太位元或兆位元的千倍。

內建保護隱私設計（privacy by design）：由安大略省資訊

及隱私委員會委員安‧卡沃基安提出的一種架構，根據 www.
privacybydesign.ca 網站：「內建保護隱私設計的基礎觀點是，
未來將無法只靠遵守法規架構而確保隱私，隱私保護必須變成
一組織的營運預設模式。內建保護隱私設計的目的是確保隱私，
讓個人控管他們自己的資訊，並使組織藉由這種設計來獲得一
項可靠的競爭優勢。」內建保護隱私設計遵循七個原則，包括
隱私保護應該變成資訊的預設模式；資料中應該內建隱私保護；
從蒐集資訊伊始，直到去除資訊，都應該保護隱私。

公共部門資訊（public sector information）：政府提供大
眾使用的資料和資訊。公共部門資訊並非必然是開放資料；公
共部門資訊未必是免費提供或授權再使用。不過，一項歐盟指
令現在鼓勵會員國使公共部門資訊變成授權再使用，並且使用
一個統一網站，以開放資料方式提供公共部門資訊。

情緒意見分析（Sentiment Analysis）：根據維基百科：「情
緒意見分析或意見探勘，係指應用自然語言處理、電算語言學，
以及文本分析來辨識及萃取原始資料中的主觀資訊。」一般來
說，情緒意見分析的目的，是要研判一發言者或撰文者對某個
主題的意向。如本書第 8 章所述，情緒意見分析可被用於各種
目的，例如為一家連鎖旅館找出營運問題，或是評估民眾對市
政府機構的滿意度。大致來說，情緒意見分析是一種形式的文
本分析，臉部表情、語氣等線索如今也可以和語言一起被拿來

分析。

智能信息披露（Smart Disclosure）：前任資訊與監管事務辦公室主任、現任哈佛大學法學院教授凱斯・桑思坦如此定義智能信息披露：「適時地以標準化、機器可讀取的格式釋出複雜資訊，幫助消費者根據資訊做出明智決策。」智能信息披露的目的，是幫助消費者在繁雜的產品與服務之中做出比較與選擇，找到最符合他們個人需求的市場供給。透過智能信息披露所釋出的資料，可被創新者和創業者用以打造幫助消費者的互動式選擇引擎，最終，藉由使消費者做出更明智的決策，智能信息披露的意圖是創造更透明、更有效率的產品與服務市場。

社群媒體客服（social customer service）：這是結合社群媒體和客服以改善顧客關係的一種新概念，社群媒體客服（參見本書第7章的討論）的意圖，是以比電話客服中心更具成本效益的方式來處理消費者的抱怨及疑慮，並使公司透過社群媒體來展現優良客服。

社群傾聽（social listening）：分析推特、臉書、線上評價，以及其他社群媒體，以研判大眾對一公司或其產品、一部電影或一個電視節目、一個組織或其他實體的感覺。

永續（sustainability）：根據維基百科：「永續是能夠持

久的能力……，對人類而言，永續是長期維持福祉的潛力，有生態、經濟、政治及文化等層面。為達永續，必須在環境、社會公平和經濟需求之間求取平衡和諧。」針對企業而言，薩維茲和韋伯合著的《三重效益》寫道：「一個永續的企業在為其股東創造獲利的同時，也保護環境，改善與其互動往來者的生活……。永續實務可被視為在一個相互依賴的世界做生意的藝術。」

建立標籤（tagging）：根據維基百科：「在資訊系統中，標籤是……指派給一筆資訊的關鍵字或名稱……，這種元資料幫助說明一個資訊項目，並使人們可以透過瀏覽或搜尋而再次發現它。視系統而定，標籤通常是由一資訊項目的創作者或其觀看者非正式選擇。」建立標籤的流程可以由專業人員執行，或是由大眾執行——釋出開放資料，邀請使用者為各筆資料建立他們認為合適的標籤。

目的性透明化（targeted transparency）：哈佛大學甘迺迪政府學院的透明政策研究計畫所使用的一個名詞，根據主持該計畫的學者：「目的性透明化並不是為了改善公眾審議及官員的當責，而是要透過企業及其他組織的選擇性揭露，以降低特定風險或績效問題。目的性透明化的巧妙處在於，透過政府高明手法的行動來動員個人選擇、市場力量及參與式民主。」一個典型的例子是「有毒物質排放登錄庫」，藉由公布企業廠

房排放的污染量資料，成功減少污染。目的性透明化是輕觸監管的一項重要工具。

太位元、兆位元（terabyte，簡稱 TB）：相當於一千個十億位元（gigabyte）的資料量，相當於六十堆打字紙堆疊成和艾菲爾鐵塔一般高的資訊量，唯此計算方法的原始出處已不可考。

文本分析（text analysis）：遠溯至一九五〇年代的一種技術，用於從自然語言文章內容中萃取含義。文本分析是情緒意見分析的基礎。

三重效益（Triple Bottom Line）：由永續權威約翰・艾爾金頓（John Elkington）提出的概念，薩維茲和韋伯在其合著《三重效益》中解釋此概念：「企業的成功與否，不僅要衡量傳統的財務績效（最常使用的財務績效指標是獲利、投資報酬率或股東價值），也要衡量它們對更廣大的經濟、環境，以及營運所在地社會的影響。」

廠商關係管理（Vendor Relationship Management，簡稱VRM）：由《意向經濟》一書作者達克・席爾斯提出的概念：消費者能夠藉由控管自己的個人資料，來管理廠商和他們接觸的方式。廠商關係管理與顧客關係管理（CRM）相反，CRM

是廠商分析及使用顧客資料的流程。

可延伸商業報告語言（Extensible Business Reporting Language，簡稱 XBRL）：一種電腦語言，愈來愈常被用於溝通商業及財務電子資料。艾科里斯和克魯哲斯在其合著《整合財務與永續的單一報告》中解釋：「美國證管會稱之為『互動式資料』的可延伸商業報告語言，是一種可自由取得的標準，藉由使用電子標籤，以標準化電子格式來表達商業資訊，每一筆商業資訊──例如獲利或短期負債、創新或策略、碳排放噸數，或因為意外而損失的時間，都有一個電子標籤（稱為元資料），使人們可以在網際網路上取得此資訊。」

可延伸標示語言（extended mark-up language，簡稱 XML）：Data.gov 網站的說明：「XML 的開發係基於幾個目的，其中一個目的是使文件中的元資料更直接可得。在適當使用下，XML 為文件中的資訊下標籤，使電腦可以自動摘取它，也為使用者提供搜尋、瀏覽和資訊挖掘。同理，XML 的一個新功能涉及提供回溯追蹤一文件版本的機制，讓人們能夠回溯追查一文件的歷史。這是回溯追查立法、政策、方針和決策備忘錄的一項重要功能。」

開放資料大商機——當大數據全部免費！創新、創業、投資、行銷關鍵新趨勢 / 喬爾·古林（Joel Gurin）著；李芳齡譯 --
初版 .-- 台北市：時報文化 , 2015.4；　面；　公分
（NEXT 叢書；214）譯自：OPEN DATA NOW: The Secret to Hot Startups, Smart Investing, Savvy Marketing, and Fast Innovation
ISBN 978-957-13-6238-0（平裝）

1. 資訊社會　2. 網路社會

541.415　　　　　　　　　　　　　　　　　　　　　　　　　　　　　　　　　　　　104004454